June 16/23

Weiter!
Grammatik

Isabelle Salaün

John Wiley & Sons, Inc.

New York   Chichester   Brisbane   Toronto   Singapore

ACQUISITIONS EDITOR   Mary Jane Peluso
DEVELOPMENTAL EDITOR   E. Kristina Baer
MARKETING MANAGER   Debra Riegert
SENIOR PRODUCTION EDITOR   Jennifer J. Knapp
DESIGN COORDINATOR   Ann Marie Renzi
MANUFACTURING MANAGER   Andrea Price
PHOTO RESEARCHER   Lisa Passmore
ILLUSTRATION COORDINATORS   Anna Melhorn, Rosa Lee Bryant
TEXT DESIGN   Marsha Cohen
COVER DESIGN   Carolyn Joseph

This book was set in Times Roman by Ewing Systems and printed and bound by Malloy Lithographing. The cover was printed by Phoenix Color Corp.

Library of Congress Cataloging-in-Publication Data:

Salaün, Isabelle.
    Weiter! Grammatik / Isabelle Salaün.—1st ed.
        p.   cm.
    Includes index.
    ISBN 0-471-57658-1 (pbk. : alk. paper)
    1. German language—Grammar—1950- 2. German language—Textbooks
for foreign speakers—English.   I. Title.
PF3112.S2   1994
438.2'421—dc20   93-34483
                                                                 CIP

Printed in the United States of America

Printed and bound by Malloy Lithographing, Inc.

10 9 8 7 6 5 4 3 2 1

Introduction

Weiter! is a comprehensive intermediate German program, consisting of a grammar book **Weiter! Grammatik**, a combination conversation manual and reader **Weiter! Lesen, Reden und Schreiben**, and a workbook/lab manual **Weiter! Arbeitsheft**. It is designed for students who have completed two semesters of college (or two years of high school) German. Chapters in **Weiter! Grammatik** are lexically and thematically related to chapters in **Weiter! Lesen, Reden und Schreiben**. The main objective of this program is to give students the opportunity to improve the four language skills in a communicative approach.

The combination conversation manual and reader emphasizes vocabulary expansion, oral communication, reading skills, and written expression, while the review grammar enables students to review most of the grammar covered in beginning German courses.

All the readings in the **Weiter!** program are authentic documents, whether they are articles from German magazines such as *Scala, Jugend Magazin, Brigitte, Bunte, Für Sie, Der Spiegel, Neue Post*, German publications such as *Tatsachen über Deutschland, das Bonner Almanach, Zeitlupe*, German novels, cartoons, or advertisements. They always cover topics that are up to date and related to the students' interests and everyday life. The readings and exercises enable students to improve their vocabulary and their reading and comprehension skills, thus making them more comfortable with the German language.

The **Weiter! Arbeitsheft** supplements the grammar book with additional written and oral exercises.

Weiter! Grammatik is designed to be a stand-alone intermediate German grammar review text or used in conjunction with the other **Weiter!** components. It consists of twelve chapters, and every chapter includes the following sections:

1. A culture segment *(Kulturelles)* in the form of a letter written by a German exchange student dealing with the chapter topic.
2. Vocabulary lists *(Wortschatz)* and vocabulary exercises *(Wir sind dran!)*
3. Three or four grammar sections, each of which reviews a grammar point and introduces new information related to it *(Erweiterung)*. Exercises are interspersed throughout the grammar explanations so that students can review and practice simultaneously.

4. End-of-chapter exercises and activities *(Interaktionen und Situationen)* that combine material presented in the chapter.

Kulturelles

At the beginning of every chapter there is a letter from Heike, a German exchange student who is studying in the United States. This letter introduces the chapter theme, using chapter vocabulary and grammar. Excerpts from these letters are used throughout each chapter to illustrate the grammar in context. Questions about what Heike says about her American experience as well as her comments on aspects of German culture help students to think about what they already know and to reactivate structures and vocabulary. Note that Heike introduces herself and her family in the Prolague, which precedes *Kapitel eins*.

Wortschatz

The chapter vocabulary, which is organized in two parts—cognates and non-cognates—provides students with essential words and expressions that are grouped by thematic topics for easier learning. It contains from 70 to 100 words that students should review before they do the exercises that follow. Cognates *(Sinnverwandte Wörter)* are listed first for easier recognition by students. English equivalents are provided for the words in the non-cognate list.

Wir sind dran!

Students practice the vocabulary in the exercises that immediately follow the *Wortschatz*. They are designed to reinforce and practice the target vocabulary. This section contains four or five exercises designed to be done in class. The variety of exercises helps students assimilate the new vocabulary words. Students have frequent opportunities to use the vocabulary further in the exercises following the grammar presentations, in the exercises and activities at the end of the chapter, and in the workbook/lab manual.

Grammatik

A short excerpt from Heike's letter at the beginning of each grammar section highlights the grammar point and helps students recognize it in context before reading the explanations about it. Topics in the grammar review *(Wiederholung)* are presented in the form of charts and brief explanations, followed by comments or clarifications of aspects that may cause students difficulty. **Erweiterung** sections appear after individual grammar explanations periodically throughout **Weiter!** They present additional information about the form and functions of the grammar point reviewed in the immediately preceding section. Only words relevant to the theme of each chapter are used in the examples and in the exercises, so that students can review the vocabulary while improving their knowledge of the grammar. Appropriate realia is used in several chapters to illustrate one or more grammar topics.

The exercises *(Übungen)* that follow each explanation progress from controlled to semi-controlled and focus on form as well as function. (The workbook contains additional written practice exercises for each grammar point.)

 ## Interaktionen und Situationen

The exercises and activities that conclude the chapter help students to practice the language in context as they work with the chapter grammar and vocabulary in exercises and activities that combine individual structures.

 ## Reference Section

The appendix has charts of strong and irregular weak verbs. A German-English glossary at the end of the book gives translations of the words listed in all the *Wortschatz* sections.

Sample Syllabus for a One-Semester Course

The following syllabus is designed for an intermediate German review course using **Weiter! Grammatik** that meets three times per week for 12 weeks. This program assumes that students will prepare as homework any grammar explanations and corresponding exercises needed for a particular class.

	Monday	Wednesday	Friday
Week and Chapter 1	Kulturelles* Wortschatz* Wir sind dran! Present and imperative (regular and irregular verbs)	Present and imperative (*haben, sein, werden,* and the modals.	Word order in the main clause Interaktionen und Situationen*
Week and Chapter 2	Kulturelles* Wortschatz* Wir sind dran! The case system	Articles, *der-* words, and *ein-*words	Nouns Interaktionen und Situationen*
Week and Chapter 3 And so on	Kulturelles* Wortschatz* Wir sind dran! Personal pronouns	Indefinite pronouns and adjectives	Declension of unpreceded adjectives Interaktionen und Situationen*

Kulturelle, Wortschatz, and *Interaktionen und Situationen* should be prepared by students prior to coming to class.

Sample Syllabus for a Two-Semester Course

The following syllabus is designed for intermediate German classes meeting three times a week for a total of 72 class hours over 24 weeks. Course components include **Weiter! Grammatik; Weiter! Lesen, Reden und Schreiben;** and **Weiter! Arbeitsheft.**

The goal of the course is to cover half of the grammar book (6 chapters) and half of the conversation manual and reader (6 chapters) per semester.

GB = Grammar book

CMR = Conversation manual and reader

K = Kapitel

	Monday	Wednesday	Friday
Week 1	GB: K 1 Present and imperative (regular and irregular verbs)	CMR: K 1 Auftakt* Überblick* Wortschatz* Wir sind dran! Aktivität 1 and/ or 2	GB: K 1 present and imperative (*haben*, *sein*, *werden*, and the modals)
Week 2	CMR: K 1 Strategien zum Lesen** Text 1 or 2 Situationen*: Im Kreis Tips zum Schreiben** Aufsatzthemen***	GB: K 1 Word order in the main clause and in questions	CMR: K 1 Text 1 or 2 Situationen*: Mini-Theater Mündliches*
Week 3	Test on GB: K 1 and CMR: K 1	GB: K 2 The case system	CMR: K 2 Auftakt* Überblick* Wortschatz* Wir sind dran! Aktivität 1 and/or 2

* *Auftakt, Kulturelles, Wir sind dran! Situationen,* and *Mündliches* should be prepared by students prior to coming to class.
** *Strategien zum Lesen* and *Tips zum Schreiben* should be read prior to coming to class.
*** *Aufsatzthemen* should be handed in to the instructor on that day.

Week 4	GB: K 2 Articles, *der-* words, and *ein-* words	CMR: K 2 Strategien zum Lesen** Text 1 or 2 Situationen*: Im Kreis Tips zum Schreiben** Aufsatzthemen***	GB: K 2 Nouns
Week 5 And so on	CMR: K 2 Text 1 or 2 Situationen*: Mini-Theater Mündliches*	Test on GB: K 2 and CMR: K 2	GB: K 3 Personal pronouns

NOTE: Instructors may wish to begin Day 1 with the CMR instead of the GB or to begin with either the GB or the CMR only on Day 2.

Acknowledgements

I am very grateful to the following reviewers for their suggestions, insightful comments, and constructive criticisms: Sara Steinert Borella (Brandeis University), Daniel B. Soneson (Macalester College/University of St. Thomas), J. William Hays (University of North Carolina at Chapel Hill), Gerd Schneider (Syracuse University, New York), Dr. Sigrun Braverman (California State University at Northridge), and Joanna Raytch (Rutgers University, New Brunswick).

I would also like to thank Mary Jane Peluso, acquisitions editor, for her support and enthusiasm, and Kristina Baer, developmental editor, for her editorial expertise, her guidance, critical input, and constant support of this project.

Contents

Kapitel 11   Heutige Probleme   311

Kapitel 12   Die Zukunft unserer Umwelt   347

Reference Section 371

Prologue

exchange student	Heike ist eine deutsche Austauschstudentin°, die ein Jahr an einer Universität in
future	Florida verbringen wird. Hier ist der Brief, den sie an ihre künftige°
roommate	Zimmergenossin° schreibt.

Liebe Jasmin!

Wie Du es schon weißt, werde ich bald Deine neue Zimmergenossin sein. Aber
introduce zuerst möchte ich mich ein bißchen vorstellen°.

Ich heiße Heike Müller und komme aus Hamburg. Ich bin neunzehn Jahre
economics alt und studiere Wirtschaft° an der Universität hier.

Meine Eltern heißen Gerd und Claudia. Mein Vater ist Ingenieur und
interpreter arbeitet bei der Firma Siemens. Meine Mutter ist Dolmetscherin°, sie spricht
fließend Französisch und Italienisch. Während meine Mutter genug Zeit hat, um
busy Sport zu treiben, und deshalb sehr fit bleibt, ist mein Vater immer so beschäftigt°,
daß er immer müde ist, wenn er abends nach Hause zurückkommt. Weil er
overexerted / überanstrengt° ist, raucht er auch zu viel. Meine Mutter macht sich Sorgen um°
macht...um: worries / ihn. Hoffentlich wird er sich eines Tages das Rauchen abgewöhnen°!
sich abgewöhnen: quit

Ich habe zwei Geschwister: einen Bruder, der acht Jahre alt ist und Michael
heißt, und eine jüngere Schwester, Tanja. Mit ihr verstehe ich mich ganz gut,
argue obwohl ich vier Jahre älter bin, aber Michael und ich streiten° oft. Ich glaube,
spoil meine Eltern verwöhnen° ihn zu sehr! Während Michael in die Schule geht und
skips / studious sie gern schwänzt°, geht Tanja ins Gymnasium und ist eine sehr fleißige°
Schülerin.

Hier in Hamburg habe ich viele Freunde. Meine besten Freunde heißen
Markus, Matthias, Willi und Ursula. Markus ist zwanzig Jahre alt und studiert
Mathematik an der Uni hier. Er möchte Lehrer werden. Matthias und Willi sind
beide vierundzwanzig und haben ihre Studien schon absolviert°. Matthias sucht
haben...absolviert: have jetzt gerade eine Stelle als Marketing Manager, während Willi in einer
graduated /advertising Werbeagentur° gern arbeiten möchte. Ursula ist ein Jahr jünger als ich und weiß
agency noch nicht, was sie im Leben machen möchte. Da sie aber fließend° Englisch
fluently und Französisch spricht, wird es ihr bestimmt nicht schwer fallen, später einen
Job zu finden.

Ich treffe mich oft mit ihnen. Samstags gehen wir oft ins Kino und am
Abend gehen wir dann in eine Diskothek. Sonntags bleibe ich meistens zu

facilities

indeed

Stimmt das: Is it true

take / Was ... angeht: as far as I'm concerned / major / minor

tiring

talkative

bother / Ich . . . gespannt: I look forward

Hause oder ich spiele Tennis mit meinem Vater oder ich sehe mir ein Fußballspiel im Fernsehen an. Ich habe gehört, daß die sportlichen Einrichtungen° an den amerikanischen Universitäten viel besser sind als bei uns. Treibst Du viel Sport? Was machst Du mit Deinen Freunden? Gehst Du gern tanzen? Hoffentlich gibt es eine gute Diskothek neben dem Campus. Ich tanze nämlich° sehr gern und höre auch gern Musik. Was für Musik gefällt Dir? Hast Du schon ein Radio im Zimmer? Stimmt das°, daß viele amerikanische Studenten einen Fernseher im Zimmer haben? Hast Du auch einen? Das wäre toll!

Na ja! Seien wir ein bißchen seriös! Was für Klassen wirst Du dieses Semester belegen°? Was mich angeht°, ist Wirtschaft mein Hauptfach° und Fremdsprachen (Englisch und Spanisch) mein Nebenfach°. Dieses Semester werde ich nur drei Klassen belegen: eine in englischer Literatur, eine in Spanisch und eine in Journalistik. Das sollte nicht zu anstrengend° sein. Und Du? Hast Du dich schon für ein Hauptfach entschieden?

Wie Du siehst, bin ich ein bißchen schwatzhaft°, aber hab' keine Angst, ich werde Dich nicht stören°. Ich bin darauf gespannt°, Dich kennenzulernen und ein ganzes Jahr in den USA zu verbringen. Übrigens werde ich am 1. September ankommen. Wirst Du schon auf dem Campus sein?
Schreibe mir bitte bald.

Deine Heike

Weiter!

Grammatik

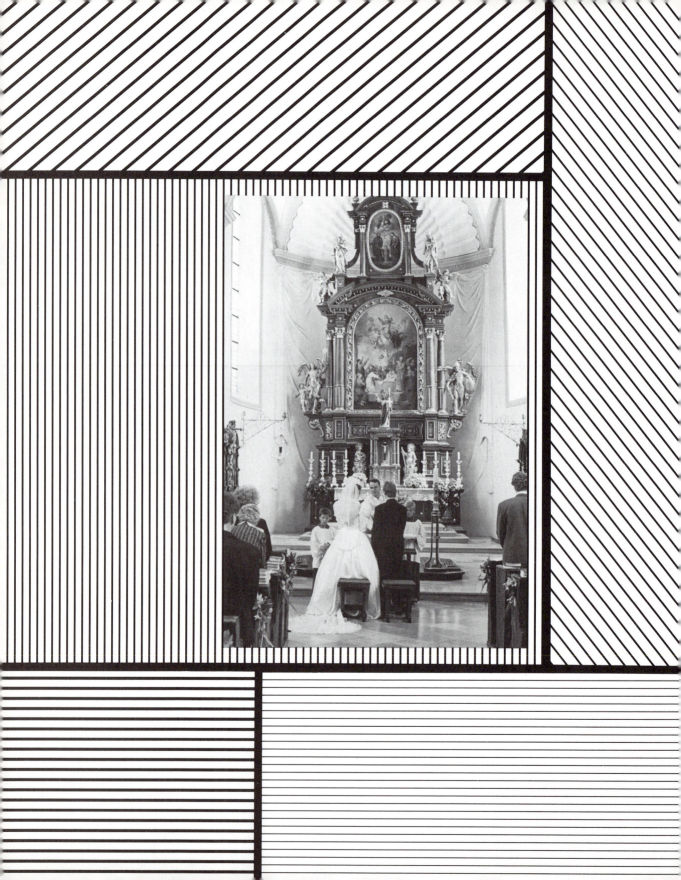

Kapitel 1

Das Familienleben

||||||||||||||||||||||||| Auf den ersten Blick

Present and imperative (weak and strong verbs)

Present and imperative (**haben**, **sein**, **werden**), and the modals)

Word order in independent clauses and questions

||||||||||||||||||||||||| Ans Ziel

Talking about present and habitual events

Giving commands and making requests

Asking yes/no and information questions

Am Hochzeitstag in der Kirche

Kulturelles

exchange student
wedding
invited

Heike, eine deutsche Austauschstudentin°, die ein Jahr in den USA verbringt, schreibt an ihren Freund Markus über die erste amerikanische Hochzeit°, zu der man sie eingeladen° hat.

Lieber Markus!

Endlich finde ich die Zeit, Dir zu schreiben. Ich habe so viel zu tun hier! Letzten   5
Sonntag hat mich meine Nachbarin zur Hochzeit ihrer Schwester eingeladen.
Das war für mich wirklich interessant, denn die Hochzeiten werden in den USA

celebrated / zum
Beispiel: *for example /*
civil marriage
kirchliche *. . . : religious*
wedding ceremony
Geschenke: *presents*
wedding ring

ganz anders gefeiert° als bei uns. Weißt Du z.B.°, daß die Zivilehe° hier nicht
obligatorisch ist? Man kann sich entweder für die kirchliche Trauung° oder für
die Zivilehe entscheiden. Außerdem organisieren die Freundinnen der Braut   10
eine sogenannte „bridal shower" ein paar Tage vor der Hochzeit, zu der keine
Männer eingeladen werden und bei der die Braut allerlei Hochzeitsgeschenke°
bekommt. Weißt Du auch, daß die Amerikaner ihren Trauring° nicht an der
rechten Hand wie bei uns tragen, sondern an der linken? Das finde ich wirklich
interessant. Am Ende der Feier läuft das Hochzeitspaar zu seinem Auto. Dann   15

groom
bouquet
superstition / admit

gehen die Braut und der Bräutigam° zum Hochzeitsfest. Nach dem Fest wirft die
Braut ihren Blumenstrauß° weg. Wer ihn fängt, soll als nächster oder nächste
heiraten. Natürlich ist das nur Aberglaube°! Aber ich muß gestehen°, daß ich
lieber bei uns in Deutschland heiraten möchte, denn hier gibt es keinen
Polterabend[1]. Hier, wenn das Hochzeitspaar wegfährt, werfen Freunde und   20

relatives

Verwandte° Reis oder Konfetti in die Luft, um ihm Glück zu bringen. Das macht
ja weniger Lärm!

Ich muß jetzt aufhören, denn es wird spät, und ich habe noch viel zu tun.
Ich hoffe, es geht Dir gut.
Schreibe mir bitte bald.   25
Liebe Grüße

Heike

Fragen

1. Ist die Zivilehe obligatorisch in Deutschland? Und in den USA?
2. An welcher Hand tragen die Deutschen ihren Trauring? Und die Amerikaner?
3. Warum möchte Heike lieber in Deutschland heiraten?
4. Was machen die Freunde des Hochzeitspaars am Polterabend? Was halten Sie von diesem Brauch?

[1]Polterabend: der Vorabend der Hochzeit, an dem nach altem Brauch (*custom*) Freunde des Hochzeitspaars altes Geschirr (*dishes*) vor der Tür der Braut zerschlagen (*smash*), dessen Scherben (*broken pieces*) dem Hochzeitspaar Glück bringen sollen.

Am Polterabend

|||||||| Wortschatz

Sinnverwandte Wörter (Kognate)

das **Baby** (–s) = der **Säugling** (–e)
der **Babysitter** (–) / die **Kinderfrau** (–en)
der **Bruder** (⸚) / die **Schwester** (–n)
der **Cousin** (–s) / die **Cousine** (–n)
die **Familie** (–n)
der **Großvater** (⸚) / die **Großmutter** (⸚)
der **Halbbruder** (⸚) / die **Halbschwester** (–n)
der **Nachname** (–ns, –n) = der **Familienname** (–ns, –n)
der **Neffe** (–n, –n) / die **Nichte** (–n)
der **Onkel** (–) / die **Tante** (–n)
der **Sohn** (⸚e) / die **Tochter** (⸚)
der **Stiefbruder** (⸚) / die **Stiefschwester** (–n)
der **Stiefvater** (⸚) / die **Stiefmutter** (⸚)
der **Vorname** (–ns, –n)

babysitten = auf Kinder auf•passen

Die Familie

das **Einzelkind** (–er)	only child
der **Enkel** (–)	grandson
die **Enkelin** (–nen)	granddaughter
der **Geburtstag** (–e)	birthday

die **Geschwister** (*pl.*)	siblings
der/die **Jugendliche** (*adj. noun*)	teen-ager
≠ der/die **Erwachsene** (*adj. noun*)	adult
die **kinderreiche Familie** (–n)	large family
der **Schwager** (ᵘ) /	brother-in-law
die **Schwägerin** (–nen)	sister-in-law
der **Schwiegervater** (ᵘ) /	father-in-law
die **Schwiegermutter** (ᵘ)	mother-in-law
der **Stammbaum** (ᵘ)	family tree
das **Verwandschaftsverhältnis** (–se)	family tie
der/die **Verwandte** (*adj. noun*)	relative
der **Vetter** (–)	cousin
der **Vorfahr** (–en, –en) = der **Ahn** (–en, –en)	ancestor
die **Waise** (–n) = das **Waisenkind** (–er)	orphan

Die Ehe

der **Bräutigam** (–e) / die **Braut** (ᵘe)	groom / bride
die **Ehe** (–n)	marriage
die **Feier** (–n)	ceremony
die **Heirat** (–n) = die **Hochzeit** (–en)	wedding
die **Heiratsanzeige** (–n)	wedding announcement
die **Hochzeit** (–en)	wedding ceremony
das **Hochzeitsessen** (–) = das **Festessen** (–)	wedding banquet
das **Hochzeitsfest** (–e)	wedding reception
das **Hochzeitsgeschenk** (–e)	wedding present
das **Hochzeitskleid** (–er)	wedding gown
das **Hochzeitspaar** (–e)	newlyweds
die **Hochzeitsreise** (–n)	honeymoon
der **Hochzeitstag** (–e)	wedding day, anniversary
die **Scheidung** (–en)	divorce
das **Standesamt** (ᵘer)	registrar's office
der **Witwer** (–) / die **Witwe** (–n)	widower / widow

Adjektive

getrennt	separated
ledig	single
nahe ≠ **entfernt**	close / distant
schwanger	pregnant
verheiratet ≠ **geschieden**	married / divorced
verlobt	engaged

Verben

besuchen	to visit
erziehen (erzog, erzogen)	to raise, bring up
heiraten = sich mit jemandem verheiraten	to marry someone
sich scheiden lassen (ä, ie, a) **(von jemandem)**	to divorce (someone)

> **Müssen deine Eltern sich scheiden lassen?**

sterben (i, a, [ist] o) to die ≠ **geboren** **werden (i, u, [ist]² o)**	to be born
sich verlieben (in jemanden)	to fall in love (with someone)

> **Thomas verliebt sich immer in blonde Mädchen.**

sich verstehen (verstand, verstanden) **(mit jemandem)**	to get along (with someone)
zusammen•leben = eine **Lebensgemeinschaft haben** **(hatte, gehabt)**	to live together

Ausdrücke

eine Familie gründen	to start a family
schwanger werden (i, u, [ist] o)	to get pregnant
Herzlichen Glückwunsch!	Congratulations!
Ich gehe *auf* die Hochzeit meines Freundes.	I am going to my friend's wedding.
Ich bin *zur* Hochzeit meiner Nachbarin eingeladen.	I am invited to my neighbor's wedding.
Ich habe familiären Ärger.	I have family problems.
Meine Eltern geben mir viel Freiraum.	My parents give me a lot of freedom.
Meine Großmutter mütterlicherseits ist achtzig Jahre alt.	My maternal grandmother is eighty years old.
Mein Großvater väterlicherseits ist Witwer.	My paternal grandfather is a widower.

---

²The designation **[ist]** indicates that the verb takes the auxiliary **sein** in the present perfect and past perfect tenses.

Nach der Feier werfen Freunde der Braut und das Bräutigams Reis in die Luft. Das soll dem Ehepaar Glück bringen.

||||||▌ Wir sind dran!

A. Ergänzen Sie den Brief unten mit geeigneten Wörtern aus der folgenden Liste.

das Hochzeitsessen   die Heiratsanzeige   die Hochzeitsreise
besuchen   heiraten   die Heirat   die Feier   schwanger   der/die Verwandte

Liebe Wendy!

Einige Monate vor unserer _____ haben Paul und ich

_____ an alle unsere _____ geschickt, um ihnen

mitzuteilen, daß wir _____ wollten. Die _____ ist

phantastisch gelaufen.

Auch das _____ hat allen sehr gefallen. Am nächsten Tag sind
Paul und ich nach Italien gefahren.

Ach! welch eine _____! Zehn Monate sind schon vergangen
und jetzt kann ich Dir sagen, daß ich _____ bin. Paul und ich
freuen uns so sehr. Hoffentlich kannst Du uns bald _____!
Bis bald,

Petra

**B. Welche Wörter oder Ausdrücke können auf diese Weise definiert werden?
Ergänzen Sie die Sätze, wo nötig. Benutzen Sie die folgende Liste.**

die Nichte   der Stiefbruder   verlobt   getrennt   herzlichen Glückwunsch!
zusammenleben   die Geschwister   das Einzelkind   scheiden lassen
die Kinderfrau

1. Wenn zwei Personen nicht geschieden sind, aber nicht mehr

   zusammenleben, sind sie _____.

2. Wenn verheiratete Leute sich nicht mehr verstehen, müssen sie sich

   manchmal _____ _____.

3. Das ist die Tochter meines Bruders.

4. Das ist das, was man dem Hochzeitspaar sagt.

5. Mein Bruder und ich haben nicht denselben Vater. Er ist also mein

   _____.

6. Du hast zwei Brüder und eine Schwester, sie sind deine

   _____.

7. Mein Freund und ich wollen bald heiraten; im Augenblick sind wir nur

   _____.

8. Heutzutage _____ die jungen Leute gern _____,
   wenn sie nicht sofort heiraten wollen.

9. Wenn man Kinder hat und den ganzen Tag arbeitet, braucht man eine

   _____.

10. Ein Kind, das keine Geschwister hat, ist ein _____.

C. Sagen Sie, ob die folgenden Aussagen richtig oder falsch sind.

1. Eine Witwe ist eine Frau, die geschieden ist.
2. Ein Onkel ist ein entfernter Verwandter.
3. Wenn man eine Lebensgemeinschaft hat, ist man nicht verheiratet.
4. Wenn man eine Halbschwester hat, hat man denselben Vater oder dieselbe Mutter wie sie.
5. Ein Jugendlicher/eine Jugendliche ist eine Person vom dreizehnten bis zum neunzehnten Lebensjahr.
6. Ihre Großmutter mütterlicherseits ist die Mutter Ihres Vaters.

D. Sprechen Sie jetzt von Ihrer Familie. Finden Sie einen Partner/eine Partnerin und interviewen Sie ihn/sie. Dann tauschen Sie die Rollen.

1. Wieviele Geschwister hast du? Wie heißen sie? Wie alt sind sie? Wohnen sie noch bei deinen Eltern?
2. Hast du viele Verwandte? Wo wohnen sie? In demselben Staat? Weit weg von dir?
3. Besuchst du sie oft? Für welche Gelegenheiten (*occasions*)?
4. Mit welchen Verwandten verstehst du dich am besten?
5. Bist du schon einmal auf eine Hochzeit gegangen? Wessen? Wie war es?

Während des Hochzeitsfests tanzt die Braut mit dem Bräutigam.

Grammatik

Present and Imperative
(Weak and Strong Verbs)

Die Amerikaner **tragen** ihren Trauring nicht an der rechten Hand wie bei uns, sondern an der linken. Das **finde** ich wirklich interessant. In den USA *organisieren* die Freundinnen der Braut eine "bridal shower," bevor sie *heiratet*. Ich *glaube*, daß dieser Brauch nur hier *existiert*. Am Ende der Hochzeitsfeier **läuft** das Hochzeitspaar zu seinem Auto. Dann **gehen** die Braut und der Bräutigam zum Hochzeitsfest. Um ihnen Glück zu bringen, **werfen** Freunde und Verwandte Reis oder Konfetti in die Luft. Nach dem Fest *machen* die Hochzeitspaare oft eine Hochzeitsreise.

Weak verbs in the present tense are in italics, e.g., *organisieren*.

Strong verbs in the present tense are in boldface, e.g., **tragen**.

Whereas there are three different forms of the present tense in English, there is only one form in German.

Compare:

I work with my uncle. (from time to time)
I am working with my uncle. (right now)
I do work with my uncle. (emphatic)
Ich arbeite mit meinem Onkel.

|||||| Present Tense of Regular Weak Verbs
(Das Präsens der schwachen Verben)

Meine Mutter ist froh, daß Gisela Peter bald *heiratet*. Ich *glaube*, daß er sie sehr *liebt*. Nächste Woche *reisen* sie nach Spanien auf ihre Hochzeitsreise.

Weak verbs in the present tense are in italics, e.g., *heiratet*.

Most German verbs are *weak* verbs (sometimes referred to as *regular* verbs). To conjugate a weak verb in the present tense, follow the steps below.

a. First, find the verb stem by removing the infinitive ending (**-en** or **-n**).

machen, mach-, heiraten, heirat-, organisieren, organisier-

b. To this stem, add the personal endings of the present tense: **-e, -st, -t, -en, -t, -en**. It is the subject that determines the verb ending.

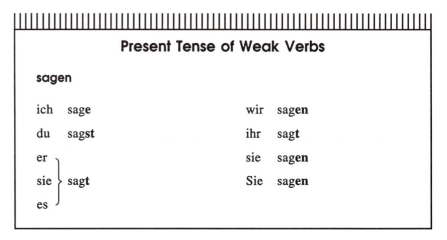

Present Tense of Weak Verbs

sagen

ich	sag**e**	wir	sag**en**
du	sag**st**	ihr	sag**t**
er		sie	sag**en**
sie	sag**t**	Sie	sag**en**
es			

Er sagt, daß er familiären Ärger hat.

c. To facilitate pronunciation of certain verbs, an **-e** is inserted before the second- and third-person endings -st and -t.

Du heirat**e**st Matthias, weil du ihn liebst.
Hans gründ**e**t eine Familie.

Verbs that follow this pattern have a stem that ends in **-t** or **-d,** or that ends in **-m** or **-n** preceded by a consonant other than **-l** or **-r.** Common examples of such verbs are: **arbeiten, baden, öffnen, reden, retten, rechnen.**

d. To avoid duplication of sounds, verbs whose stems end in an **-s, -ß,** or **-z** add only a **-t** in the **du-**form.

Du reis**t** oft mit dem Zug.
Du haß**t** Skandale.

||||||▌ Übungen

A. *Setzen Sie die Verben ins Präsens.*

1. Ich (sagen) kein Wort.
2. Du (machen) dein Bett.

3. Er (baden) oft im See.
4. Peter (heiraten) bald Johanna.
5. Wir (arbeiten) für unseren Großvater.
6. Ihr (gründen) eine Familie.
7. Diese Leute (reisen) im Juli nach Nordafrika.
8. Du (grüßen) die Nachbarin.
9. Ihr (begegnen) oft Matthias, meinem Vetter.
10. Du (glauben) deiner Tante nicht.

B. Setzen Sie die Verben in Klammern ins Präsens.

Manfred (leben) seit drei Jahren mit Anja. Sie (wohnen) zusammen in einer kleinen Wohnung in Hamburg. Manchmal (besuchen) ich sie. Manfred (arbeiten) als Ingenieur bei einer englischen Firma und (reisen) oft nach England. Anja ist Sekretärin und (organisieren) viele Konferenzen für ihren Boß. Anja und Manfred (lieben) einander sehr. Ich (glauben), sie (heiraten) bald. (Glauben) du es nicht?

C. Stellen Sie Ihrem Partner/Ihrer Partnerin die folgenden Fragen. Tauschen Sie dann die Rollen.

1. Wo wohnst du?
2. Was studierst du?
3. Arbeitest du auch?
4. Was machst du jetzt? Stellst du mir Fragen oder antwortest du auf meine Fragen?
5. Glaubst du an die große Liebe? Und deine Eltern? Und dein Bruder/ deine Schwester?

‖‖‖‖‖ **Present Tense of Strong Verbs**
(Das Präsens der starken Verben)

> Nach dem Fest **wirft** die Braut ihren Strauß weg. Wer ihn **fängt**, soll als nächster oder nächste heiraten. Dann **gehen** die Braut und der Bräutigam zum Hochzeitsfest.

Strong verbs in the present tense are in boldface, e.g., **wirft**.

Four principal groups of *strong* German verbs (often called *irregular* verbs) undergo a stem-vowel change in the second- and third-person singular in the present tense. The following chart shows these stem-vowel changes for each group.

Present Tense of Strong Verbs

fahren (a>ä)		laufen (au>äu)		sehen (e>ie)		helfen (e>i)	
ich	fahre	ich	laufe	ich	sehe	ich	helfe
du	fährst	du	läufst	du	siehst	du	hilfst
er sie es	fährt	er sie es	läuft	er sie es	sieht	er sie es	hilft
wir	fahren	wir	laufen	wir	sehen	wir	helfen
ihr	fahrt	ihr	lauft	ihr	seht	ihr	helft
sie	fahren	sie	laufen	sie	sehen	sie	helfen
Sie	fahren	Sie	laufen	Sie	sehen	Sie	helfen

Other verbs:	*Other verb:*	*Other verbs:*	*Other verbs:*
backen	saufen	befehlen	brechen
ein•laden		empfehlen	essen
fallen		geschehen	geben
lassen		lesen	nehmen*
schlafen		stehlen	sprechen
schlagen			sterben
tragen			treffen
verlassen			vergessen
waschen			werfen

NOTE:

***Nehmen** shows other changes in addition to the stem-vowel change.

ich	nehme	wir	nehmen
du	nimmst	ihr	nehmt
er		sie	nehmen
sie	nimmt	Sie	nehmen
es			

||||||■ Übungen

A. Ersetzen Sie die Pronomen.

1. Ich laufe durch den Park. (er, sie, ihr)
2. Du schläfst bei Tante Claudia. (ich, er, ihr)
3. Er läßt mich nicht in Ruhe. (du, ihr, sie *pl.*)
4. Wascht ihr das Baby? (du, sie *sing.*, Sie)
5. Wir tragen den Ring an der rechten Hand. (ich, du, ihr)
6. Er fällt auf der Straße. (du, ihr, Sie)
7. Lädst du sie oft ein? (er, wir, ihr)
8. Ich schlage gegen das Fenster. (du, sie *sing.*, wir)
9. Wir verlassen das Haus. (er, ihr, Sie)
10. Ihr fahrt mit Onkel Franz nach Düsseldorf. (ich, du, er)

B. Ersetzen Sie die Pronomen.

1. Er hilft Dieter. (ich, du, wir)
2. Du vergißt Hans nicht. (ihr, sie *pl.*, ich)
3. Wir nehmen den Bus. (ich, du, er)
4. Was gibst du Monika? (er, wir, ihr)
5. Wo ißt er zu Mittag? (ich, du, wir)
6. Lest ihr oft die Zeitung? (du, wir, sie *sing.*)
7. Sprechen Sie Deutsch? (du, er, wir)
8. Ich sehe die Kinder spielen. (du, er, ihr)

C. Stellen Sie Ihrem Partner/Ihrer Partnerin die folgenden Fragen. Tauschen Sie dann die Rollen.

1. Schläfst du viel? Und dein Freund/deine Freundin?
2. Lädst du deine Freunde gern ein?

3. Liest du manchmal die Zeitung? Und deine Eltern?
4. Ißt du oft bei deiner Großmutter?
5. Was vergißt du manchmal? Und dein Bruder/deine Schwester?
6. Sprichst du gern mit deinen Freunden?
7. Was gibst du deinem Freund/deiner Freundin zum Geburtstag?
8. Nimmst du lieber den Bus oder das Auto?

‖‖‖■ Imperative (Der Imperativ)

Heirate Brigitte! Sie liebt dich sehr. Du bist schon fünfunddreißig Jahre alt und noch nicht verheiratet. **Gründe** eine Familie!

Verbs in the imperative are in boldface, e.g., **heirate**.

The imperative mood is used to express a command or a request. Whereas English has only two imperative forms, German has four; they correspond to the four forms of address (**du**, **wir**, **ihr**, and **Sie**).

Geh!
Geht! ⎫
Gehen Sie! ⎬ *Go!*
Gehen wir!   *Let's go!*

„Feiern wir Geburtstag!"

The following chart shows the imperative forms of weak and strong verbs.

	Weak Verb: machen	Strong Verb: fahren	Strong Verb with *Stem-vowel Change e>i:* helfen	Strong Verb with *Stem-vowel Change e>ie:* lesen
du	Gisela, **mach(e)** das Bett!	Gisela, **fahr** nach Hause!	Gisela, **hilf** ihm!	Gisela, **lies** das!
wir	**Machen wir** das Bett!	**Fahren wir** nach Hause!	**Helfen wir** ihm!	**Lesen wir** das!
ihr	Kinder, **macht** das Bett!	Kinder, **fahrt** nach Hause!	Kinder, **helft** ihm!	Kinder, **lest** das!
Sie	Frau Schmidt, **machen Sie** das Bett!	Frau Schmidt, **fahren Sie** nach Hause!	Frau Schmidt, **helfen Sie** ihm!	Frau Schmidt, **lesen Sie** das!

The following general rules govern the formation of the imperative.

a. Except in the familiar second-person singular (**du**-form), the imperative forms of both weak and strong verbs are identical to their corresponding present-tense forms. Only the position of the pronoun changes.

Frau Schmidt, **Sie fahren** nach Hause.

Mrs. Schmidt, you are driving home.

Frau Schmidt, **fahren Sie** nach Hause!

Mrs. Schmidt, drive home!

Note that the pronoun is omitted in the **du-** and **ihr**-imperative forms.

b. For most verbs, the **du**-form of the imperative consists of the infinitive stem plus an optional **-e** ending. In conversation, this final **-e** is often omitted, except for verbs whose stems end in **-d, -t, -ig, -m,** or **n.**[3]

Mach mir bitte Kaffee!
Heirate Paul!
Öffne die Tür!

---

[3] When **-m** or **-n** is preceded by **-l** or **-r**, the **-e** need not be added: **lern Deutsch!**

Verbs with the stem-vowel change **e>i** or **e>ie** retain this change in the imperative; those with the stem-vowel change **a>ä** or **a>äu** do not.

Sieh mich an! **Lade** mich ein!
Sprich nicht so laut! **Lauf** schneller!

Note that verbs with a stem-vowel change **e>i** or **e>ie** always drop their final **-e** in the **du**-form.

c. The negative imperative is formed by adding **nicht** after the verb or the pronoun (or after the direct or indirect object, if there is one).

Thomas, fahr nicht so schnell!
Peter und Birgit, macht eure Aufgaben nicht so langsam!

||||||▌ Übungen

A. *Setzen Sie die Verben in den Imperativ.*

1. Anja, (machen) das nicht!
2. Paul und Thomas, (öffnen) das Fenster!
3. Frau Bergmann, (heiraten) diesen Mann nicht!
4. Gretchen, (baden) nicht im See!
5. Michael und Ute, (lernen) das gut!

B. *Setzen Sie die Verben in den Imperativ.*

1. Frau Lohmann, (fahren) zum Standesamt!
2. (Schlafen) gut, Hans!
3. Monika, (lesen) die Heiratsanzeigen!
4. Paul und Markus, (sprechen) nicht so laut!
5. Jörg, (kommen) zu mir!
6. (Schlafen) gut, Herr Hiller!
7. Monika, (werfen) deinen Blumenstrauß in die Luft!
8. (Helfen) mir, Tanja!

C. *Benutzen Sie die Wörter in den drei Spalten, um Imperativsätze zu bilden.*

Beispiel: Markus, **sprich** mit deinem Vater!

1. **Markus**	machen	keine Dummheiten
2. Anja	vergessen	**mit deinem Vater**
3. Frau Schmidt	heiraten	diese Frau nicht
4. Herr Müller	organisieren	deine Großmutter
5. Kinder	**sprechen**	Ihren Regenschirm nicht
6. Herr und Frau Doof	besuchen	Ihren Blumenstrauß in die Luft
7. Wir	werfen	das Hochzeitsfest

|||||| Other Imperative Constructions

•| *The lassen Construction*

In the imperative, **lassen** can be used to soften a command.

Tina, gehen wir nach Hause!
Tina, **laß** uns nach Hause gehen! } *Tina, let's go home!*

Tina und Michael, schreiben wir Paul!
Tina und Michael, **laßt** uns Paul schreiben!   *Tina und Michael, let's write to Paul!*

Frau Schmidt, putzen wir das Haus!
Frau Schmidt, **lassen Sie** uns das Haus putzen!   *Mrs. Schmidt, let's clean the house!*

•| *The Infinitive and the Past Participle as Imperatives*

The infinitive can function as an imperative. This type of command is often seen on billboards, street signs, and in public places. Certain past participles can also be used in imperative constructions; they generally strengthen a command.

Bitte nicht rauchen!   *No smoking please!*
Bitte nicht stören!   *Please do not disturb!*
Rauchen verboten!   *No smoking!*
Aufgepaßt!   *Watch out!*

•| *Isolated Nouns, Adjectives, Prepositions and Adverbs of place as Imperatives*

Achtung!   *Watch out!*
Schnell!   *Hurry up!*
Herein!   *Come in!*
Hinaus!   *Get out!*

|||||| Übungen

A. *Setzen Sie die folgenden Verben zuerst in den Singular, dann in den Plural.*

Beispiel: Ich / lesen / die Heiratsanzeigen in der Zeitung
          Ich lese die Heiratsanzeigen in der Zeitung.
          Wir lesen die Heiratsanzeigen in der Zeitung.

---

[4]**Erweiterung** sections appear after individual grammar explanations periodically throughout **Weiter!** They present additional information about the form and functions of the grammar point reviewed in the immediately preceding section.

1. ich / tragen / meinen Trauring an der rechten Hand
2. du / erziehen / die Kinder selbst
3. er /sehen / oft das Hochzeitspaar
4. sie *sing.* / essen / gern das Essen des Babys
5. ich / helfen / manchmal der alten Witwe
6. ich / schlafen / den ganzen Tag
7. sie *sing.* / fallen / auf der Straße
8. was / geben / du dem Bräutigam?
9. sie *sing.* / lesen / den Brief des Mannes
10. wohin / laufen / er so schnell?

B. Thomas und Andreas sind Freunde. Beide haben Probleme mit ihren Schwestern. Setzen Sie die Verben in Klammern ins Präsens.

ANDREAS: Zu Hause (verstehen) ich mich nicht gut mit meiner Schwester. Sie (lassen) mich nie in Ruhe.

THOMAS: Was (meinen) du?

ANDREAS: Sie (sagen) immer, daß ich dumm bin, weil ich alles (vergessen).

THOMAS: Ach! Das ist nicht so schlimm! Meine jüngere Schwester (nehmen) sich auch sehr wichtig. Wenn ich sie etwas (fragen), (antworten) sie meistens nicht.

ANDREAS: Wie (heißen) deine Schwester?

THOMAS: Regina. Und deine?

ANDREAS: Monika. Weißt du, was sie abends (machen)?

THOMAS: Nein. (Erzählen) es mir!

ANDREAS: Sie (sehen) bis Mitternacht fern. Dann (essen) sie alles, was es in der Küche (geben). Um eins (gehen) sie ins Bett und (lesen) ein Buch. Sie (schlafen) nie in ihrem Bett, sondern immer auf der Couch. Morgens (laufen) sie dreimal um den Park und dann (baden) sie im See.

THOMAS: Was für ein Mädchen! Sie ist ja ein bißchen seltsam, aber warum (verstehen) ihr euch nicht? Regina und ich (sprechen) oft miteinander, obwohl wir manchmal Probleme haben. Was (halten) deine Eltern davon?

ANDREAS: Ach! Sie (sagen) immer: „Ihr (gehen) uns auf die Nerven!"

C. Bilden Sie den Imperativ!

Beispiel: Du fährst nach Deutschland.
Fahr nach Deutschland!

1. Du kommst zur Hochzeit.
2. Wir laufen nach Hause.
3. Sie gehen auf die Hochzeit Ihres Freundes.
4. Ihr heiratet nächstes Jahr.
5. Du liest die Zeitung.

6. Wir erziehen unsere Kinder anders.
7. Sie waschen das Baby.
8. Ihr fahrt zum Standesamt.
9. Wir öffnen die Hochzeitsgeschenke.
10. Du machst eine Hochzeitsreise in die Schweiz.

D. Ein Freund/eine Freundin will bald heiraten. Sie versuchen, ihm/ihr Ratschläge zu geben. Setzen Sie die Verben in den Imperativ und bilden Sie vollständige Sätze mit den folgenden Satzteilen.

Beispiel: **Kauf** ein schönes Hochzeitskleid.

1.	**kaufen**	deine Hochzeitsreise in Spanien
2.	laufen	deinen Blumenstrauß in die Luft
3.	machen	die Geschenke am Hochzeitstag
4.	nicht öffnen	**ein schönes Hochzeitskleid**
5.	organisieren	mit deinen Freunden und Verwandten
6.	sprechen	zum Auto
7.	telefonieren	das Hochzeitsfest
8.	werfen	mit deinen Eltern

E. Schreiben Sie folgende Imperativsätze mit dem Verb lassen um.

Beispiel: Tina, gehen wir nach Hause!
            Tina, **laß** uns nach Hause gehen!

1. Frau Müller, fahren wir nach Weimar!
2. Marion, putzen wir das Haus!
3. Elmar und Ute, lesen wir diese Zeitschrift!
4. Herr und Frau Schiller, helfen wir Paul!
5. Peter, sprechen wir mit den Kindern!
6. Katja und Ramona, laufen wir nach Hause!

Present and Imperative
(*haben, sein, werden*, and the Modals)

Meine Schwester **ist** noch ledig. Ich **bin** verheiratet und *habe* schon zwei Kinder. Wenn ich noch schwanger ***werde***, <u>muß</u> ich eine Kinderfrau suchen. Hoffentlich <u>kann</u> ich eine gute finden, denn ich <u>will</u> weiterarbeiten.

Forms of the verb **sein** are in boldface, e.g., **ist**.

Forms of the verb **haben** are in italics, e.g., *habe*.

Forms of the verb **werden** are in boldface italics, e.g., ***werde***.

Modal verbs are underscored, e.g., <u>muß</u>.

‖‖‖‖ The Verbs *haben*, *sein*, and *werden*

•‖ *Present Tense*

Haben, sein, and **werden** may be used alone or as auxiliaries to form other tenses. In the present tense all three verbs are irregular. They are conjugated as follows:

haben		sein		werden	
ich	habe	ich	bin	ich	werde
du	hast[a]	du	bist	du	wirst[b]
er		er		er	
sie	hat[a]	sie	ist	sie	wird[b]
es		es		es	
wir	haben	wir	sind	wir	werden
ihr	habt	ihr	seid	ihr	werdet
sie	haben	sie	sind	sie	werden
Sie	haben	Sie	sind	Sie	werden

NOTES:

a. With **haben**, the **-b-** of the stem is dropped in the second- and third-person singular.

b. With **werden**, there is an **e>i** stem-vowel change, and a **-d** replaces the usual **-t** ending in the third-person singular (although the **-d** is pronounced like a **-t**: [**wirt**]).

• ▌ *Imperative*

Of the verbs **haben**, **sein**, and **werden**, only **haben** is completely regular in the imperative.

haben	sein	werden
Hab!	**Sei!**	**Werde!**
Haben wir!	**Seien wir!**	Werden wir!
Habt!	**Seid!**	Werdet!
Haben Sie!	**Seien Sie!**	Werden Sie!

Hab keine Angst!	*Don't be scared!*
Sei brav!	*Be good!*
Werden Sie mir nicht böse!	*Don't get angry at me!*

||||||▌ Übungen

A. Wählen Sie die richtige Verbform.

1. (Sei, Seien Sie, Seid) nicht spät, Herr Heilig!
2. Birgit, (hab, habt, haben Sie) keine Zweifel!
3. Anja, (werde, wird, werden) nicht schwanger!

B. Setzen Sie die Verben in den Imperativ.

1. Herr Hiller, (werden) mir nicht böse.
2. (Sein) wir nicht eifersüchtig!
3. Jörg, (sein) brav!
4. (Haben) Vertrauen zu mir, Gisela!
5. (Haben) keine Angst, Frau Müller!
6. (Werden) nicht grob, Kinder!

||||||■ 2. The Modals (Die Modalverben)

> — Tag, Susanne! Was machst du denn hier?
> — Ich gehe ins Kino. *Willst* du mitkommen?
> — Ich *möchte* gern, aber zuerst *muß* ich meiner Mutter beim Putzen helfen. *Können* wir nicht später gehen?
> — Doch! *Darfst* du das Auto deines Vaters fahren?
> — Ja, klar! Aber ich *mag* die alte Kiste nicht! Am besten gehen wir zu Fuß. Um wieviel Uhr *soll* der Film anfangen?
> — Um drei.

Modal verbs are in italics, e.g., *willst*.

German has six modal verbs: **dürfen, können, mögen, müssen, sollen,** and **wollen**. These verbs indicate the subject's attitude toward the action, condition, or state expressed by the main verb. The main verb takes the infinitive form and is placed at the end of the clause. Although modals are most often used as auxiliary verbs, they can stand alone when

a. a verb of motion (**fahren, gehen**) is implied;
b. the idea of *to do* or *to make* (**machen, tun**) is understood;
c. the meaning is clear from context.

Wann **wollt** ihr nach Italien (fahren)?
Was **wollt** ihr dort (tun)?
Könnt ihr italienisch (sprechen)?

The modals can be grouped into three pairs according to their meanings.

müssen (to have to)		sollen (to be supposed to)	
ich	muß	ich	soll
du	mußt	du	sollst
er		er	
sie	muß	sie	soll
es		es	
wir	müssen	wir	sollen
ihr	müßt	ihr	sollt
sie	müssen	sie	sollen
Sie	müssen	Sie	sollen

Compare:

Ich muß Helke finden.   *I have to find Helke.*
Ich soll Helke finden.   *I am supposed to find Helke.*

können (to be able to)		dürfen (to be allowed to)	
ich	kann	ich	darf
du	kannst	du	darfst
er		er	
sie	kann	sie	darf
es		es	
wir	können	wir	dürfen
ihr	könnt	ihr	dürft
sie	können	sie	dürfen
Sie	können	Sie	dürfen

KANNST DU DENN NIE STILL SEIN ?!

PEANUTS Characters © 1952 United Feature Syndicate, Inc.
Reprinted by permission.

Compare:

Erika kann Auto fahren.	*Erika can (knows how to) drive a car.*
Erika darf Auto fahren.	*Erika may (is allowed to) drive a car.*

wollen (to want)		**mögen (to like)**	
ich	will	ich	mag
du	willst	du	magst
er		er	
sie	will	sie	mag
es		es	
wir	wollen	wir	mögen
ihr	wollt	ihr	mögt
sie	wollen	sie	mögen
Sie	wollen	Sie	mögen

Compare:

Meine Eltern wollen dieses Haus.   *My parents want this house.*
Meine Eltern mögen dieses Haus.   *My parents like this house.*

*»Hab dich nicht so albern – warum magst du das Wasser denn
nicht trinken?«*

NOTES:

a. The modals are irregular in that the first- and third-person singular have no personal endings; they are always the same, as are the first- and third-person plural.

b. **Müssen**, **können**, **dürfen**, and **mögen** have no umlauts in the singular.

c. Only **sollen** does not undergo a stem-vowel change.

d. The subjunctive form of **mögen** (**möchte**) is very common. It expresses a wish or a desire (*would like*). (See Chapter 11 for the conjugation of **mögen** in the subjunctive.)

Dieter und Ursula möchten   *Dieter and Ursula would like to*
    eine Familie gründen.   *start a family.*

‖‖‖‖▌ Übung

Ersetzen Sie die Pronomen.

1. Ich muß zu Hause bleiben. (du, er, wir)
2. Erika soll Peter heiraten. (ich, du, Sie)
3. Wir können das nicht verstehen. (ich, du, ihr)
4. Ihr dürft im Garten spielen. (du, er, wir)
5. Sie wollen viele Freunde einladen. (ich, du, ihr)
6. Ich mag Erika nicht. (du, er, sie *pl.*)
7. Ich muß meine Verwandten besuchen. (du, er, wir)
8. Du willst das Hochzeitspaar kennenlernen. (er, ihr, Sie)
9. Sie darf die Kinder nicht babysitten. (du, wir, er)
10. Wir können zum Standesamt gehen. (ich, er, wir)
11. Ihr sollt in die USA reisen. (du, sie *sing.*, wir)
12. Sie mögen dieses Haus. (ich, er, wir)

▌ Erweiterung

‖‖‖‖▌ Additional Meanings of Modals

Some modals have other meanings in addition to those already mentioned.

•▌ *müssen (to have to, must)*

Like *must* in English, **müssen** can express probability, or the belief that something is true.

Anna ist wieder nicht hier; sie **muß** krank sein.	*Anna isn't here again; she must be sick.*

The negative form **nicht müssen** is used as the equivalent of *not to have to.*

Frau Müller **muß** ihren Babysitter **nicht** anrufen.	*Mrs. Müller does not have to call her babysitter.*

NOTE:

To translate *must not*, use either **nicht dürfen** or **nicht sollen.**

Frau Müller **darf** ihren Babysitter nicht anrufen. Frau Müller **soll** ihren Babysitter nicht anrufen.	*Mrs. Müller must not call her babysitter.*

•▌ *sollen (should)*

In the subjunctive, **sollen** expresses a moral obligation. (See Chapter 11 for the conjugation of **sollen** in the subjunctive.)

Du **solltest** dich nicht scheiden lassen.   *You shouldn't get a divorce.*

•▐ *mögen (may)*

Mögen is also used to express probability.

Wer **mag** das sein?   *Who can that be?*
Er **mag** etwa 40 Jahre alt sein.   *Perhaps he is about 40 years old.*

•▐ *wollen (to claim to)*

By using **wollen**, the speaker implies that he/she does not believe what another person has said.

Sie **will** Verwandte in Österreich   *She claims to have relatives in Austria.*
haben.

||||||▐ Übungen

A. Bilden Sie Sätze mit den Modalverben.

Beispiel: Ich lebe mit meinem Freund (wollen)
    Ich will mit meinem Freund leben.

1. Sie hat eine kinderreiche Familie. (wollen)
2. Heiratest du schon? (müssen)
3. Wir gehen in die Kirche. (können)
4. Babysittet er das Kind? (können)
5. Ihr trinkt keinen Alkohol beim Festessen. (dürfen)
6. Ich frage den Bräutigam. (sollen)

B. Wählen Sie den Satz, der jeweils eine logische Folge zur angegebenen Aussage bildet.

1. Monika ist schwanger.

   a) Monika darf zum Arzt gehen. c) Monika kann zum Arzt gehen.
   b) Monika soll zum Arzt gehen.

2. Der Bräutigam ist am Hochzeitstag in der Kirche.

   a) Er darf die Braut nicht küssen. c) Er soll die Braut küssen.
   b) Er muß die Braut küssen.

3. Dieser Mann und diese Frau sind verheiratet, aber sie verstehen sich nicht mehr.

   a) Sie müssen sich scheiden lassen. c) Sie dürfen sich scheiden
   b) Sie mögen sich scheiden lassen.   lassen.

4. Meine Tochter hat Probleme in der Schule.

a) Ich kann ihr helfen.   c) Ich darf ihr helfen.
b) Ich will ihr helfen.

5. Meine Kusine ist 35 Jahre alt und noch ledig.

a) Sie soll bald heiraten.   c) Sie darf bald heiraten.
b) Sie möchte bald heiraten.

C. ***Welchen Unterschied gibt es zwischen den folgenden Sätzen?***
Übersetzen Sie sie ins Englische.

1. a. Meine Schwester muß sich von ihrem Mann scheiden lassen.
    b. Mein Onkel soll sich von seiner Frau scheiden lassen.

2. a. Darfst du auf den Sohn deines Bruders aufpassen?
    b. Kannst du auf die Tochter deiner Schwester aufpassen?

3. a. Wollt ihr die junge Braut sehen?
    b. Möchtet ihr den Bräutigam sehen?

4. a. Ich muß mich nicht im April verloben.
    b. Sie darf sich nicht mit ihm verloben.

5. a. Sollst du die Kinder deiner verstorbenen Kusine erziehen?
    b. Muß er das arme Waisenkind selbst erziehen?

Word Order in Independent Clauses and Questions

Word Order in the Independent Clause (Satzbau im einfachen Satz)

> Endlich finde ich die Zeit, Dir zu schreiben. Ich habe so viel zu tun hier! Morgen gehe ich zur Hochzeit meiner Nachbarin. Um zehn Uhr soll die Feier beginnen. Ich freue mich schon darauf, denn die Hochzeiten sind bei uns in Deutschland wirklich anders. Wie lange kennt meine Nachbarin ihren Verlobten? Seit erst vier Monaten, aber sie sind ineinander ganz verliebt. Wollen sie Kinder haben? Ja, mindestens zwei.

In German, an independent clause can use either normal word order or so-called "inverted" word order (see the following Note). In both cases the conjugated verb *always* appears in second position.

Word Order in the Independent Clause

Normal   **Subject + Conjugated Verb + Rest of Sentence**

Ich habe so viel zu tun hier!

Sie sind ineinander ganz verliebt.

Inverted   **Other Elements + Conj. Verb + Subject + Rest of Sentence**

Morgen gehe ich zur Hochzeit meiner Nachbarin.

Um zehn Uhr soll die Feier beginnen.

NOTE:

*In inverted word order, a sentence element other than the subject begins the sentence. This sentence element can be an adverb (**morgen**), a time expression (**um zehn Uhr**), a prepositional phrase (in dem **Standesamt**), an object (**den Bräutigam**), or a dependent clause (see Chapter 5).

‖‖‖‖‖■ Word Order in Questions (Satzbau in Fragen)

Like English, German has two types of questions: yes/no questions and specific questions. Specific questions always begin with a question word.

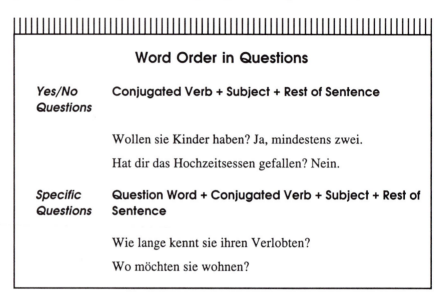

Word Order in Questions

Yes/No Questions **Conjugated Verb + Subject + Rest of Sentence**

Wollen sie Kinder haben? Ja, mindestens zwei.

Hat dir das Hochzeitsessen gefallen? Nein.

Specific Questions **Question Word + Conjugated Verb + Subject + Rest of Sentence**

Wie lange kennt sie ihren Verlobten?

Wo möchten sie wohnen?

‖‖‖‖‖ Word Order with Coordinating Conjunctions (Satzbau mit koordinierenden Konkunktionen)

Coordinating conjunctions connect two independent statements. They have no effect on word order. If the subject of the second statement follows the conjunction, use normal word order. If a sentence element other than the subject follows the conjunction, use inverted word order.

Compare:

                    S V
Sie kennt ihn seit vier Monaten **und** er ist in sie sehr verliebt.

                         V S
Sie kennt ihn seit vier Monaten **und** <u>natürlich</u> ist sie in ihn sehr verliebt.

The principal coordinating conjunctions are:

aber but (however)

Paul ist in Maria verliebt, **aber** er will sie nicht heiraten.

denn because

Maria freut sich, **denn** ihr Hochzeitskleid ist schön.

oder or

Du kommst mit mir in die Kirche, **oder** ich gehe nicht hin.

sondern but (rather)
Ulf ist nicht geschieden, **sondern** er ist noch verheiratet.

und and

Meine Freundin ist verheiratet **und** hat zwei Kinder.

‖‖‖‖▌ Übungen

A. Welchen Satzbau weisen diese Sätze auf?

Beispiele: Er lernte seine Verlobte in der Schweiz kennen.
Normal word order

In der Schweiz lernte er seine Verlobte kennen.
Inverted word order

1. Du magst diese Kinderfrau nicht.
2. Jedes Jahr kommen meine Verwandten zu Besuch.
3. Er ist verwitwet und hat drei Kinder.
4. Nach der Hochzeit macht das Hochzeitspaar eine Hochzeitsreise.
5. Morgen wollen wir nach Österreich fahren.

B. Stellen Sie Fragen über die unterstrichenen Wörter. Benutzen Sie jeweils das korrekte Interrogativpronomen: **Wie lange?, Was?, Warum?, Wer?, Wann?, Wie?, Wieviele? Wie oft?**

Beispiel: Markus bekommt viel Geld von seiner Großmutter.
Was bekommt Markus von seiner Großmutter?

1. Der Stammbaum meines Freundes ist sehr interessant.
2. In drei Monaten will Willi heiraten.
3. Meine Nachbarin kann nicht zu unserer Hochzeit kommen, denn sie ist krank.
4. Oft besuchen uns unsere Enkelinnen.
5. Sie kommen jede Woche zu uns.
6. Wir möchten unsere Hochzeitsreise nach Südfrankreich machen.
7. Sie lassen sich diese Woche scheiden.
8. Tanjas Schwiegereltern sind nett.
9. Die Feier soll eine Stunde dauern.
10. In dieser Familie gibt es drei Söhne und zwei Töchter.

C. *Ergänzen Sie die folgenden Sätze mit den koordinierenden Konjunktionen:* **aber, denn, oder, sondern, und.**

1. Meine Wohnung ist zwar nicht sehr groß, _____ sie gehört mir.

2. Das ist nicht mein Stammbaum, _____ der Stammbaum meines Freundes.

3. Dieses Hochzeitsessen ist eine Katastrophe, _____ es gibt nicht genug zum Essen.

4. Ulf ist ein Waisenkind, _____ er mag seine Adoptiveltern sehr.

5. Nicht der Bräutigam, _____ die Braut ist am Hochzeitstag krank geworden.

6. Bist du verheiratet _____ ledig?

7. Daniela hat unseren Sohn gern, _____ sie paßt lieber auf unsere dreijährige Tochter auf.

8. Mein Freund hat drei Kinder _____ jeden Tag muß er sie in die Schule bringen.

❚ Erweiterung

||||||❚ Position of *nicht*

Nicht is an adverb that can negate a main clause and different sentence elements.

•❚ *The Word* **nicht** *Negating a Main Clause*

If **nicht** negates a main clause in which the verb is in the present or simple past tense, **nicht** is usually placed at the end of the clause.

Mein Freund kommt heute **nicht**. *My friend is not coming today.*
Sie stritten sich **nicht**. *They did not argue.*

•❚ *The Word* **nicht** *Negating Different Sentence Elements*

Nicht usually *precedes* the following sentence elements:

• an infinitive

Mein Freund will heute **nicht** *My friend does not want to come today.*
kommen.

• a past participle

Sie haben sich **nicht** gestritten.   *They did not argue.*

- a prepositional object

Sie lebt **nicht** mit ihm zusammen.   *She does not live with him.*

Warum gehst du **nicht** zu ihrer Hochzeit?   *Why aren't you going to her wedding?*

- a separable prefix at the end of a clause

Kommt ihr denn **nicht** mit?   *Aren't you coming along?*

Gewöhnlich laden meine Freunde. sie **nicht** ein.   *Usually my friends don't invite them.*

- any adjective or noun used predicatively (used after **sein** or **werden**)

Das ist **nicht** meine Schwester.   *She is not my sister.*

Sie wird **nicht** Hausfrau werden.   *She is not going to be a housewife.*

- any sentence element one wants to negate specifically

Ursula heiratet **nicht** Hans, sondern Markus.   *Ursula is not marrying Hans, but Markus.*

Ich frage **nicht** dich, sondern Erika.   *I am not asking you, I am asking Erika.*

Nicht usually *follows* these sentence elements:

- the direct object

Kennst du Michaels Bruder?
— Nein, ich kenne ihn **nicht**.   *Do you know Michael's brother?*
    — No, I don't know him.

Sie besucht ihren Großvater **nicht**.   *She does not visit her grandfather.*

- expressions of definite time

Sie heiraten heute **nicht**.   *They are not getting married today.*

(For the use of **kein**, see Chapter 2, page 55.)

||||||| Word Order in the Independent Clause (Time, Manner, Place)

When several adverbs, time expressions, or prepositional phrases appear in the same sentence, they follow one another in this sequence: time, manner, place (TMP).

           T   M   P
Ich gehe heute mit meinem Großvater in die Kirche.

If one of the adverbs, time expressions, or prepositional phrases begins the sentence, the remaining elements follow the order TMP.

    T   M   P

Heute gehe ich **mit meinem Großvater in die Kirche.**

            M   T   P

Mit meinem Großvater gehe ich **heute in die Kirche.**

        P   T   M

In die Kirche gehe ich **heute mit meinem Großvater.**

    a.   Adverbs and adverbial expressions of <u>time</u> respond to the questions <u>when</u>?

        heute   gestern   immer   jeden Tag   vor zwei Jahren   um vier Uhr . . .

    b.   Adverbs and adverbial expressions of <u>manner</u> respond to the question <u>how</u>?

        schnell   leise   gern   zu Fuß   vergeblich   vorsichtig . . .

    c.   Adverbs and adverbial expressions of <u>place</u> respond to the question <u>where</u>?

        dort   hier   oben   unten   am Bahnhof   im Garten . . .

The direct object usually precedes any adverbial expressions.

                                        D.O.   T   M   P

Wir wissen, daß die Studenten ihre Professoren oft regelmäßig in der Mensa treffen.

||||||▮ Übungen

A. *Beginnen Sie jeden Satz mit den unterstrichenen Wörtern.*

1. Mein Vetter wohnt <u>in Dänemark</u>.
2. Die Jugendlichen heiraten <u>heute</u> aus Liebe.
3. Viele Ehen enden <u>oft</u> schlecht.
4. Die ganze Familie versammelt sich <u>zu Familienfeiern</u>.
5. Die Großeltern müssen <u>manchmal</u> in demselben Haus wie die Eltern wohnen.
6. Alle Kinder verstehen sich gut <u>in dieser Familie</u>.
7. Ich freue mich <u>auf diese Hochzeit</u>.
8. Sie möchte gern <u>all ihre Vorfahren</u> kennen.

B. *Stellen Sie sich vor, daß Sie Heikes Freund Markus sind. Stellen Sie ihr Fragen über die Hochzeit ihrer Nachbarin. Ihre Partnerin spielt Heikes Rolle und antwortet auf Ihre Fragen. Benutzen Sie das Präsens und den Wortschatz des Kapitels.*

1. Wo . . .   4. Wie lange . . .
2. Wann . . .   5. Wieviele . . .
3. Warum . . .   6. Wie oft . . .

C. Setzen Sie folgende Sätze ins Negative.

1. Anja lebt mit Helmut zusammen.
2. Meine Großeltern wohnen hier.
3. Du willst diesen Mann heiraten.
4. Kennst du Lars?
5. Meine Eltern geben mir viel Freiraum.
6. Erzieht er seine Kinder allein?
7. Manfred versteht sich gut mit seinem Bruder.
8. Wollt ihr im Juni heiraten?
9. Lädst du sie ein?
10. Kerstin will schwanger werden.

D. Ändern Sie die Sätze wie nach dem Modell.

Beispiel: Morgen gehe ich <u>mit Erika</u> <u>auf eine Party</u>.
          Mit Erika gehe ich morgen auf eine Party.
          Auf eine Party gehe ich morgen mit Erika.

1. In zwei Tagen fahre ich <u>mit dem Zug</u> <u>nach Berlin</u>.
2. Heute nachmittag gehst du <u>zu Fuß</u> <u>in den Park</u>.
3. Manchmal läuft er <u>langsam</u> <u>durch den Wald</u>.

▌Interaktionen und Situationen

A. Interviewen Sie einen Partner/eine Partnerin über seine/ihre Familie. Stellen Sie ihm/ihr Fragen im Präsens und benutzen Sie den Wortschatz des Kapitels.

B. Stellen Sie sich vor, daß Ihr Freund/Ihre Freundin Sie und drei andere Freunde von Ihnen zu seiner/ihrer Hochzeit eingeladen hat. Beschreiben Sie die Hochzeit im Präsens. Sprechen Sie von dem Hochzeitspaar, von den Familienmitgliedern, von dem Festessen, von den Hochzeitsgeschenken . . . . Benutzen Sie den Wortschatz des Kapitels, um diese kleine Szene mit drei Mitstudenten zu spielen.

C. Schreiben Sie einen Dialog zwischen einem Vater und seinem Sohn/ seiner Tochter, der/die ihm erklärt, daß er/sie mit einer Freundin/einem Freund zusammenleben will. Der Vater ist gar nicht einverstanden. Benutzen Sie so viele Modalverben wie möglich. (60 Wörter)

Kapitel 2

Das Leben zu zweit

|||||||||||||||||||||||||||||| **Auf den ersten Blick**

The case system

Articles, **der**-words, and **ein**-words

Nouns

|||||||||||||||||||||||||||||| **Ans Ziel**

Expressing possession and relationships

Specifying ideas, persons, places, and things

Es ist so schön, zu zweit spazierenzugehen!

Kulturelles

In diesem Brief schreibt Heike an ihre Freundin Susanne über die erste Party, zu der sie eingeladen worden ist.

Liebe Susanne!

absolutely

Es ist schon sehr spät, aber ich muß Dir unbedingt° schreiben. Ich bin nämlich von meiner ersten Party hier am College zurückgekommen, und es war einfach 5 toll. Ich habe so viele Leute kennengelernt, weil man immer mit Namen vorgestellt wird. Das passiert auf unseren Parties zu Hause nie! Und stell' Dir

stell'. . . : imagine

vor°, jemand hat mich um ein „date" gebeten. Ich wußte gar nicht, was das bedeutet, aber jetzt bin ich klüger: John möchte morgen abend mit mir ausgehen.

dann

Wir gehen zuerst essen und anschließend° ins Kino. Das ist hier aber wie bei uns 10

steady

und heißt nicht, daß er automatisch dadurch mein fester° Freund wird. Hier in

different

Amerika gibt es eine ganze Reihe verschiedener° dates. Dates sind Verabredungen, z.B. „double dates", wo zwei Paare miteinander ausgehen, „blind dates", wo man seinen Partner/seine Partnerin erst im letzten Augenblick trifft, usw°. Hast Du so etwas schon einmal gehört? Und trotzdem scheint es nur 15

und so weiter: etc.

strange

wenige feste Paare am College zu geben. Das finde ich sehr merkwürdig°.

Auch scheint man hier viel früher „den Mann" oder „die Frau" fürs Leben zu finden als bei uns, denn viele Leute heiraten sehr jung. Miteinander zusammenzuleben gilt hier, glaube ich, als unmoralisch. Viele junge Leute

ausprobieren: to try

heiraten, ohne das Zusammenleben vorher auszuprobieren°. Kein Wunder, daß 20

böse . . .: bad surprise

so manch eine oder einer eine böse Überraschung° erlebt, und sich so viele Paare nach kurzer Zeit wieder scheiden lassen. Bei uns wäre das allerdings auch nicht anders, wenn es das Zusammenleben nicht gäbe, oder? Und ganz problemlos ist die Sache auch nicht. Erinnerst Du Dich noch an die Schwierigkeiten°, die

Probleme

Sonja und Andreas damals hatten, als sie auf gemeinsamer Wohnungssuche 25

rent out

waren? „Nur an Ehepaare zu vermieten°" —das bekamen sie so oft zu hören.

patience/persistence/-

Nur mit viel Geduld° und Ausdauer° hatten sie schließlich Erfolg°. Aber mir

success; difference

fällt noch ein anderer Unterschied° ein: amerikanische Familien haben im allgemeinen mehr Kinder als deutsche. Hier haben fast alle meine Freunde mehrere Geschwister, während es bei uns in Deutschland viele Einzelkinder 30 gibt. Familien wie Deine und meine, in denen es drei Kinder gibt, gelten doch

exceptions

schon fast als Ausnahmen°.

Ich freue mich schon auf Deinen nächsten Brief! Viele liebe Grüße,

Deine Heike

Fragen

1. Was passiert auf deutschen Parties nie?
2. Was gilt als unmoralisch in den USA?
3. Ist das Zusammenleben in Deutschland überall akzeptiert? Wie wissen Sie das?
4. Welchen Unterschied gibt es zwischen amerikanischen und deutschen Familien?
5. Glauben Sie wie Heike, daß viele Ehepaare sich scheiden lassen, weil sie das Zusammenleben vor der Heirat nicht ausprobiert haben? Erklären Sie.

|||||| ▮ Wortschatz

Sinnverwandte Wörte (Kognate)

die **Clique** (–n)
der **Freund** (–e) / die **Freundin** (–nen)
der **Humor**
die **Intelligenz** (*no pl.*) = die **Klugheit**
der **Kuß** (**Küsse**)
der **Partner** (–) / die **Partnerin** (–nen)
die **Persönlichkeit** (*no pl.*) = der **Charakter** (–e)
die **Sexualität** (*no pl.*)
das **Tabu** (–s)

freundlich	**sentimental**
humorvoll	**sportlich**
intelligent = **klug**	**tabu**
natürlich	**tolerant**
reich	
küssen	

Das Leben zu zweit

das **Aussehen** (*no pl.*) = das **Äußere** (*no pl.*)	physical appearance
die **Beziehung** (–en)	relationship
der **Frauenheld** (–en, –en)	womanizer
das **Gefühl** (–e)	feeling
der **Kerl** (–e) = der **Typ** (–en)	guy
die **Kokette** (–n)	flirt
die **Liebe** (*no pl.*)	love
das **Liebesverhältnis** (–se)	love affair
der **Liebhaber** (–) / die **Liebhaberin** (–nen) = der **Geliebte** / die **Geliebte** (*adj. noun*)	lover

Die guten Eigenschaften

die **Eigenschaft** (–en)	quality	
≠ der **Fehler** (–)	defect	
die **Aufrichtigkeit**	sincerity	(**aufrichtig**)
die **Ehrlichkeit**	honesty	(**ehrlich**)
die **Großzügigkeit**	generosity	(**großzügig**)
die **Höflichkeit**	politeness	(**höflich**)
der **Mut**	courage	(**mutig**)
die **Treue**	faithfulness	(**treu**)
die **Zärtlichkeit**	tenderness	(**zärtlich**)

Die schlechten Eigenschaften

die **Dummheit**	stupidity	(**dumm = doof**)
die **Eifersucht**	jealousy	(**eifersüchtig**)
die **Eitelkeit**	vanity	(**eitel**)
die **Feigheit**	cowardice	(**feige**)
die **Gefühllosigkeit**	insensitivity	(**gefühllos**)
der **Geiz**	stinginess	(**geizig**)
die **Grobheit**	rudeness, courseness	(**grob**)
die **Selbstsucht**	selfishness	(**selbstsüchtig**)
die **Unehrlichkeit**	dishonesty	(**unehrlich**)
die **Untreue**	unfaithfulness	(**untreu**)

Adjektive

anziehend	attractive
deprimiert	depressed
enttäuscht	disappointed
gutaussehend	good-looking
häßlich	ugly
hübsch	pretty
lustig	funny
neidisch	envious
reif	mature
ruhig	calm
temperamentvoll	lively
verständnisvoll	understanding

Verben

an•sprechen (i, a, o): **jemanden ansprechen**	to start talking to someone
aus•gehen (ging aus, [ist] ausgegangen): **mit jemandem ausgehen**	to date someone

kennen•lernen — to meet, become acquainted with
nach•stellen: jemandem nachstellen — to chase someone
streiten (stritt, gestritten): mit jemandem streiten = mit jemandem Krach haben (hatte, gehabt) — to argue with someone
sich (in jemanden) verlieben — to fall in love (with someone)
versetzen — to stand up (a person)

Ausdrücke

to argue with someone

jemanden im Stich lassen (ä, ie, a) — to jilt someone, leave someone in the lurch

jemandem Komplimente machen — to compliment someone
Trübsal blasen (ä, ie, a) — to have the blues
Das ist doch alles nur Klatsch! — That's just gossip!
Du gehst mir auf den Wecker / auf die Nerven! — You are getting on my nerves!

Ich kann sie/ihn nicht leiden! — I can't stand her/him!
Wie schade! — That's too bad!

Würstchen schmecken besser zu zweit!

|||||▌ **Wir sind dran!**

A. Ergänzen Sie die folgenden Sätze mit geeigneten Wörtern aus der Liste.

versetzt   leiden   tabu   nachstellt   im Stich   eitel   selbstsüchtig
großzügig

1. Ein Frauenheld ist ein Mann, der den Frauen gern _____.

2. Wenn man jemand nicht gern hat, sagt man, daß man die Person

   nicht _____ kann.

3. Mein Freund hat mich treulos verlassen; er hat mich ganz einfach

   _____ _____ gelassen.

4. Anna schenkt ihrem Freund immer etwas; sie ist sehr _____.

5. Paul denkt immer nur an sich; er ist _____.

6. Anja weiß, daß sie hübsch ist. Sie betrachtet sich den ganzen Tag

   im Spiegel (*mirror*); sie ist wirklich sehr _____ .

7. Ich sollte meine Freundin vor dem Kino treffen. Ich habe eine

   Stunde gewartet, aber sie ist nicht gekommen. Sie hat mich

   _____ .

8. Von Sexualität sprechen ist oft noch _____.

*B. Welche Wörter können auf diese Weise definiert werden? Benutzen Sie
die folgende Liste.*

das Liebesverhältnis   deprimiert   küssen   feige   die Kokette

1. Das ist ein Verb, das bedeutet, daß man einer Person einen Kuß gibt.
2. So nennt man eine Beziehung zwischen einem Mann und einer Frau, die
   sich lieben.
3. Das ist das Gegenteil von „mutig.“
4. Das ist ein Adjektiv, das bedeutet, daß man eine Depression hat.
5. Das ist eine Frau, die den Männern gern nachstellt.

C. Benutzen Sie Adjektive, um die folgenden Personen zu beschreiben.

Beispiel: Renate ist erst siebzehn, aber sie hat schon drei Diplome
             bekommen.
             Renate ist **intelligent**.

1. Thomas sagt immer, was er wirklich meint.

2. Jedesmal, wenn ich meinen Onkel besuche, gibt er mir Geschenke.
3. Die Tochter meiner Nachbarin ist erst fünf Jahre alt, aber wenn ich sie sehe, grüßt sie mich immer und sagt: „Guten Tag, Fräulein Müller!"
4. Wir haben Dieter gar nicht gern. Wenn er einem auf den Fuß tritt, entschuldigt er sich nie.
5. Nicole denkt immer nur an sich. Die anderen interessieren sie gar nicht.
6. Der Freund meiner Schwester ist ganz toll. Er liebt sie sehr und geht nie mit anderen Mädchen aus.
7. Marco kann es nicht leiden, daß seine Freundin sich einen anderen Mann ansieht.
8. Wir haben immer viel Spaß mit Ursula. Sie erzählt immer lustige Geschichten.

D. *Wählen Sie jeweils den Ausdruck, der die folgenden Situationen am besten beschreibt.*

1. Monika und Matthias wohnen seit drei Jahren zusammen, aber gestern ist Matthias plötzlich allein in eine andere Wohnung eingezogen.

   a) Matthias hat Monika warten lassen.
   b) Matthias hat Monika im Stich gelassen.
   c) Matthias hat Monika fallen lassen.

2. Bernd wartet seit zwei Stunden in der Kneipe, wo seine Freundin ihn treffen sollte. Sie kommt aber nicht.

   a) Seine Freundin hat ihn versetzt.
   b) Seine Freundin hat ihn gern.
   c) Seine Freundin hat ihn angesprochen.

3. Thomas geht jetzt nicht mehr mit Ursula aus, sondern mit Helke. Ursula ist sehr böse und auch sehr eifersüchtig auf Helke.

   a) Ursula kann Thomas' Freundin verstehen.
   b) Ursula kann Thomas' Freundin nicht leiden.
   c) Ursula kann Thomas' Freundin verlassen.

E. *Stellen Sie Ihrem Partner/Ihrer Partnerin die folgenden Fragen. Dann tauschen Sie die Rollen. Benutzen Sie die Wörter in Klammern, um die Fragen zu beantworten.*

1. Wie wünschst du dir deinen idealen Partner/deine ideale Partnerin? Wie soll er/sie sein? (Benutzen Sie die Adjektive der Wortschatzliste.)
2. Welche Eigenschaften gefallen dir gut an deinem besten Freund/deiner besten Freundin? (Benutzen Sie die Adjektive der Wortschatzliste.)
3. Was gefällt dir gar nicht an ihm/ihr?

Grammatik

 ## The Case System (Kasus)

> *Es* ist schon sehr spät, aber *ich* muß **_Dir_** unbedingt schreiben. *Ich* bin nämlich von **_meiner ersten Party_** hier **_am College_** zurückgekommen, und *es* war einfach toll. *Ich* habe so viele **Leute** kennengelernt. *Paul, mein neuer Freund,* ist mitgekommen. *Ich* habe **ihn** vor **_einem Monat_** in **_einer Disco_** kennengelernt. *Er* ist immer sehr nett und zärtlich zu **_mir_**. Abends ruft *er* **mich** oft an. *Ich* mag **ihn** sehr. *Er* sieht nicht schlecht aus, aber für **mich** spielt *das Aussehen* <u>einer Person</u> sowieso **keine große Rolle.**

Words in the nominative case are in italics, e.g., *Es.*
Words in the accusative case are in bold face, e.g., **Leute.**
Words in the dative case are in boldface italics, e.g., **_Dir._**
Words in the genitive case are underscored, e.g., <u>Person.</u>

German has four cases: nominative, accusative, dative, and genitive. Because the case shows the relationship between at least two parts of a sentence, it is essential to know what this relationship is, why the case is chosen, and how it is formed.

|||||| Nominative and Accusative (Nominativ und Akkusativ)

Use of the Nominative Case

Subject	**Mein Partner** will mich im Stich lassen.	*My partner wants to jilt me.*
Apposition	Thomas, **der Frauenheld**, stellt allen Mädchen nach.	*Thomas, the womanizer, chases all the women.*
After sein *and* werden	Er ist **ein Dummkopf**.	*He is a dope.*

Use of the Accusative Case

Direct Object[a]	Kennst du **dieses Mädchen**?	*Do you know this girl?*
	Ich möchte **dich** küssen.	*I would like to kiss you.*
Apposition	Sie hat meinen Nachbarn geheiratet, **einen Deutschlehrer**.	*She married my neighbor, a German teacher.*
After Certain Prepositions[b]	Ich gehe gern mit ihm durch **den Park**.	*I like to walk through the park with him.*
	Sie hat kein Verständnis für **meine Situation**.	*She has no understanding of my situation.*
In Certain Time Expressions[c]	**Nächste Woche** wollen wir tanzen gehen.	*We want to go dancing next week.*
	Was hast du **die ganze Zeit** gemacht?	*What did you do the whole time?*

NOTES:

a. When a noun or a pronoun receives the action of the verb, it is the direct object. The direct object answers the question *whom?* (**wen?**) or *what?* (**was?**).
b. See Chapter 6 for an explanation of accusative and two-way prepositions.
c. See Chapter 5 for an explanation of the accusative case in time expressions.

Erweiterung

||||||■ Other Uses of the Accusative Case

•■ *Age, Weight, Value, Measure*

The accusative is used to express age, weight, value, and units of measure.

Age: Mein Baby ist **einen Monat** alt.
Weight: Dieses Paket wiegt **ein halbes Pfund**.
Value: Mein Kleid ist **zwei hundert Mark** wert.
Units of measure: Die Tür ist **einen Meter** breit.

Because they designate such quantities, the following adjectives take the accusative case: **breit** (*broad*), **dick** (*thick*). **entfernt** (*distant*), **alt** (*old*), **hoch** (*high*), **lang** (*long*), **schwer** (*heavy*), **tief** (*deep*), **weit** (*far*), **wert** (*worth*).

•■ *The Expression* es gibt

The accusative is used after the expression **es gibt**, which means there is or there are.

Es gibt einen Brief für mich.

|||||||■ Übungen

A. *Identifizieren Sie die unterstrichenen Satzteile als Nominativ oder Akkusativ.*

Beispiel: Mein Freund hat diesen Film gern.
   Mein Freund ist Nominativ, **diesen Film** ist Akkusativ.

1. Diese Familie hat drei Kinder.
2. Ist es dein Baby?
3. Kennst du meine Verwandten?

4. Ich weiß, daß <u>diese Frau</u> <u>diesen Mann</u> liebt.
5. <u>Den Bräutigam</u> hat <u>die Braut</u> geküßt.
6. Er hat <u>eine sehr interessante Persönlichkeit</u>.
7. Sind <u>das</u> <u>Tabus</u>?
8. Oft gehen <u>meine Freunde</u> im Wald spazieren.
9. Er hat <u>Paula, die schöne Witwe</u>, geheiratet.
10. <u>Ihr Baby</u> ist erst <u>drei Monate</u> alt.
11. Wie lange ist <u>die Straße</u>? <u>Zwei hundert Meter</u>.
12. Oft kann <u>die Routine</u> <u>ein Liebesverhältnis</u> ruinieren.

B. *Identifizieren Sie die unterstrichenen Satzteile als Nominativ oder Akkusativ.*

<u>Meine Freundin</u> heißt Paula. Ich habe <u>sie</u> vor einem Monat auf einer Party kennengelernt. <u>Sie</u> ist sehr lustig. Abends ruft <u>sie</u> <u>mich</u> oft an, und <u>wir</u> sprechen stundenlang. <u>Ich</u> mag <u>sie</u> sehr, weil <u>sie</u> aufrichtig ist. Meiner Meinung nach ist <u>das Aussehen</u> einer Person nicht so wichtig wie <u>ihre Persönlichkeit</u>.

‖‖‖‖▮ Dative and Genitive (Dativ und Genitiv)

Use of the Dative Case

Indirect Object[a]	Er gab **seiner Freundin** einen Ring.	*He gave a ring to his girlfriend.*
	Birgit zeigt **ihrem Vater** einige Fotos.	*Birgit is showing her father some pictures.*
Apposition	Er schreibt Anja, **meiner Cousine**, eine Postkarte.	*He's writing a post card to Anja, my cousin.*
After Certain Prepositions[b]	Er wohnt noch bei **seinen Eltern**.	*He is still living with his parents.*
	Wohin geht ihr nach **der Party**?	*Where are you going after the party?*
In Certain Time Expressions[c]	**Am Montag** sehe ich fern.	*On Mondays I watch TV.*
	Schlafen Sie gut **in der Nacht**?	*Do you sleep well at night?*

Use of the Genitive Case

Possession[d]	Das ist das Haus **meines Freundes**.	*This is my boyfriend's house.*
	Für mich ist das Aussehen **einer Person** nicht wichtig.	*The physical appearance of a person is not important to me.*
Apposition	Der Sohn meiner Nachbarin, **einer Schweizerin** aus Bern, ist sehr nett.	*The son of my neighbor, a Swiss from Bern, is very nice.*

After Genitive Prepositions[b]	Trotz **des Wetters** gehen sie aus.	*They go out despite the weather.*
In Certain Time Expressions[c]	Während **der Ferien** habe ich Trübsal geblasen.	*During vacation I had the blues.*
	Eines Tages will ich den idealen Partner finden.	*One day I want to find the ideal partner.*

NOTES:

a. The indirect object in a sentence, usually a person or an animal, answers the question *to whom?* or *for whom?* (**wem?**).

Compare the following sentences:

Matthias gave a ring *to his girlfriend.*
Matthias gave *his girlfriend* a ring.
Matthias gave *her* a ring.

The words in italics are indirect objects.

In English, the indirect object often follows the direct object and is preceded by a prepositon such as *to* or *for*, as in the first example. Sometimes the indirect object comes before the direct object and is *not* preceded by a preposition, as in the second and third examples.

In German, the indirect object and its modifiers, and any noun or pronoun in apposition to the indirect object, take the dative case.

b. See Chapter 6 for an explanation of the dative, genitive and two-way prepositions.

c. See Chapter 5 for an explanation of the dative and genitive case in time expressions.

d. In German there are five ways to show possession:

- Add **s** to a proper noun: Toms Freundin.
- Add an apostrophe if the proper noun already ends in an **s** sound (**–s, ß, –z** or **–tz**): Hans' Probleme; Fräulein Kunz' Liebesbriefe.
- Use a possessive adjective: Erika fährt nicht mit **ihrem** Auto nach Wien. (Erika isn't driving with her car to Vienna.)
- Use the genitive case: Das ist der Mann **meiner Nachbarin.** (This is my neighbor's husband.)

In German, when the genitive case is used to indicate possession, the possessor *always* follows the person or object possessed if the possessor is not a proper noun.

- Use the preposition **von** (*colloquial*): Das ist der Sohn **von meiner Nachbarin** (That's the son of my neighbor.)

Erweiterung

‖‖‖‖‖ Other Uses of the Dative Case

• ‖ *Dative verbs (Die Verben mit einem Dativobjekt)*

The dative case always follows certain verbs. Below is a list of a few common ones. Those marked with an asterisk take the auxiliary **sein**.

antworten	*to answer*	Antworte **mir**, bitte!
danken	*to thank*	Ich habe **ihnen** gedankt.
folgen*	*to follow*	Ich bin **ihm** überall gefolgt.
gefallen (ä, ie, a)	*to please*	Gefällt es **dir**?
gehören	*to belong to*	Das gehört **dir** nicht!
glauben	*to believe*	Ich glaube **ihm**.
helfen (i, a, o)	*to help*	Helfen Sie **meiner Mutter**!
passieren*	*to happen*	Was ist **ihnen** passiert?

• ‖ *Dative Adjectives (Die Adjektive mit einem Dativobjekt)*

A few adjectives require the dative case.

ähnlich	*similar*	Mein Bruder ist **ihm** ähnlich.
angenehm	*pleasant*	Das ist **mir** angenehm.
bekannt	*known*	Er ist **meinem Vater** bekannt.
böse	*angry*	Sei **mir** nicht böse!
dankbar	*grateful*	Ich bin **ihnen** sehr dankbar.
möglich	*possible*	Das ist **mir** nicht möglich.
schuldig	*indebted*	Du bist **ihm** 10 Mark schuldig.

||||||▌ Übungen

A. Identifizieren Sie die unterstrichenen Satzteile als Dativ oder Genitiv.

1. Das ist der Vater <u>meiner Freundin</u>.
2. Geben Sie <u>mir</u> eine Antwort!
3. Die Geschichte <u>dieses Ehepaars</u> ist sehr interessant.
4. Sei <u>ihm</u> nicht böse!
5. Ich möchte <u>Ihnen</u> danken.
6. <u>Herrn Brauns</u> Frau heißt Gisela.
7. Ich mag die Persönlichkeit <u>dieses Mannes</u> nicht.
8. Ist es <u>dir</u> angenehm?
9. Gefällt <u>deiner Freundin</u> dieser Mann?
10. Ihr glaubt <u>dem Mädchen</u> nicht.

B. Identifizieren Sie alle unterstrichenen Wörter als Nominativ, Akkusativ, Dativ oder Genitiv. Fassen Sie dann die beiden Paragraphen auf englisch zusammen.

<u>Martens</u> ist <u>Postbote</u>. <u>Jeden Tag</u> fährt <u>er</u> zu <u>der alten Eiche</u> (*oak*) und bringt <u>Briefe</u> aus <u>der ganzen Welt</u>. „An die Bräutigamseiche, Dodauer Forst, 2420 Eutin," so heißt <u>die Anschrift</u> (*address*). <u>Sieben Stufen</u> (*steps*) <u>einer Leiter</u> steigt <u>Martens</u> hoch, dort ist <u>der</u> „<u>Briefkasten</u>" - <u>ein großes Astloch</u> (*hole in the branch*). In das Loch legt <u>er</u> <u>die Post</u>.

<u>Wer</u> schreibt an die Bräutigamseiche? Meistens sind <u>es</u> <u>junge Leute</u>, die <u>Briefpartner</u> suchen, „spätere Heirat nicht ausgeschlossen . . .". Pro Jahr muß <u>Martens</u> <u>600 Briefe</u> in den Liebesbrief-Postkasten werfen. <u>Die Post</u> kommt aus <u>der ganzen Welt</u>. <u>Die Stadt Eutin</u> und <u>das Land Schleswig-Holstein</u> werben (*advertise*) mit der <u>Bräutigamseiche</u>. <u>Man</u> findet <u>sie</u> auf Wanderkarten, und <u>Hinweisschilder</u> zeigen <u>den Weg</u>. <u>Berichte</u> in Presse, Funk und Fernsehen haben <u>die Eutiner Eiche</u> weltbekannt gemacht. Wie <u>alles</u> angefangen hat, <u>das</u> weiß <u>man</u> nicht mehr so genau. Vor vielen, vielen Jahren hat <u>man</u> hier <u>einen keltischen Fürstensohn</u> (*prince's son*) gefesselt und im Dodauer Wald ausgesetzt. <u>Ein tapferes Mädchen</u> hat ihn befreit, und aus <u>Dankbarkeit</u> hat <u>der Fürstensohn</u> <u>die Eiche</u> gepflanzt. Auch soll <u>die Eiche</u> geheimnisvolle <u>Kräfte</u> haben. Wenn <u>ein junges Mädchen</u> dreimal, ohne <u>ein Wort</u> zu sagen, um <u>den Baum</u> geht, wird <u>es</u> noch im selben Jahr heiraten. <u>Es</u> muß sich nur ganz fest <u>den späteren Mann</u> vorstellen.

Ein romantisches tête-à-tête

 ## Articles, *der*-words, and *ein*-words

Hans ist **ein** echter Frauenheld. Er stellt *allen* Frauen nach. *Das* Problem mit ihm ist, daß er sie dann immer im Stich läßt. *Diesem* Mann kann man wirklich nicht trauen. *Jede* Woche lernt er **ein** neues Mädchen kennen. *Manche* von ihnen glauben, daß er sie **eines** Tages heiraten wird. Auch **meiner** Cousine versuchte er zu imponieren°.

impress

Words in boldface type are **ein-words**.
Words in italics are *der-words*.

Because articles in German indicate case, the definite article (**der, die, das:** *the*) and the indefinite article (**ein, eine, ein:** *a, an*) are variable. In addition, other noun modifiers known as **der**-words and **ein**-words are patterned after **der** and **ein**. The declension of **der**-words shows the same endings as the declension of the definite articles. The declension of **ein**-words shows the same endings as the declension of the indefinite articles.

|||||| The Definite Article (Der bestimmte Artikel)

The definite article **der** is used to designate a specific person or thing. In German as in English, the definite article precedes the noun it modifies. Sometimes it appears in place of the noun it modifies. (In this case it is called a *demonstrative pronoun*; see Chapter 5.)

	Masculine	Feminine	Neuter	Plural
Nom.	**der** Mann	**die** Frau	**das** Kind	**die** Leute
Acc.	**den** Mann	**die** Frau	**das** Kind	**die** Leute
Dat.	**dem** Mann	**der** Frau	**dem** Kind	**den** Leute<u>n</u>
Gen.	**des** Manne<u>s</u>	**der** Frau	**des** Kinde<u>s</u>	**der** Leute

Die Frau des Professors heißt Sabine.
Kennst du den Freund der Dame?
Findest du die Persönlichkeit des Mädchens interessant?
Ist das der Preis des Kleides?

||||||| The Indefinite Article (Der unbestimmte Artikel)

The indefinite article **ein** precedes the noun it modifies and does not have a plural form.

	Masculine	Feminine	Neuter
Nom.	**ein** Freund	**eine** Freundin	**ein** Tabu
Acc.	**einen** Freund	**eine** Freundin	**ein** Tabu
Dat.	**einem** Freund	**einer** Freundin	**einem** Tabu
Gen.	**eines** Freunde<u>s</u>	**einer** Freundin	**eines** Tabu<u>s</u>

Er geht oft mit einer Freundin von mir ins Kino.
Das ist das Auto eines Freundes.
Wir haben von einem Tabu des zwanzigsten Jahrhunderts gesprochen.

NOTE:

Der and **ein** have identical endings except in the masculine and neuter nominative case and in the neuter accusative case.

||||||▌ The *der*-words

Der-words are noun modifiers that follow the same declensional pattern as **der**. Some of the most frequently used **der**-words are:

dieser *this*	Kennst du **diese** Frau?	
jeder *each, every*	Sie gibt **jedem** Kind einen Kuß.	
jener *that*	Ich möchte nicht **dieses**, sondern **jenes** Bild.	
mancher *many a*	**Mancher** Autor hat hier gewohnt.	
solcher *such (a)*	Ich habe **solchen** Hunger!	
welcher *which*	**Welche** Eigenschaften gefallen dir am besten?	

(See Chapter 5 for further explanations on the use of **dieser** and **jener**.)

|||||||▌ The *ein*-words

Ein-words are noun modifiers that follow the same declensional pattern as **ein**. **Ein**-words include the possessive adjectives **mein**, **dein**, **sein**, **unser**, **euer**, **ihr**, and **Ihr**. Unlike **ein**, **ein**-words have a plural form and are declined as follows:

Nom.	**meine**	Kinder
Acc.	**meine**	Kinder
Dat.	**meinen**	Kinder__n__
Gen.	**meiner**	Kinder

The most common **ein**-words are:

kein[a] *not any, no*	Warum hast du **keine** Freunde?
solch ein = so ein *such a*	**So ein** Haus möchte ich haben!
welch ein = was für ein *what a*	**Welch ein** großzügiger Mann!
was für ein *what kind of*	**Was für ein** Auto fährst du? Ich fahre einen VW.
mein *my*	Wo ist **mein** Buch?
dein *your (informal singular)*	Wann kommt **dein** Freund?
sein[b] *his, its*	Kennen Sie **seinen** Vater? Der Baum verliert **seine** Blätter.
ihr *her, its*	Ich gehe oft mit **ihrer** Mutter einkaufen.
unser *our*	Frag **unsere** Professorin!
euer[c] *your (informal plural)*	Bringt **eure** Bücher!
ihr *their*	Sprechen sie von **ihren** Problemen?
Ihr *your (formal singular and plural)*	Ich möchte **Ihr** Auto fahren.

NOTES:

a. **Kein** is the negation of **ein**. It negates a noun preceded by **ein** or not preceded by any article: Ich habe einen Freund > Ich habe **keinen** Freund; Ich habe Freunde > Ich habe **keine** Freunde.

b. **Sein** is used when the possessor is either masculine or neuter, **ihr** when it is feminine: Das Kind ißt **sein** Frühstück. Die Katze spielt mit **ihrem** Ball.

c. The second **e** of **euer** is dropped in all cases except the masculine and neuter nominative and the neuter accusative.

||||||■ Übungen

A. *Ergänzen Sie die Wörter mit den richtigen Endungen.*

1. Ich habe mein_____ Freund angerufen.

2. Kennst du dies_____ Frau gut?

3. Welch_____ Mädchen möchten Sie heiraten?

4. Erzähle mein_____ Freundin dein_____ Probleme.

5. Wie gefällt euch d_____ Persönlichkeit mein_____ Partners?

6. Er hat mir solch ein_____ Kuß gegeben!

7. Mein_____ Eltern mögen dies_____ Kerl nicht.

8. Er macht sein_____ Partnerin gern Komplimente.

B. *Setzen Sie die Artikel in Klammern in den Nominativ, Akkusativ, Dativ oder Genitiv.*

1. Wo sind (the) Bücher (of the) Mädchen?
2. Möchten Sie (a) Freund zu (the) Party einladen?
3. Kennst du (the) Namen (of the) Kinder?
4. Er will (this) Frau im Stich lassen.
5. Was hältst du von (the) Problem?
6. Das war (a) so romantischer Abend.
7. Magst du (the) Haus?
8. Sie möchte mir (a) Kuß geben.
9. Mit was für (a) Auto wollen Sie nach Berlin fahren?
10. Kannst du (the) Vater (of the) Dame anrufen?

C. *Stellen Sie Ihrem Partner/Ihrer Partnerin die folgenden Fragen. Tauschen Sie dann die Rollen.*

Beispiel 1: Gibst du <u>deiner Freundin</u> ein Buch?
  Nein, ich gebe **meinem Freund** ein Buch.

Beispiel 2: Ist das der Freund <u>deiner Cousine</u>?
  Nein, das ist der Freund **meines Vetters.**

1. Zeigst du <u>deinem Vater</u> deine Briefe?
2. Gibst du <u>deinem Freund</u> deine Telefonnummer?
3. Bringst du <u>deiner Tante</u> die Zeitung?

4. Sprichst du oft mit <u>deinen Freunden</u>?
5. Hilfst du gern <u>deinem Partner</u>?
6. Ist das das Auto <u>deines Bruders</u>?
7. Sind das die Eltern <u>deiner Freundin</u>?
8. Kennst du die Kollegin <u>dieser Frau</u>?
9. Magst du den Namen <u>meiner Schwester</u>?
10. Siehst du oft die Freunde <u>dieses Jungen</u>?

Erweiterung

||||||▪ Uses of the Definite Article

Contrary to English, the definite article is used in German with structures or phrases.

Abstract Nouns

Das Leben ist schwer.	*Life is hard.*
Die Zeit heilt alle Wunden.	*Time heals all wounds.*

Parts of the Body

Paul, wasch dir die Hände!	*Paul, wash your hands!*
Sie will sich das Haar bürsten.	*She wants to brush her hair.*

Days of the Week, Months, and Seasons

Er kommt am Samstag.	*He is coming on Saturday.*
Letztes Jahr war der Juni schön.	*June was nice last year.*
Der Herbst beginnt im September.	*Fall begins in September.*

Some Feminine, Masculine, and Plural Countries

Wann reist du in die Schweiz?	*When are you going to Switzerland?*
Wann will er in die USA emigrieren?	*When does he want to emigrate to the US?*

Units of Measurement

Der Babysitter verlangt fünf Mark die Stunde.	*The babysitter wants five marks an hour.*
Diese Orangen kosten einen Dollar das Pfund.	*These oranges cost a dollar a pound.*

Names of Streets and Meals

Er wohnt in der Müllerstraße.	*He lives on Müller street.*
Was gibt es zum Frühstück?	*What is there for breakfast?*

||||||■ Omission of the Indefinite Article

Contrary to English, in German the indefinite article is omitted in the following constructions.

Unmodified Nouns Denoting Nationality or Occupation

Gabriela ist Anwältin.	*Gabriela is a lawyer.*
Paul ist Deutscher.	*Paul is a German.*

NOTE:

If the noun is modified, the indefinite article is used.

Gabriela ist eine gute Anwältin.	*Gabriela is a good lawyer.*
Paul ist ein junger Deutscher.	*Paul is a young German.*

Phrases with hundert *and* tausend

Ich kann tausend Mark die Woche verdienen.	*I can make a thousand marks a week.*
Wir sind hundert Kilometer gefahren.	*We drove a hundred kilometers.*

||||||■ Uses of *der*-words

Mancher (*many a*) and **solcher** (*such*) are mainly used in the plural in conversational German.

Solche Männer gefallen mir nicht.	*I don't like such men.*

In the singular, speakers of German prefer to use **manch ein** and **solch ein/so ein**.

Solch einen/so einen Mann möchte ich nicht heiraten.	*I wouldn't want to marry such a man.*

Welcher (*which*) is an interrogative word.

Welches Mädchen hast du gern?	*Which girl do you like?*

Welch ein (*what a*) is an **ein**-word that is used only in exclamations.

Welch ein Mädchen!	*What a girl!*

It is often replaced by **was für ein** (*what a*) in conversational German.

Was für ein Mädchen!	*What a girl!*

||||||■ Uses of *ein*-words

Was für ein (*what kind of?*) occurs frequently in modern conversational German. In this expression **was** is always invariable, but **ein** is declined. **Für** does not affect case.

Was für **ein** Mann ist er? (nominative; predicate noun)
Für was für **einen** Mann arbeitet er? (accusative; **für** is an accusative preposition)
Mit was für **einem** Auto fährst du? (dative; **mit** is a dative preposition)

In the plural **ein** is omitted.

Was für Autos gefallen dir?
Von was für Problemen habt ihr denn gesprochen?

‖‖‖‖▮ Übungen

A.   Suchen Sie jeweils das richtige Wort.

1.   Markus, kämm dir (das, dein, dieses) Haar!

2.   Meine Freundin wohnt in (welcher, der, _____)
     Goethestraße.

3.   Anton, mein Freund, ist (_____, ein, einer) Ingenieur.

4.   (Manche, Was für, Solche) Männer interessieren dich?

5.   Ich verstehe mich nicht gut mit (solchen, welchen, was für) Leuten.

B.   Bilden Sie Sätze im Präsens aus den angegebenen Satzteilen.

1.   mögen / du / der Mann / meine Cousine?
2.   ich / wollen / kein Dummkopf (*m.*) / heiraten
3.   von (+*dat.*) / welche Probleme / müssen / deine Freundin / sprechen?
4.   ihr / dürfen / das / für (+*acc.*) / mein Vater / tun
5.   können / Hans / während (+*gen.*) / der Film / weggehen?
6.   all / Mädchen / wollen / mein / Bruder / kennenlernen
7.   du / wollen / kein Babysitter / suchen
8.   was / sie *sing.* / halten / von (+*dat.*) die Persönlichkeit / ihr Liebhaber?
9.   wann / sollen / die Schwester / Ihre Frau / kommen?
10. solch / ein Mann / wollen / Claudia / nicht / heiraten!

*C.   In einer Kneipe sprechen Anja und Birgit von dem neuen Freund
     ihrer Freundin Anita. Ergänzen Sie den folgenden Dialog und
     beenden Sie ihn, wie Sie wollen.*

ANJA: Hast du bemerkt, daß Anita jetzt mit (einer, einem, eines) neuen Freund
        ausgeht?
BIRGIT: Ja. Thomas heißt er. Er ist 26. Wirklich toll.

ANJA: So toll ist er nicht. (Jeder, Jedes, Jede) Woche geht er mit (ein, einem, eine) anderen Mädchen aus. (Solchen, Solch einen, Was für ein) Frauenhelden möchte ich bestimmt nicht zum Freund haben!

BIRGIT: Ist er nicht (das, die, der) Neffe (deiner, deine, deines) Deutschlehrerin?

ANJA: Doch.

BIRGIT: Weiß sie, daß er (allen, alle, aller) Studentinnen in (ihren, ihr, ihrer) Klassen nachstellt?

ANJA:

BIRGIT:

ANJA:

BIRGIT:

Thomas ist ein echter Frauenheld.

 # Nouns (Substantive)

▌ Noun Gender (Das Genus der Substantive)

Wir gehen zuerst essen und anschließend ins K<u>ino</u>. Das ist hier aber wie bei uns und heißt nicht, daß er automatisch dadurch mein fester *Freund* wird. Hier in Amerika gibt es eine ganze **Reihe** verschiedener dates. Dates sind **Verabredungen**, z.B. „double dates", wo zwei P<u>aare</u> miteinander ausgehen, „blind dates" wo man seinen *Partner*/seine **Partnerin** erst im letzten *Augenblick* trifft usw.

Masculine nouns are in italics, e.g., *Freund*.
Feminine nouns are in boldface, e.g., **Reihe**.
Neuter nouns are underscored, e.g., <u>Kino</u>.

In German, nouns are masculine, feminine, or neuter. When referring to persons, the masculine is used for male persons (**der Vater, der Professor, der Frauenheld**) and the feminine is used for female persons (**die Mutter, die Professorin, die Partnerin**); exceptions: **das Mädchen, das Fräulein**. It is almost impossible to guess the gender of many objects. For example, *table* (**der Tisch**) is masculine, *lamp* (**die Lampe**) is feminine, and *car* (**das Auto**) is neuter.

In a compound noun (**eine Zusammensetzung**), the last noun determines the gender of the whole compound.

die Heirat + **das Büro** =   **das** Heiratsbüro

marriage   *office*   *matrimonial agency*

das Auto + **der Fahrer** = **der** Autofahrer

car   *driver*   *motorist*

Guidelines for predicting gender do exist, however. First, the following charts of endings will help you determine whether a noun is masculine, feminine, or neuter.

Masculine Nouns

–el[a]	–en[b]	–er	–ent	–ant	–ling	
Mantel	Garten	Bruder	Student	Trabant	Lehrling	

–ig	–ich	–eur	–or	–ör	–m[c]	–us
Käfig	Teppich	Friseur	Motor	Likör	Baum	Virus

EXCEPTIONS:

a. die Insel, die Kartoffel, die Tafel, das Rätsel, das Möbel
b. Nouns derived from verbs in the infinitive form are neuter: das Essen, das Trinken, das Schwimmen
c. das Lamm

Feminine Nouns

-ei	-enz	-heit	-keit	-ie	-ik
Bäckerei	Konferenz	Krankheit	Möglichkeit	Kalorie	Klinik

-in	-ion	-schaft	-tät	-ung	-ur
Partnerin	Lektion	Landschaft	Universität	Wohnung	Kultur

Neuter Nouns

-chen	-ing	(i)um	-lein	-ment	-o
Mädchen	Meeting	Stadium	Fräulein	Argument	Radio

Erweiterung

Additional guidelines that will help you recognize a noun's gender are categories based on meaning.

Masculine Nouns

Male beings	der Bruder, der Onkel	Kennst du meinen Onkel?
Male professions	der Bäcker, der Tischler	
Days, parts of days, months, and seasons	der Montag, der Morgen, der Januar, der Frühling	Das war ein schöner Nachmittag.
Weather phenomena and geographical directions	der Regen, der Schnee, der Wind, der Norden, der Süden	Durch das Fenster sehe ich den Regen.
Most mountains and volcanos	der Himalaja, der Vesuv	Der Everest ist der höchste Berg der Welt.

Non-German rivers and rivers ending in a consonant	der Nil, der Mississipi, der Rhein, der Neckar *exception:* die Weser	Wie lange ist der Po?
Cars	der Porsche, der VW	Wieviel kostet der Honda?
Minerals	der Diamant, der Granit	Dieser Diamant ist so schön!
Nouns derived from verbs	der Fluß (from fließen) der Fall (from fallen)	Der Rhein ist ein romantischer Fluß.

Feminine Nouns

Female beings	die Mutter, die Tante	Wie alt ist deine Cousine?
Female professions	die Sekretärin	
Regions and rivers ending in −a and −e	die Riviera, die Bretagne, die Wolga, die Elbe	Wie breit ist die Elbe?
Ships, airplanes, and motorcycles	die *Europa*, die Boeing 727, die Kawasaki	Wir fliegen in einer Boeing.
Most trees, flowers, and fruit	die Tanne, die Rose, die Birne	Gib mir diese Rose!

Neuter Nouns

Cities, most countries and continents*	das romantische Heidelberg das große Deutschland das magische Afrika	Wir wollen uns im schönen Berlin wiedersehen.

Metals	das Gold, das Silber	Putzen Sie das Silber!
Letters of the alphabet	das A, das B, das C	Ich habe ein A für meinen Aufsatz bekommen.
Hotels, cafés, and movie theaters	das Hilton, das Rex, das Continental	Gehen wir jetzt ins Hilton!
Infinitives used as nouns	das Essen, das Trinken	Das Trinken ist verboten hier.
A few nouns beginning with **ge–** and ending in **–e**	das Gebirge, das Gemüse	Peter, iß dein Gemüse!

NOTES:

*Most city, country, and continent names are not preceded by an article in German, unless they are modified by an adjective. A few country names, however, are always preceded by the definite article. Some are feminine: **die Schweiz, die Türkei**; some are masculine: **der Iran, der Sudan, der Lebanon**; some are plural: **die USA (die Vereinigten Staaten), die Niederlande, die Bermudas.**

||||||▌ Übungen

A. *Was ist das Genus der folgenden Wörter? Erklären Sie jedesmal Ihre Antwort.*

Beispiel: Mann
        masculine; male person

1. Republik	8. Polemik	15. Tochter	22. Natur
2. Lektion	9. Tragödie	16. Schnee	23. König
3. Auto	10. Männlein	17. Fakultät	24. Rhein
4. Rauchen	11. Schönheit	18. Dezember	25. VW
5. Lauf	12. Häßlichkeit	19. Dokument	
6. Köchin	13. Eigenschaft	20. Gebäude	
7. Schweiz	14. Freitag	21. Süden	

B. Ergänzen Sie mit dem richtigen Genus.

1. _____ Winter ist sehr kalt in Alaska.

2. Das ist noch _____ Morgen seines Lebens.

3. Gefällt dir _____ Campus?

4. Wie schön ist _____ Garten!

5. Wo ist _____ Käfig?

6. Wie heißt dieses Land? _____ Niederlande.

7. _____ Bermudas liegen nicht weit von den Antillen.

8. Existiert noch _____ Kolonie?

9. _____ Qualität ist wichtiger als die Quantität.

10. _____ Schlafen ist hier verboten.

Zu zweit mit Familie

‖‖‖‖‖ The Plural of Nouns
(Der Plural der Substantive)

In English, a noun plural is usually formed by adding –*s* or –*es* to the singular form. In German, there are ten different plural forms: **–**, **–e**, **⸚e**, **–er**, **⸚er**, **–n**, **–en**, **–nen**, **–s**, and **⸚**.

When you look up a noun in a German/English dictionary, it is listed with its genitive singular and its nominative plural as follows:

Mann, *m.*, (**–es**, **⸚er**)
Frau, *f.*, (**–**, **–en**)
Student, *m.*, (**–en**, **–en**)

Whenever you learn a new noun, make it a practice to learn both its gender and its plural form.

▌ Erweiterung

The following charts will help you to determine what plural forms to use.

•▌ *Masculine Nouns*

‖‖

Masculine Noun Endings	Plural	Examples
–el	–	der Esel, die Esel
	⸚	der Mantel, die Mäntel
–en	–	der Wagen, die Wagen
	⸚	der Laden, die Läden
–er	–	der Metzger, die Metzger
	⸚	der Vater, die Väter
–ent	–en	der Student, die Studenten
–ant	–en	der Fabrikant, die Fabrikanten
–ling	–e	der Lehrling, die Lehrlinge
–ig	–e	der König, die Könige
–ich	–e	der Teppich, die Teppiche
–eur	–e	der Friseur, die Friseure
–or	–en	der Professor, die Professoren

–ör	–e	der Likör, die Liköre
–m	–e	der Dom, die Dome
	⸚e	der Baum, die Bäume
–us	–en	der Virus, die Viren
	–sse	der Zirkus, die Zirkusse

In diesen **Läden** gibt es **Liköre** und **Teppiche**.
Sind das die **Wagen** der **Friseure** und ihrer **Lehrlinge**?
In Deutschland gibt es viele gotische **Dome**.
Die **Professoren** wollen mit ihren **Studenten** sprechen.

NOTE:

Many one-syllable masculine nouns also form their plural with –e or ⸚e: **der Tisch, die Tische; der Brief, die Briefe; der Platz, die Plätze; der Fuß, die Füße.**

•▌ *Feminine Nouns*

a. Most feminine nouns take **–n**, **–en**, or **–nen** in the plural.

Feminine Noun Endings	Plural	Examples
–ei	–en	die Bäckerei, die Bäckereien
–enz	–en	die Konferenz, die Konferenzen
–heit	–en	die Krankheit, die Krankheiten
–keit	–en	die Möglichkeit, die Möglichkeiten
–ie	–n	die Kalorie, die Kalorien
–ik	–en	die Klinik, die Kliniken
–in	–nen	die Partnerin, die Partnerinnen
–ion	–en	die Lektion, die Lektionen
–schaft	–en	die Landschaft, die Landschaften
–tät	–en	die Universität, die Universitäten
–ung	–en	die Wohnung, die Wohnungen
–ur	–en	die Kultur, die Kulturen

Immer noch zu zweit!

Wir müssen die **Übungen** dieser **Lektionen** machen.
Hoffentlich werden uns die Professoren gute **Zensuren** geben.
Welche **Eigenschaften** gefallen dir am besten?

b. Some feminine nouns of only one syllable add ¨e in the plural; others add
−en.

Plural	¨e	−en
Examples	die Hand, die Hände	die Bahn, die Bahnen
	die Nacht, die Nächte	die Burg, die Burgen
	die Stadt, die Städte	die List, die Listen
	die Wand, die Wände	die Fahrt, die Fahrten
	die Kuh, die Kühe	die Uhr, die Uhren

Im Winter sind die **Nächte** lang.
In dieser Region gibt es viele **Burgen**.

•▌ *Neuter Nouns*

a. Most neuter nouns end in −er or ¨er in the plural.

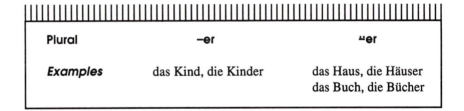

Plural	–er	̈er
Examples	das Kind, die Kinder	das Haus, die Häuser
		das Buch, die Bücher

In den **Dörfern** haben die **Kinder** viele **Bücher** gelesen.

b. Most neuter nouns ending in **–el**, **–er**, and **–en** do not change in the plural.

Neuter Noun Endings	Plural	Examples
–el	–	das Viertel, die Viertel
–en	–	das Leben, die Leben
–er	–	das Fenster, die Fenster

Mach alle **Fenster** auf!
Möchten Sie diese **Viertel** besuchen?

c. Neuter nouns ending in **–chen** or **–lein** do not change in the plural.

Neuter Noun Endings	Examples
–chen	das Mädchen, die Mädchen
–lein	das Tischlein, die Tischlein

d. Neuter nouns beginning with **Ge–** add an **–e** in the plural. If they already end in **–e**, they do not change in the plural.

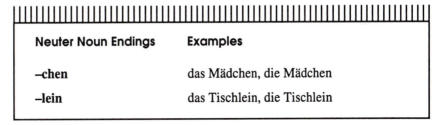

das Gebiet > die Gebiete
das Gebäude > die Gebäude
Sind diese **Gebäude** schon zu alt?

e. The following neuter nouns end in **–e** in the plural: **das Boot, das Brot, das Haar, das Jahr, das Meer, das Pferd, das Spiel, das Stück, das Tier, das Ziel.**

Wir haben viele **Theaterstücke** und **Festspiele** gesehen. Diese **Tiere** haben lange **Haare**.

f. Plural forms of neuter nouns of foreign origin often end in –s; they may also end in –e or **en.**

Neuter Noun Endings	Plural	Examples
–o	**–s**	das Kino, die Kinos
–ment	**–e**	das Dokument, die Dokumente
–(i)um	**–en**	das Museum, die Museen

In den **Museen** kann man interessante **Dokumente** betrachten.
Wieviele **Kinos** gibt en in dieser Stadt?

‖‖‖‖▌ Übungen

A. Was ist der Plural der folgenden Wörter? Erklären Sie Ihre Antwort.

1. der Amerikaner
2. die Freundin
3. die Clique
4. die Frau
5. das Mädchen
6. das Gefühl
7. der Vater
8. der Partner
9. der Fabrikant
10. der König
11. das Gebäude
12. das Schwesterlein
13. die Persönlichkeit
14. die Aktivität
15. das Haus
16. der Virus
17. die Maus
18. das Gebiet
19. das Tabu
20. das Pferd

B. Wählen Sie die korrekte Pluralform.

1. das Mädchen (–nen), (–), (⸚)
2. der Mantel (⸚), (–), –n)
3. der Konsument (⸚e), (–innen), (–en)
4. die Kuh (–en), (⸚e), (⸚)
5. die Kirche (–s), (–er), (–n)
6. der Mann (–), (⸚er), (–en)
7. das Gebäude (–er), (–n), (–)
8. das Radio (–), (–sse), (–s)
9. die Partei (⸚e), (–en), (–er)
10. das Buch (–s), (–e), (⸚er)

C. Setzen die Sätze in den Plural.

1. Die Dame und der Mann wohnen hier.
2. Diese Amerikanerin arbeitet mit diesem Österreicher.
3. Wo ist der Wagen?
4. In der Stadt gibt es ein Kino, ein Museum, eine Kirche, eine Universität und einen Dom.
5. Unsere Lehrerin geht oft zu dieser Konferenz.
6. In dem Haus gibt es eine Maus.
7. Meine Schwester will ein Buch kaufen.
8. Dieser Student will Ingenieur werden.
9. Ich möchte einen Baum pflanzen.

10. Wie groß ist die Wohnung?
11. Dieses Mädchen kann ich nicht leiden.
12. Siehst du dieses Gebäude?
13. Er arbeitet für diese Nation.
14. Hast du diese Partei gern?
15. Das ist eine Kokette.

‖‖‖‖‖ Noun Declension (Die Deklination des Substantivs)

Most German nouns have a regular declension.
Masculine and neuter nouns add **–s** or **–es** in the genitive singular, and all nouns add **–n** in the dative plural.

	Masculine	Feminine	Neuter	Plural
Nom.	der Mann	die Frau	das Auto	die Bücher
Acc.	den Mann	die Frau	das Auto	die Bücher
Dat.	dem Mann	der Frau	dem Auto	den Büchern
Gen.	des Mannes	der Frau	des Autos	der Bücher

Erweiterung

‖‖‖‖‖ Weak Declension of Some Masculine Nouns

A few masculine nouns end in **–en** in all cases except in the nominative singular. This group includes nouns that end in **–e**, (e.g., **Junge**, **Kollege**), nouns of foreign origin accented on the last syllable (e.g., **Präsident**, **Journalist**), and a few one-syllable nouns (e.g., **Herr**, **Mensch**)

	Singular	Plural
Nom.	der Junge	die Jungen
Acc.	den Jungen	die Jungen
Dat.	dem Jungen	den Jungen
Gen.	des Jungen	der Jungen

Der Hund ist der beste Freund des Menschen.

The dog is man's best friend.

Hast du den Präsident**en** schon getroffen?

Have you already met the president?

Ich bin mit dem Neff**en** meines Kolleg**en**, eines Biolog**en**, zum Polizist**en** gegangen.

I went to the police officer with my colleague's nephew, a biologist.

|||||||■ Übungen

A. *Identifizieren Sie den Kasus der folgenden Wörter aus dem Artikel unten.*

Beispiel: **ein guter Freund**: nominative singular

Dirk, 20 Jahre
„Mit Nils und Lars kann ich über alles reden. Auch, wenn ich Probleme mit meiner Freundin Michaela habe. So ein Gespräch kommt meistens ganz spontan. Einer fängt an, dann erzählen die anderen von ihren Erfahrun-

Nils, 19 Jahre
„Ein guter Freund muß zu mir stehen, mit mir durch dick und dünn gehen. Mit einem Mädchen geht das nicht so gut. Mit meinen Freunden kann ich über alles reden, mit meiner Freundin nicht. Sie verste-

hen meine Probleme. Vielleicht liegt das daran, daß ich meine Freundin noch nicht so lange kenne. Ich glaube, es ist leichter, eine Freundin zu finden als einen guten Freund."

gen, und so geht das weiter. Wir haben uns auch schon gestritten. Da war ein halbes Jahr Sendepause. Jeder war zu stolz, um sich zu entschuldigen. Ich glaube, die besten Freunde findet man in der Schulzeit. Danach habe ich kaum noch jemanden kennengelernt. Wir sind immer in der alten Clique zusammen. Ein oder zwei Neue sind dazugekommen, aber mit denen entwickelt sich nie so eine dicke Freundschaft."

1. einem Mädchen
2. meinen Freunden
3. meiner Freundin
4. meine Probleme
5. meine Freundin
6. eine Freundin
7. einen guten Freund

8. Probleme
9. meiner Freundin
10. So ein Gespräch
11. ihren Erfahrungen
12. die besten Freunde
13. eine dicke Freundschaft

B. *Setzen Sie die folgenden Sätze aus dem Artikel in den Singular oder in den Plural.*

1. Mit meinen Freunden (>Singular) kann ich über alles reden, mit meiner Freundin (>Plural) nicht.
2. Sie verstehen meine Probleme (>Singular).
3. Vielleicht liegt das daran, daß ich meine Freundin (>Plural) noch nicht so lange kenne.
4. So ein Gespräch (>Plural) kommt meistens ganz spontan.
5. Einer fängt an, dann erzählen die anderen von ihren Erfahrungen (>Singular).

C. *Machen Sie die folgende Übung mit einem Partner/einer Partnerin. Setzen Sie die Wörter in Klammern in den richtigen Kasus.*

1. Ich gebe (meine Schwester) (das Buch).
2. Birgit zeigt (die Kinder) (die Fotos).
3. Du möchtest (jedes Kind) gratulieren.
4. Kennen Sie (die Frau) (mein Freund)?
5. Frage (der Bruder) (deine Freundin)!
6. Matthias gibt (seine Kusine) (der Ring).
7. Helfen Sie (der Sohn) (seine Nachbarin)!
8. Warum willst du (diese Leute) danken?
9. Spricht sie oft mit (der Professor) (ihre Tante)?
10. Gefällt euch (die Farbe) (das Auto)?

D. *Ergänzen Sie mit den korrekten Endungen.*

1. Ist das das Auto dein_____ Mann_____ ?

2. Kennst du die Mutter dies_____ Jung_____ ?

3. Der Nam_____ dies_____ Student_____ ist mir nicht bekannt.

4. Er hat Probleme mit sein_____ Neff_____ .

5. Antworte dein_____ Kolleg_____ ! (masculine)

6. Im Mai gibt es viele Tourist_____ hier.

7. Wieviele Fragen haben die Journalist_____ gestellt?

8. Wo möchtest du die Frau des Präsident_____ treffen?

9. Paul! Sie müssen Ihrem Kolleg_____ antworten!

10. Wieviele Mensch_____ gibt es auf der Welt?

E. Bilden Sie Sätze mit den folgenden Satzteilen.

Beispiel: die Freunde
   Die Freunde meiner Schwester gefallen mir nicht. (*nom. pl.*)
   Kennst du **die Freunde** meiner Schwester? (*acc. pl.*)

1. den Leuten
2. meine Probleme
3. deiner Tochter
4. dieses Auto
5. mein Kind
6. dieses Frauenhelden
7. seiner Freundin
8. diesem Jungen
9. manche Bücher
10. unseren Partnern

▌Interaktionen und Situationen

*A. Stellen Sie einem Partner/einer Partnerin die folgenden Fragen.
Tauschen Sie dann die Rollen. Bilden Sie vollständige Sätze.*

1. Zeigst du deinen Geschwistern oft deine Fotos?
2. Gratulierst du oft deinen Freunden?
3. Kennst du die Kollegen deines Deutschlehrers/deiner Deutschlehrerin?
4. Hilfst du manchmal den Studenten dieser Klasse beim Studieren?
5. Gefällt dir die Farbe dieses Buches?
6. Welche Übung gefällt dir am besten? Am wenigsten?

B. *Erzählen Sie Ihrem Partner/Ihrer Partnerin von einer Person, die Sie gern haben. Sagen Sie, wie die Persönlichkeit dieser Person ist, was für gute und schlechte Eigenschaften sie hat. Benutzen Sie den Wortschatz des Kapitels und so viele Artikel und Possessivadjektive wie möglich.*

Kapitel 3

Medizin und Gesundheit

|||||||||||||||||||||||||||||| **Auf den ersten Blick**

Personal pronouns

Indefinite pronouns and adjectives

Declension of unpreceded adjectives

|||||||||||||||||||||||||||||| **Ans Ziel**

Naming and identifying persons and things

Expressing indefiniteness

Describing general qualities

In der Apotheke bedienen der Apotheker und seine Assistentin zwei Kinden.

Kulturelles

sich Sorgen macht:	Heike, die sich erkältet hat, schreibt an ihre Mutter, die sich immer Sorgen um
worries	ihre Gesundheit macht°.

Liebe Mutti!

Endlich ein Brief von mir! Eigentlich habe ich so viel zu tun hier und so wenig
Zeit, daß ich immer überanstrengt° bin. In der Nacht schlafe ich auch nicht sehr   5
gut, weil meine Zimmergenossin° immer so spät zurückkommt. Ab und zu
nehme ich ein Schlafmittel°, aber am nächsten Morgen bekomme ich gewöhnlich
furchtbare Kopfschmerzen! Na ja! Ich weiß schon, was Du denkst. Ich soll mich
schonen°. Aber das ist nicht immer einfach. Vor ein paar Tagen habe ich mich
erkältet, obwohl ich täglich einige Vitamine einnehme, und heute nachmittag   10
werde ich wahrscheinlich zum Arzt gehen müssen. Hoffentlich wird er mir
keine Antibiotika verschreiben. Du weißt, daß ich Medikamente nur ungern
einnehme und daß ich Naturheilmittel° vorziehe.

    Das Problem hier ist, daß es weniger Reformhäuser° gibt als bei uns.
Medikamente findet man hier in Supermärkten, also nicht hauptsächlich in   15
Apotheken° wie bei uns. Außerdem spezialisieren sich viele Bioläden° hier
anscheinend mehr auf Vitamine als auf Naturheilmittel wie Kräutertee°. Was ich
hier aber gut finde, ist, daß man Arzneien in gewissen Supermärkten rund um
die Uhr kaufen kann, weil sie in der Nacht nicht schließen. Das ist wirklich sehr
praktisch, weil man zur gleichen Zeit einkaufen kann. Und wie geht's bei Euch?   20
Will sich Vati das Rauchen wirklich abgewöhnen°? Das kann ich nicht glauben;
nach all diesen Jahren! Es freut mich, daß er endlich verstanden hat, daß das
seiner Gesundheit schadet°. Trotzdem sollte er sich ab und zu einem Check-up
unterziehen. Und wie geht's Dir, Mutti? Hast Du immer noch Zeit, Sport zu
treiben? Deshalb bist Du immer in Form, nicht wahr? Ich bewundere Dich, ich   25
weiß nicht, wie Du so energisch sein kannst. Vielleicht kommt es daher, daß Du
immer fettarm ißt°? Ich glaube, ich sollte auf meine Ernährungsweise° ein
bißchen mehr aufpassen. Ich fühle mich nicht sehr fit, aber davon abgesehen°
geht es mir gut.

    Schreibe mir bitte bald.   30

          Deine Heike

Glosses (left margin):

- *overexerted* (überanstrengt)
- *roommate* (Zimmergenossin)
- *sleeping pill* (Schlafmittel)
- *mich . . .: take care of myself* (mich schonen)
- *natural remedies* (Naturheilmittel)
- *health food stores* (Reformhäuser)
- *pharmacies/health food stores* (Apotheken/Bioläden)
- *herbal tea* (Kräutertee)
- *sich . . .: to give up* (sich abgewöhnen)
- *ruins* (schadet)
- *fettarm . . . : eat low-fat food; diet* (fettarm ißt; Ernährungsweise)
- *davon . . . : other than that* (davon abgesehen)

Fragen

1. Was passiert, wenn Heike ein Schlafmittel nimmt?
2. Wie fühlt sie sich heute?
3. Wo kauft man Medikamente in Deutschland? Und in den USA?
4. Was kann man in deutschen Reformhäusern finden?
5. Was will Heikes Vater tun?
6. Was tun Sie, wenn Sie überanstrengt sind?
7. Nehmen Sie gern Medikamente ein oder ziehen Sie Naturheilmittel vor? Warum?

||||||■ Wortschatz

Sinnverwandte Wörter

Medikamente und Heilmittel

das **Antibiotikum (Antibiotika)**
das **Aspirin** (die **Aspirintabletten**)
der **Check-up (–s)** = die **Durchuntersuchung (–en)**
das **Medikament (–e)**
die **Pille (–n)**
der **Streß** (*no pl.*)
die **Tablette (–n)**
das **Vitamin (–e)**

Krankheiten

die **Allergie (–n)**
die **Depression (–n)**
das **Fieber (–)**
die **Hepatitis** (*no pl.*)
die **Mikrobe (–n)**
das **Symptom (–e)**
der **Virus (Viren)**

Ärzte

der **Doktor (–en)** = der **Arzt (–̈e)** / die **Ärztin (–nen)**
der **Patient (–en, –en)** / die **Patientin (–nen)**
der **Psychiater (–)** / die **Psychiaterin (–nen)**
der **Psychologe (–n, –n)** / die **Psychologin (–nen)**

allergisch
fit
nervös

Medikamente und Heilmittel

die **Apotheke** (–n)	pharmacy
der **Apotheker** (–) / die **Apothekerin** (–nen)	pharmacist
der/das **Halsbonbon** (–s)	throat lozenge
das **Heilmittel** (–)	remedy
der/das **Hustenbonbon** (–s)	cough drop
der **Hustensaft** (⍩e)	cough syrup
das **Rezept** (–e)	prescription
das **Schlafmittel** (–)	sleeping pill
die **Schmerztablette** (–n)	pain killer
die **Spritze** (–n)	shot

Was fehlt Ihnen?

Ich habe eine Erkältung (–en)	a cold
Halsschmerzen (*pl.*)	a sore throat
Kopfschmerzen (*pl.*)	a headache
Schnupfen	a cold
Ich habe die Grippe	the flu
einen Herzanfall	a heart attack
Krebs	cancer
Rückenschmerzen (*pl.*)	a backache
Zahnschmerzen (*pl.*)	a toothache

Was tut Ihnen weh?

Der Kopf / der Magen tut mir weh.	I have a headache / a stomachache.
Ich habe mir den Arm gebrochen / verstaucht.	I broke / sprained my arm.
das Bein	leg
den Fuß	foot
Ich habe mir den Finger geschnitten.	I cut my finger.
die Hand	hand

Was muß ich tun?

Ich muß das Bett hüten.	stay in bed
mich ausruhen.	rest
einen Gips tragen.	wear a cast
eine Spritze bekommen.	get a shot

Ärzte

der **Chirurg** (–en, –en) / die **Chirurgin** (–nen)	surgeon
der **Frauenarzt** (¨e) / die **Frauenärztin** (–nen)	gynecologist
der **Hausarzt** (¨e) / die **Hausärztin** (–nen)	family doctor
der **Hautarzt** (¨e) / die **Hautärztin** (–nen)	dermatologist
das **Krankenhaus** (¨er)	hospital
der **Krankenpfleger** (–) / die **Krankenpflegerin** (–nen)	nurse
der **Termin** (–e)	appointment
der **Zahnarzt** (¨e) / die **Zahnärztin** (–nen)	dentist

Adjektive

ansteckend	catching
deprimiert	depressed
dick ≠ schlank	fat ≠ slender
furchtbar = wahnsinnig	terrible
gesund ≠ ungesund	healthy ≠ unhealthy
heilbar ≠ unheilbar	curable ≠ fatal
leicht ≠ schwer	easy ≠ difficult; serious
überanstrengt	stressed, overexerted
wohl ≠ nicht wohl	fine, well ≠ not well
zuckerkrank	diabetic

Verben

sich aus•ruhen = sich entspannen	to rest
behandeln	to treat
sich erkälten	to catch a cold
sich fühlen	to feel
heilen	to cure
husten	to cough
niesen	to sneeze
untersuchen	to examine
sich untersuchen lassen (ä, ie, a)	to be examined
sich verletzen	to get hurt
verschreiben (ie, ie)	to prescribe
wirken	to work, have an effect

Ausdrücke

Ich achte auf meine Gesundheit.	I watch my health.
Ich gehe oft zum Arzt.	I often go to the doctor.
Ich muß fünf Pfund abnehmen.	I must lose two pounds.
Man muß den Streß bekämpfen.	One must fight stress.
Meine Ernährungsweise ist gesund.	My diet is healthful.
Ich bin in Form.	I am in good shape.

||||||▌ Wir sind dran!

A. *Ergänzen Sie die Sätze mit geeigneten Wörtern aus der folgenden Liste.*

das Schlafmittel   zuckerkrank   husten   allergisch   der Patient
das Antibiotikum   das Rezept   das Aspirin   das Halsbonbon
der Zahnarzt   die Apotheke   niesen   der Arzt

1. Wenn man Halsschmerzen hat, muß man _____ nehmen.

2. Ich habe Kopfschmerzen, kannst du mir ein _____ geben?

3. Meine Schwester hat die Grippe; die Ärztin hat ihr _____
   verschrieben.

4. Wenn du die Antibabypille nehmen willst, mußt du zum
   _____ gehen.

5. Im Frühling bin ich gegen Pollen _____.

6. Jeden Tag untersucht diese Ärztin viele _____.

7. Wenn du _____ bist, darfst du keinen Zucker essen.

8. Ich kann nicht schlafen. Könnten Sie mir ein _____ geben?

9. Wenn ich Zahnschmerzen habe, gehe ich zum _____.

10. Ich _____ und _____, wenn ich Schnupfen habe.

11. Man muß in eine _____ gehen, um Medikamente zu kaufen.

12. Am Ende der Konsultation gibt uns der Arzt ein _____.

B. Welche Wörter und Ausdrücke können auf diese Weise definiert werden? Benutzen Sie die folgende Liste und ergänzen Sie die Sätze.

schwere   die Erkältung   die Schmerztablette   der Hustensaft   die Grippe
der Psychologe   ausruhen   die Depression   das Fieber   die Chirurgin

1. Das trinkt man, wenn man Halsschmerzen hat.

2. Wenn die Temperatur des Körpers über 38°C steigt, hat man

   _____.

3. Ein _____ behandelt Patienten, die psychologische Probleme

   haben.

4. Wenn man deprimiert ist, leidet man an einer _____.

5. Hepatitis ist keine leichte, sondern eine _____ Krankheit.

6. Wenn der Rücken mir weh tut, nehme ich _____.

7. Eine _____ ist eine Ärztin, die Patienten operiert.

8. Wenn man krank oder überanstrengt ist, muß man sich

   _____.

9. Ich niese und habe Halsschmerzen. Ich glaube, ich habe eine

   _____.

10. Mein Bruder hat Fieber. Er hustet und fühlt sich sehr müde. Er denkt,

    daß er die _____ hat.

C. Ihr Freund/Ihre Freundin ist immer krank. Sie geben ihm/ihr Ratschläge. Benutzen Sie Modalverben.

Beispiel: Ich habe Kopfschmerzen.
>> Du mußt zum Arzt gehen.
>> Du sollst dich ausruhen.
>> Du kannst in die Apotheke gehen/Aspirin kaufen.

1. Ich habe Rückenschmerzen.
2. Ich habe mir das Bein beim Schilaufen gebrochen.
3. Ich niese und huste den ganzen Tag.
4. Ich glaube, ich bekomme jetzt einen Herzanfall.

**D. Finden Sie jetzt einen Partner/eine Partnerin und interviewen Sie ihn/
sie. Dann tauschen Sie die Rollen.**

1. Wie fühlst du dich?
2. Was machst du, wenn du dich erkältest?
3. Wann bleibst du im Bett?
4. Wohin gehst du, wenn du die Grippe hast?
5. Was machst du, wenn du Magenschmerzen hast?
6. Was kaufst du oft in einer Apotheke?
7. Wann gehst du ins Krankenhaus?

In Baden-Baden, einem berühmten Kurort in Deutschland, können sich die Kurgäste gut erholen.

Grammatik

Personal Pronouns (Die Personalpronomen)

Und wie geht *es* <u>Dir</u>, Mutti? Hast *Du* immer noch Zeit, Sport zu treiben? Deshalb bist *Du* immer in Form, nicht wahr? *Ich* bewundere **Dich**, *ich* weiß nicht, wie *Du* so energisch sein kannst.

Meinerseits geht *es* <u>mir</u> gut. *Ich* besuche meinen Arzt zweimal im Jahr. *Ich* mag **ihn** sehr. *Er* gibt <u>mir</u> immer gute Ratschläge. Mit <u>ihm</u> kann man über alles reden.

Personal pronouns in the nominative case are in italics, e.g., *es*.

Personal pronouns in the accusative case are in bold face, e.g., **dich**.

Personal pronouns in the dative case are underscored e.g., <u>dir</u>.

A personal prounoun replaces a noun or a proper noun in a sentence to avoid repetition. A pronoun must agree in gender and number with the noun or proper noun it replaces. Like noun case, pronoun case depends upon the pronoun's function in the sentence.

‖‖‖‖‖ Declension

The following chart shows the declension of personal pronouns.

Personal Pronoun Declension

Nom.	ich	du	er	sie	es	wir	ihr	sie	Sie
Acc.	mich	dich	ihn	sie	es	uns	euch	sie	Sie
Dat.	mir	dir	ihm	ihr	ihm	uns	euch	ihnen	Ihnen
Gen.	meiner	deiner	seiner	ihrer	seiner	unser	euer	ihrer	Ihrer

||||||▌ Use of Personal Pronouns

The following chart shows how to use personal pronouns.

Personal Pronoun Use

Nom. **Subject**

Bist **du** in Form? *Are you in good shape?*

Sie mag diesen Arzt. *She likes this doctor.*

Acc. **Direct Object**

Ich mag **ihn** sehr. *I like him a lot.*

Ihr braucht **es** nicht. *You don't need it.*

Object of an accusative preposition[a]

Wir arbeiten für **sie**. *We work for her.*

Er besucht Sie ohne **mich**. *He's visiting you without me.*

Object of a two-way proposition (*motion*)[b]

Wir setzten uns hinter **euch**. *We sat down behind you.*

Er legte sich neben **sie**. *He lay down near her.*

Dat. **Indirect object**

Hat sie **dir** Tabletten gegeben? *Did she give you pills?*

Du bringst **ihnen** Halsbonbons. *You bring them lozenges.*

Object of a dative prepositon[c]

Ich möchte mit **ihm** sprechen. *I'd like to talk to him.*

Sie müssen zu **uns** kommen. *They must come to us.*

Object of a two-way proposition (*no motion*)[b]

Warum sitzt du hinter **ihm**? *Why are you sitting behind him?*

Georg liegt bei **ihr**. *Georg is lying near her.*

Gen. **Rarely used**[d]

NOTES:

a. The accusative prepositions are: **durch, für, gegen, ohne, um.** (See Chapter 6 for an explanation of the accusative prepositions.)

b. The two-way prepositions are: **an, auf, hinter, in, neben, über, unter, vor, zwischen.** (See Chapter 6 for an explanation of the two-way prepositions.

c. The dative prepositions are: **aus, außer, bei, gegenüber, mit, nach, seit, von, zu.** (See Chapter 6 for an explanation of the dative prepositions.)

d. The genitive case is rarely used, except in literary texts and in some idiomatic expressions.

Gott, erbarme dich **seiner.**	*God, have mercy on him!*
Wir waren **unser** drei.	*There were three of us.*

||||||▌ The Pronouns *du*, *ihr*, and *Sie* (you)

As you already know, the singular pronoun **du** is used when speaking to a friend, a parent, a relative, a person that you know well, a child or an animal. **Ihr** is the plural form of **du. Sie** is the singular and plural second-person pronoun used when speaking to a person or persons whom you do not know well or to whom you wish to defer.

Although Americans use *you* to refer to friends, relatives, and strangers alike, it is unacceptable to use **du** indiscriminately.

||||||▌ The Pronoun *es* (it)

a. **Es** refers to a neuter noun antecedent or to a preceding thought or idea.

Das Medikament ist teuer.   >   **Es** ist teuer.
Das Mädchen hat Schnupfen.   >   **Es** hat Schnupfen.
Ich treibe Sport dreimal die Woche und habe **es** gern.

b. When it precedes **sein**, **es** can refer to a masculine, feminine, or neuter noun.

Masculine

Sein Arzt ist gut. > **Es** ist ein guter Arzt.	*He is a good doctor.*

Feminine

Meine Mutter is nie lange krank. > **Es** ist eine starke Frau.	*It is good medicine.*

Neuter

> **Dieses Medikament** wirkt gut.   *It is good medicine.*
> > **Es** ist ein gutes Medikament.

NOTE: The plural of **es ist** is **es sind**.

Es sind gute Medikamente.

c. **Es** is the subject of impersonal verbs referring to weather conditions, physical sensations, or emotions, and is used in a few idiomatic expressions.

Es regnet.   *It's raining.*
Es schneit.   *It's snowing.*
Es friert mich.   *I'm freezing.*
Es geht mir gut.   *I feel good; I'm fine.*
Wie geht's?   *How are you? How is it going?*
Es tut mir leid.   *I'm sorry.*

||||||| Übungen

A. *Finden Sie die Wörter, auf die sich die unterstrichenen Personalpronomen beziehen.*

Beispiel: Morgen soll Peter zum Zahnarzt gehen, aber er will nicht zu <u>ihm</u> gehen.
          ihm bezieht sich auf Zahnarzt.

1. Täglich nehmen wir drei Tabletten ein. <u>Sie</u> sind sehr wirksam.
2. Kennst du meinen Arzt? Ja, ich mag <u>ihn</u>.
3. Spricht Dr. Meier oft mit ihren Patienten? - Nein, nur zweimal im Monat spricht <u>sie</u> mit <u>ihnen</u>.
4. Was halten Sie von diesem neuen Schlafmittel? <u>Es</u> wirkt gut auf mich.
5. Ich habe mir das Bein und den Arm gebrochen. - Hat der Arzt <u>sie</u> schon durchleuchtet (X-rayed)?

B. *Ersetzen Sie die unterstrichenen Substantive durch Personalpronomen.*

1. <u>Mein Arzt</u> kann <u>meine Depression</u> nicht heilen.
2. <u>Diese Psychologin</u> behandelt nur <u>diese Patienten</u>.
3. Sprichst du oft mit <u>dem Psychiater</u>?
4. Ohne <u>meine Mutter</u> will ich nicht zum <u>Arzt</u> gehen.
5. Weißt du, daß ihr Kind einen Termin bei <u>der Hautärztin</u> hat?

6. Den ganzen Tag habe ich <u>Kopfschmerzen</u>.
7. <u>Dieser Mann</u> arbeitet für <u>diesen Chirurgen</u>.
8. Trinken <u>Erika und Tanja</u> oft <u>diese Kräutertees</u>?

Erweiterung

||||||| **Word Order with Personal Pronouns**

When a sentence contains two noun objects, a dative noun always precedes
an accusative one. The opposite pertains with personal pronouns: an accusative personal pronoun always precedes a dative personal pronoun. If there is
one noun object and one personal pronoun object in the sentence, then the
pronoun always comes first.

Two Noun Objects:	Dat. Acc. Ich gebe **dem Apotheker** *das Rezept.*	*I give the prescription to the pharmacist.*
Two Pronoun Objects:	Acc. Dat. Ich gebe *es* **ihm.**	*I give it to him.*
One Noun, One Pronoun Object:	Acc. Dat. Ich gebe *es* **dem Apotheker.**	*I give it to the pharmacist.*
	Dat. Acc. Ich gebe **ihm** *das Rezept.*	*I give him the prescription.*

|||||| ▌ Übungen

A. *Ergänzen Sie mit den Pronomen in Klammern.*

Beispiel: Wir sehen _____ zweimal die Woche. (er, du, Sie)
Wir sehen ihn zweimal die Woche.
Wir sehen dich zweimal die Woche.
Wir sehen Sie zweimal die Woche.

1. Ich spreche mit _____ (er, Sie, du).

2. Du erzählst _____ eine lustige Geschichte. (sie *pl.*, sie *sing.*, wir).

3. Kennen Sie (er, sie *sing.*, sie *pl.*)?

4. Wir bringen _____ ein Buch (es, ihr, er).

5. Behandelt er (ihr, er, Sie)?

6. Johann zeigt _____ sein Rezept (sie *sing.*, du, ich).

B. *Ergänzen Sie den folgenden Dialog durch Personalpronomen.*

HANS: Vor einer Stunde bin ich vom Fahrrad gefallen und ich glaube, ich

habe _____ den Fuß gebrochen.

DIETER: Hast du Dr. Meier besucht?

HANS: Nein, ich will _____ nicht besuchen, denn ich mag

_____ nicht. Ich gehe lieber zu Dr. Ursula Schmitt.

DIETER: Ich kenne _____ nicht. Ist _____ gut?

HANS: Ja. Jedes Jahr gehe ich zu _____. Sie behandelt

_____ gut und viele von meinen Freunden denken, daß

_____ eine gute Ärztin ist.

DIETER: Willst du allein hingehen oder soll ich mit _____ gehen?

HANS: Du kannst kommen, wenn du willst. Fehlt _____ etwas?

DIETER: Ja, ich habe Rückenschmerzen.

HANS: Wie lange hast du _____ schon?

DIETER: Seit letzter Woche. So schlimm kann _____ nicht sein.

Aber ich möchte mal wissen, was los ist.

HANS: Nimmst du denn keine Schmerzmittel?

DIETER: Doch, ich habe einige genommen. Aber ich mag _____

nicht. _____ wirken nicht gut. Am besten lasse ich

_____ röntgen.

HANS: Also gut! Dann gehen _____ beide!

C. Bilden Sie Sätze im Präsens aus den angegebenen Satzteilen. Ersetzen Sie dann die Substantive durch Personalpronomen.

Beispiel: der Psychiater / verschreiben / mein Freund / dieses Schlafmittel
            Der Psychiater verschreibt meinem Freund dieses Schlafmittel.
            Er verschreibt es ihm.

1. die Chirurgin / geben / mir / dieser Termin
2. jeden Tag / holen / der Krankenpfleger / ihr / die Zeitung
3. tun / deine Freundin / die Füße / weh?
4. was / sagen / der Kinderarzt / die Kinder?
5. der Apotheker / sprechen / mit / die Patientin
6. mögen / du / dieses Schmerzmittel?
7. er / zeigen / uns / das Medikament
8. wollen / er / die Frau / diese Blumen / bringen?
9. ich / müssen / der Patient / dieses Buch / geben
10. können / die Zahnärztin / mein Sohn / diese Pillen / verschreiben?

D. Beantworten Sie die folgenden Fragen mit Personalpronomen.

Beispiel: Magst du diese Apothekerin?
            Ja, ich mag sie sehr. / Nein, ich mag sie nicht.

1. Besuchst du oft deinen Hausarzt?
2. Wo ist das größte Krankenhaus deiner Stadt?
3. Was tut dir manchmal weh?
4. Hast du dir schon den Arm gebrochen?
5. Magst du Spritzen?
6. Wo mußt du deine Medikamente kaufen?
7. Verschreibt dir der Arzt immer diese Tabletten?
8. Behandelt dich dein Arzt gut?
9. Wie oft nimmst du dieses Schlafmittel?
10. Hast du diese Hustenbonbons gern?

Indefinite Pronouns and Adjectives (Indefinitpronomen und Indefinitadjektive)

Wenn **man etwas** Schlechtes ißt, wird **man** manchmal krank. Nach *ein paar* Tabletten geht es uns oft besser, aber nicht **alle** sind gut. **Viele** wirken nicht und **einige** sind sehr teuer. Mit *ein wenig* Glück kann auch **jemand** uns ein Medikament geben, das uns wirklich heilt. *Vielen* Dank!

Indefinite pronouns are in boldface type, e.g., **man**.
Indefinite adjectives are in italics, e.g., *ein paar*.

Wenn man etwas Schlechtes ißt, wird man manchmal krank.

An indefinite pronoun refers to a person or thing whose identity is not immediately known. It can be the subject of a main clause, an indirect or direct object, or the object of a preposition. An indefinite adjective refers to an unspecified quantity and *always precedes the word it modifies*.

Indeclinable Indefinite Pronouns and Adjectives (Indeklinable Indefinitpronomen und Indefinitadjektive)

The following list comprises invariable indefinite pronouns and adjectives. Most indefinite pronouns can also function as indefinite adjectives.

	Meaning as a Pronoun	Meaning as an Adjective
etwas	*something*[a] Kann er dir **etwas** verschreiben? *Can he prescribe something for you?*	*a little* Er hat **etwas** Fieber. *He has a slight fever.*
nichts	*nothing, not anything*[a] She hat sich **nichts** gebrochen. *She didn't break anything.*	
ein paar		*a few* Der Doktor hat mir **ein paar** Tabletten gegeben. *The doctor gave me a few pills.*
viel **(singular)**	*much, a lot* Er hat **viel** zu tun. *He has a lot to do.*	*a lot of, much*[b] Beim Unfall hat sie **viel** Blut verloren. *During the accident she lost a lot of blood.*
wenig **(singular)**	*little* Sie hat sehr **wenig** gesagt. *She said very little.*	*little* Ich habe **wenig** Geld bei mir. *I have little money with me.*
ein bißchen	*a little* Darf ich mich hier ein **bißchen** ausruhen? *May I rest here a little?*	*a little, some* Hast du noch **ein bißchen** Sirup? *Do you still have a little syrup?*
ein wenig	*a little* Willst du **ein wenig** essen? *Do you want to eat a little?*	*a little, some* Du mußt **ein wenig** Sport treiben. *You must play some sports.*

NOTES:

a. When **etwas** or **nichts** is used with an adjective, the adjective is capitalized and neuter. The adjective follows the pronoun.

Ich habe **etwas Furchtbares** gegessen.	*I ate something terrible.*
Du hast **nichts Ansteckendes**.	*You don't have anything contagious.*

b. As an adjective, viel is usually indeclinable in the singular. *Exception*: **Vielen Dank!** *Thanks a lot!*

c. The word **irgend** can be combined with other indefinite pronouns or with adverbs; it intensifies their indefinite quality.

Können Sie mir **irgend etwas** verschreiben?	*Can you prescribe anything for me?*
Ich könnte **irgendwo** leben.	*I could live anywhere (at all).*
Dieses Heilmittel hat sie **irgendwie** geheilt.	*This remedy somehow cured her.*
Irgendjemand hat während des ganzen Films gehustet.	*Someone or other coughed throughout the whole film.*

Irgendwann muß ich zum Arzt gehen!

‖‖‖‖ Declinable Indefinite Pronouns and Adjectives (Deklinable Indefinitpronomen und Indefinitadjektive)

The following indefinite pronouns and adjectives are declined.

	Meaning as a Pronoun	Meaning as an Adjective
man[a]	*one* **Man** spricht oft von Krebs. *One often speaks of cancer.*	
jemand/ niemand[b]	*someone/no one, not anyone* Ich habe **niemanden** gesehen. *I didn't see anyone.*	
alle (plural)	*all, everyone* **Alle** erkälten sich im Winter. *Everyone catches a cold in the winter.*	*all* **Alle** Antibiotika sind teuer. *All antibiotics are expensive.*
alles	*everything* **Alles** in allem geht es mir gut. *All in all I'm fine.*	
einige	*some, a few* Er möchte **einigen** von ihnen danken. *He would like to thank a few of them.*	*some, a few* Seit **einiger** Zeit leide ich an Depression. *I have suffered from depression for some time.*
viele (plural)	*many, a lot* Erika hat **vielen** geholfen. *Erika has helped many.*	*many, a lot* Sie hat **viele** Patienten. *She has many patients.*
wenige (plural)	*few, just a few* Ich habe nur **wenige** bekommen. *I got only a few.*	*a few* Ich habe **wenige** Hustenbonbons. *I have a few cough drops.*
mehrere	*several* Peter hat Katzen gern und will **mehrere** davon haben. *Peter likes cats and wants to have several of them.*	*several* Sie will mit **mehreren** Ärzten sprechen. *She wants to talk with several doctors.*

NOTES:

a. The accusative form of **man** is **einen**. The dative form is **einem**.

Er behandelt **einen** immer so gut. *He always treats one/you so well.*
Trinken hilft **einem** nicht. *Drinking does not help one/you.*

In this case, *you* means *people in general.*

b. In conversational German, both **jemand** and **niemand** tend to be undeclined. In written German, however, you will find **jemanden/niemanden** (*accusative*) and **jemandem/niemandem** (*dative*).

Er hat **niemand/niemanden** *He didn't invite anyone.*
eingeladen.

Willst du mit **jemand/** *Do you want to talk to someone?*
jemandem sprechen?

c. When used with a **der**-word, **all** is usually not declined.

Was hältst du von **all** diesen *What do you think of all these*
Medikamenten? *medications?*

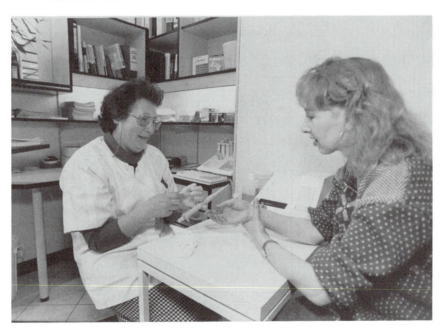

„Wird das weh tun?"

||||||▮ Übungen

A. *Wählen Sie das beste Wort. Manchmal gibt es mehr als eine korrekte Antwort.*

1. Weißt du, wo (man / etwas / einige) einen guten Frauenarzt finden kann?
2. Was fehlt dir denn? (Alle. / Niemand. / Nichts.)
3. Rauchen schadet (man / einem / einen) sehr.
4. Was brauchst du? (Etwas. / Ein bißchen Sirup. / Jemand.)
5. Wieviele Patienten behandelt er? (Wenige. / Viele. / Ein paar.)
6. Was wollen Sie? (Nichts Billiges. / Etwas Billiges. / Etwas Billig.)
7. Die Chirurgin hat mir (einige / wenige / viel) gute Ratschläge gegeben.
8. Erika, du mußt dich (etwas / ein wenig / nichts) ausruhen!
9. Beim Schwimmen hat sie sich (irgendwie / irgendwann / jemand) verletzt.
10. Hast du mit (einigen / vielen / viel) Leuten gesprochen? Nein, nur mit (einigen / vielen / mehrere).

B. Ergänzen Sie den folgenden Dialog mit Indefinitpronomen und Indefinitadjektiven.

Markus hat sich den Arm verletzt. Der Arzt untersucht ihn und stellt ihm Fragen.

DR. HARTMANN: Wo tut's denn weh?

MARKUS: Hier. Das schmerzt _____ _____.

_____ ist nicht in Ordnung.

DR. HARTMANN: Haben Sie schon _____ Tabletten genommen?

MARKUS: Ja, aber nur _____. Sie haben nicht sehr gut

gewirkt. Können Sie mir _____ anderes

verschreiben?

DR. HARTMANN: Zeigen Sie mir zuerst _____ Ihre

Röntgenaufnahmen. Also ich sehe, daß es _____

Schlimmes ist. Sie haben sich den Arm verstaucht, aber

nicht gebrochen. Sie brauchen nur ein gutes Schmerzmittel

und _____ Geduld.

MARKUS: _____ Dank, Dr. Hartmann.

DR. HARTMANN: _____ Glück!

Declension of Unpreceded Adjectives
(die Deklination des Adjektivs ohne Artikel)

Seit **letzter** Woche habe ich **furchtbare** Halsschmerzen. Der Apotheker hat mir **grüne** Halsbonbons empfohlen und er hat mir gesagt, ich solle auch **warmen** Tee mit Rum trinken und mich ausruhen. Ich mag den Geschmack **warmen** Tees. Hoffentlich wird es mir helfen!

Words in boldface type are unpreceded adjectives.

Ein Reformhaus in Deutschland.

Adjectives describe, qualify, or specify nouns.

Predicate adjectives follow the verbs **bleiben**, **sein**, and **werden** and do not take endings.

Diese Hustenbonbons sind **gut**.	*These cough drops are good.*
Seine Depression wird **schlimmer**.	*His depression is getting worse.*

Attributive adjectives precede the noun they modify, and they always agree in case, gender, and number with the noun. When attributive adjectives are not preceded by an article, a **der**-word, or an **ein**-word[1] they follow a strong declension, that is, they take the same endings as **der**-words, except in the masculine and neuter genitive.

Sie wollen **heißen** Tee.	*They want hot tea.*
Mathias hat **amerikanische** Krankenhäuser lieber.	*Mathias prefers American hospitals.*

|||||||||||||||||||||||||||||||||||||||||||||||||

Declension of Unpreceded Adjectives

	Masculine	Feminine	Neuter	Plural
Nom.	Kalter Tee schmeckt gut.	Kalte Suppe schmeckt gut.	Kaltes Bier schmeckt gut.	Kalte Getränke schmecken gut.
Acc.	Magst du kalt**en** Tee?	Magst du kalte Suppe?	Magst du kaltes Bier?	Magst du kalte Getränke?
Dat.	Was ißt du zu kalt**em** Tee?	Was ißt du zu kalter Suppe?	Was ißt du zu kaltem Bier?	Was ißt du zu kalten Getränk**en**?
Gen.	Der Geschmack kalt**en** Tee**s** gefällt mir.	Der Geschmack kalter Suppe gefällt mir.	Der Geschmack kalt**en** Bier**s** gefällt mir.	Der Geschmack kalter Getränke gefällt mir.

[1]For adjectives preceded by an article, **der**-word, or **ein**-word, see Chapter 8.

a. Attributive adjectives that precede and describe the same noun have the same endings.

Gute alte Freunde von mir
wollen mich bald besuchen.

*Good old friends of mine want
to visit me soon.*

b. **Andere, einige, mehrere, viele,** and **wenige** function as adjectives, taking unpreceded adjective endings.

Viele interessante Leute haben
mehrere unerwartete Fragen
gestellt.

*A lot of interesting people
asked several unexpected
questions.*

c. When there is no article preceding a cardinal number, the adjective that follows that number takes unpreceded adjective endings.

Sie hat zwei gute Ärzte besucht.

She visited two good doctors.

||||||▌ Übungen

A. Finden Sie die drei attributiven Adjektive, die in der folgenden Werbung ohne Artikel benutzt sind. Bestimmen Sie ihren Kasus und erklären Sie ihre Endungen. Die folgenden Erklärungen werden Ihnen helfen, diese Werbung besser zu verstehen.

der Lärm	noise
bauen ... ab	reduce
einseitig	unbalanced
die Unterversorgung	depletion
die Abgespanntheit	exhaustion
dämpft	subdues
die Leistungsfähigkeit	capability
Brausetabletten	lemonade tablets
wohlschmeckend	good-tasting

B. Antworten Sie!

Beispiel: Was für Getränke trinken Sie gern? (kalt)
           Ich trinke gern kalte Getränke.

1. Was für Medikamente nehmen Sie gern? (gut, wirksam)
2. Was für Bonbons sind das? (gut, rot)
3. Mit was für Ärzten sprechen Sie gern? (intelligent)
4. Von was für Krankheiten haben die Experten gesprochen? (ernst und unheilbar)
5. Auf was für Betten hat man die Patienten gelegt? (klein, schmal)

C. Ergänzen Sie den folgenden Dialog mit den richtigen Endungen.

Im Reformhaus sprechen Stefan und Paula von ihren Gesundheitsproblemen.

PAULA: Heute suche ich gut _____ Kräutertee.

STEFAN: Warum denn?

PAULA: Ich habe wahnsinnig_____ Kopfschmerzen und ich

              habe bemerkt, daß natürlich_____ Kräutertee

              wirklich gut wirkt.

STEFAN: Wenn ich Kopfschmerzen habe, trinke ich nur

              kalt_____ Bier.

PAULA: Und das hilft?

STEFAN: Ja, das hilft mir beim Entspannen.

PAULA: Ach, das ist groß_____ Unsinn (*m.*). Frau Müller,

              bitte, kommt dieser Tee aus England?

FRAU MÜLLER: Ja, das ist englisch_____ Tee. Hier haben wir auch

              Kaffee aus Kolumbien.

PAULA: Nein, danke! Stark_____ Kaffee mag ich nicht.

              Das macht mich zu nervös!

STEFAN: Haben Sie Naturheilmittel hier?

FRAU MÜLLER: Ja, selbstverständlich. Was suchen Sie?

STEFAN: Ein Freund von mir hat mir von gut_____

              wirksam_____ Hustenbonbons erzählt, aber ich

              habe den Namen vergessen. Bei kalt_____ Wetter

              erkälte ich mich immer.

FRAU MÜLLER: Wir haben keine Hustenbonbons, aber wir haben

              natürlich_____ Hustensaft.

STEFAN: Was kostet er?

FRAU MÜLLER: 10 Mark.

STEFAN: Der Preis gut_____ Heilmittel ist immer hoch,

              nicht wahr?

D. Ergänzen Sie mit den richtigen Endungen.

1. Dieser Arzt behandelt zuckerkrank_____ Patienten.

2. Haben sie von ansteckend_____ Krankheiten gesprochen?

3. Deprimiert_____ Leute schlafen viel.

4. Meine Tochter hat hoh_____ Fieber.

5. Ich spreche nicht gern mit nervös_____ Leuten.

6. Sind das beunruhigend_____ Symptome?

7. Was für schwer_____ Krankheiten hat er geheilt?

8. Er soll furchtbar_____ Halsschmerzen haben.

9. Mag sie den Geschmack deutsch_____ Biers?

10. Überanstrengt_____ Menschen leiden unter Streß.

▌Interaktionen und Situationen

A. *Mit einem Partner/einer Partnerin sprechen Sie von einem Freund/
einer Freundin, der/die sich nicht wohl fühlt, weil er / sie allerlei
Symptome hat. Benutzen Sie so viele Personalpronomen,
Indefinitpronomen und Indefinitadjektive wie möglich.*

B. *Besprechen Sie in Gruppen zu viert die Medikamente, die Sie oft
kaufen, und sagen Sie, für welche körperliche Beschwerden (physical
ailments) Sie sie brauchen. Benutzen Sie so viele Indefinitpronomen
und Indefinitadjektive wie möglich.*

C. *Schreiben Sie einen kleinen Paragraphen über sich selbst. Sind Sie
gesund? Leiden Sie an irgendwelchen Krankheiten? Gehen Sie oft
zum Arzt? Zu was für einem? Was halten Sie von ihm? Fühlen Sie
sich in Form? Warum? Warum nicht? Was für Medikamente müssen
Sie oft einnehmen? Besuchen Sie lieber einen Arzt oder eine Ärztin?
Warum? Benutzen Sie so viele Personalpronomen, Indefinitpronomen
und Indefinitadjektive wie möglich, und versuchen Sie, deklinierte
Adjektive (ohne Artikel) hinzuzufügen. (60 Wörter)*

Kapitel 4

Bitte zu Tisch

|||||||||||||||||||||||||||||| **Auf den ersten Blick**

Verbs with separable or inseparable prefixes

Simple past

Present perfect and past perfect

|||||||||||||||||||||||||||||| **Ans Ziel**

Writing and talking about the past

Sequencing past events

Ein gemütlicher Abend im Restaurant

Kulturelles

Heike schreibt ihrem Freund Klaus über die Unterschiede zwischen den amerikanischen und den deutschen Eßgewohnheiten.

Hallo Klaus!

Rate° einmal, was ich inzwischen vermisse. Darauf kommst Du nie - dunkles Vollkornbrot und Quark°! Beides ist hier nicht zu bekommen, und vom „Fast Food" habe ich allmählich die Nase voll°. Überall gibt es Imbißstuben°, und es scheint mir, daß man hier jederzeit essen kann. In den Läden gibt es viel weniger verschiedene Brotsorten als bei uns, und manchmal habe ich schrecklichen Kohldampf auf Körner°. Dann gönne ich mir° manchmal einen Muffin und lasse ihn mir schmecken. Ich glaube, ich esse hier viel mehr Süßes°. Weißt Du, daß die Amerikaner viel Eis essen? Eigentlich viel mehr als wir. Und die sind so lecker! Bist du schon einmal in einem amerikanischen Supermarkt gewesen? Die Süßigkeitabteilung° allein ist oft so groß wie der ganze Tante-Emma-Laden° bei uns um die Ecke, und ich kann nur schwer widerstehen°. Du kennst mich ja!

Aber mindestens ebenso erstaunlich ist die Vielfalt° von verschiedenen Frühstücksflocken°. Während es bei uns nur ein paar Sorten gibt, türmen sie sich hier in den Regalen° und sind sehr lecker.

In der Mensa hier esse ich nicht gern. Also esse ich oft auf meinem Zimmer. Gestern abend habe ich gemischten Salat zubereitet° und ich habe mir auch ein Brot mit Schinken und Tomaten belegt°. Den Salat habe ich mit Öl und Essig angemacht°. Das hat sehr gut geschmeckt. Heute nachmittag kommt mein Freund Peter vorbei. Er ernährt sich° nicht gut. Ab und zu überspringt° er sogar eine Mahlzeit. Ich sage ihm immer, daß er aufpassen° und anfangen sollte, gesund zu essen.

Ißt Du gesund? Was mich betrifft, versuche ich, nichts allzu Fettiges zu essen. Aber das ist nicht immer einfach! Als ich jünger war, ging ich oft zu meinen Großeltern. Meine Großmutter kochte gern für mich, und alles was sie machte, schmeckte mir. Damals wußte ich nicht, ob ich mich richtig ernährte, aber eines ist sicher, ich übersprang nie eine Mahlzeit bei meinen Großeltern!

Nach dem ganzen Gerede übers Essen knurrt° mir jetzt allerdings der Magen, und ich mache mich gleich auf den Weg zum Mittagessen. Hoffentlich wird mir heute das Essen in der Mensa schmecken!

Sei ganz lieb gegrüßt und bis bald!

Deine Heike

Margin glosses:

guess
curd cheese
habe . . . : I am getting fed up/snack bars
habe . . . : I really crave grains
gönne . . . : I treat myself/sweets

die Abteilung: department/corner grocery store/resist

variety
breakfast cereals
shelves

prepared
made
seasoned
ernährt . . . : eats/skips
pay attention

is rumbling

Fragen

1. Was vermißt Heike am meisten?
2. Warum ißt Heike mehr Süßes in den USA?
3. Welche Unterschiede gibt es zwischen Deutschland und den USA in bezug auf die Nahrung?
4. Was für Lebensmittel kaufen Sie gern ein?
5. Essen Sie gern in der Mensa? Warum? Warum nicht?

Ein Delikatessengeschäft

||||||| Wortschatz

Sinnverwandte Wörter

Die Nahrung (Food)

der **Alkohol** (–e)
das **Bier** (–e)
das **Brot** (–e)
die **Butter** (*no pl.*)
das **Fett** (*no pl.*)
der **Fisch** (–e)
der **Honig** (–e)
der **Joghurt** (–s)
der **Kaffee** (*no pl.*)
der **Likör** (–e)
die **Margarine** (–n)
die **Marmelade** (–n)

die **Milch** (*no pl.*)
die **Pizza** (–s)
der **Reis** (*no pl.*)
der **Salat** (–e)
(das) **Salz** und (der) **Pfeffer**
die **Schokolade** (–n)
das **Steak** (–s)
die **Suppe** (–n)
der **Tee** (–s)
das **Wasser** (–)
der **Wein** (–e)

Die Ernährung (Nutrition)

die **Diät** (**–en**)
die **Kalorie** (**–n**)
das **Protein** (**–e**) = das **Eiweiß** (*no pl.*)
der **Vegetarier** (**–**) / die **Vegetarierin** (**–nen**)

alkoholfrei
frisch
gegrillt
salzig

backen (**ä, u, a**)
trinken (**a, u**)

Das Restaurant (–s) = Die Gaststätte (–n)

das **Menü** (**–s**) = die **Speisekarte** (**–n**)
die **Pizzeria** (**Pizzerien**)
die **Spezialität** (**–en**)

ein Dutzend Eier	**ein Liter Milch**
eine Flasche Bier	**eine Portion Spaghetti**
ein Glas Wein	**eine Scheibe Brot**
eine Dose Suppe	**eine Tafel Schokolade**
200 Gramm Butter	**eine Tasse Kaffee**
ein Kilo Tomaten	

Die Nahrung

das **Abendessen**	supper
das **belegte Brot** (**–e**)	sandwich
das **Eis** (*no pl.*)	ice cream
das **Fleisch**	meat
das **Frühstück** (**–e**)	breakfast
das **Gemüse** (*no pl.*)	vegetables
das **Getränk** (**–e**)	drink
das **Getreide** (*no pl.*)	grain, cereal
das **Hähnchen** (**–**)	chicken
der **Imbiß** (**–sse**)	snack
der **Kakao** (**–s**)	hot chocolate
die **Kartoffel** (**–n**)	potato
der **Käse** (**–**)	cheese
der **Kuchen** (**–**)	cake
das **Mittagessen**	lunch, midday meal

die **Nudeln** (*pl.*)	pasta
das **Obst** (*no pl.*)	fruit
(das) **Öl und** (der) **Essig**	oil and vinegar
der **Schinken** (–)	ham
die **Teigwaren** (*pl.*)	pasta
die **Torte** (–n)	cake
der **Truthahn** (⸚e)	turkey
die **Wurst** (⸚e)	sausage

Die Ernährung

der **Ballaststoff** (–e)	fiber
der **Bioladen** (⸚)	alternative health food store
die **Dose** (–n) = die **Büchse** (–n)	can
der **Farbstoff** (–e)	artificial color
das **Fertiggericht** (–e)	ready-to-serve meal
das **Konservierungsmittel** (–)	preservative
der **Zusatz** (⸚e)	additive

Das Restaurant (–s) = Das Lokal (–e)

die **Bedienung** (*no pl.*) service
der **Kellner** (–) = der **Ober** (–) / die **Kellnerin** (–nen) waiter / waitress
die **Mensa** university cafeteria
die **Rechnung** (–en) check, bill
der **Schnellimbiß** (–sse) fast food place, snack bar
das **Trinkgeld** (–er) tip

Adjektive

ausgewogen balanced ≠ **unausgewogen**
blutig rare ≠ **halbgar** medium ≠ **durchgebraten** well-done
fettarm low-fat **fettreich** high in fat
fritiert fried
gesundheitsbewußt health-conscious
kalorienarm low calorie ≠ **kalorienreich** high calorie
karzinogen carcinogenic
köstlich delicious ≠ **ekelhaft** disgusting
natürlich ≠ **künstlich** artificial
tiefgekühlt frozen

Verben

empfehlen (ie, a, o)	to recommend
enthalten (ä, ie, a)	to contain
sich richtig (≠ **falsch**) **ernähren**	to eat well (≠ poorly)

fritieren	to deep fry
kochen	to cook
schmecken	to taste (good)
verdauen	to digest

Ausdrücke

sich ein Brot mit Schinken belegen	to make oneself a ham sandwich
Diät halten (ä, ie, a)	to be on a diet
Durst / Hunger haben (hatte, gehabt)	to be thirsty / hungry
das Essen zu•bereiten	to prepare the meal
seine Eßgewohnheiten ändern	to change one's eating habits
sein Gewicht überwachen	to watch one's weight
eine Mahlzeit überspringen (a, u)	to skip a meal
Guten Appetit!	Enjoy your meal!
Ich bin satt.	I am full.
Wann wird zu Abend gegessen?	When are we having dinner?
Was ist dir lieber? Reis oder Teigwaren?	What do you like better? Rice or pasta?
Zum Frühstück esse ich nur ein Brötchen.	For breakfast I have only a roll.
Zum Nachtisch gibt es Eis.	For dessert there is ice cream.

Beim Frühstück

||||||▌ Wir sind dran!

A. Ergänzen Sie die folgenden Sätze mit geeigneten Wörtern aus der Liste.

der Kuchen   das Obst   der Honig   alkoholfrei   der Salat   das Fleisch
der Schnellimbiß   die Teigwaren   der Tee   das Bier   das Eis   der Kaffee
die Kartoffel   die Marmelade   die Wurst   der Reis   die Pizza   das Gemüse

1. Zum Frühstück trinkt man meistens _____ oder

   _____.

2. Man sagt, die Deutschen trinken am liebsten _____ und

   essen viele _____ und viel _____.

3. Zum Nachtisch essen die Kinder gern _____ oder

   _____.

4. Da Cola keinen Alkohol enthält, ist dieses Getränk _____.

5. Zum Frühstück kann man sich ein Brot mit _____ oder

   _____ belegen.

6. Zu Mittag essen die Amerikaner gern einen _____, ein Stück

   _____ oder auch _____.

7. Ein Vegetarier ißt nur _____, kein _____.

8. Die Chinesen und die Japaner essen viel _____.

9. Wenn man nur wenig zum Essen hat, kann man im Stehen in einem

   _____ essen.

10. In einem italienischen Restaurant kann man viel _____

    essen.

**B. *Welche Wörter und Ausdrücke können auf diese Weise definiert
werden? Benutzen Sie die folgende Liste.***

die Torte   der Nachtisch   das Menü   die Pizzeria
das Konservierungsmittel   das Frühstück

1. Das ist die Liste der Gerichte (*dishes*), die man in einem Restaurant
   essen kann.
2. Das ist ein Produkt, das die Industriellen benutzen, um die Lebensmittel
   zu konservieren.
3. Das ist der letzte Gang (*course*) einer Mahlzeit.
4. Das ist etwas, was die Deutschen gern beim Kaffeetrinken essen.
5. Das ist die erste Mahlzeit des Tages.
6. In dieser Art Restaurant ißt man nur Pizza.

C. Klaus lädt gern Freunde zum Essen ein, aber er weiß nie, was er kaufen sollte. Geben Sie ihm Ratschläge. Benutzen Sie den Imperativ.

Beispiel: Meine kleine Nichte kommt. (kaufen)
Kauf einen Kuchen und Schokolade!
Kauf keinen Alkohol!

1. Meine Nachbarin kommt. Sie ist Vegetarierin. (zubereiten)
2. Meine Freundin kommt zum Frühstück. Sie hält Diät. (belegen)
3. Anna ißt gern Nachtisch, aber sie ist zuckerkrank. (backen)
4. Mein Onkel kommt zum Abendessen. Er ißt gern Fleisch, aber er hat schon einen Herzanfall gehabt. (nicht fritieren)
5. Michael kommt zum Mittagessen, aber wir werden nicht viel Zeit zum Essen haben. (kochen)

D. Finden Sie jetzt einen Partner/eine Partnerin und interviewen Sie ihn/ sie. Tauschen Sie dann die Rollen.

1. Wo ißt du zu Mittag? in der Mensa? zu Hause? im Restaurant?
2. Schmeckt dir das Essen dort? Warum? Warum nicht?
3. Was hast du heute morgen gegessen/getrunken?
4. Welche Lebensmittel (*foods*) sind fettreich? Welche sind kalorienarm? Welche sind vitaminreich? Welche sind proteinreich?
5. Ißt du oft Lebensmittel, die Farbstoffe und Zusätze enthalten? Warum? Warum nicht?
6. Was denkst du von den Bioläden? Kaufst du manchmal in solchen Läden? Warum? Warum nicht?

Grammatik

Verbs with Separable or Inseparable Prefixes
(Verben mit trennbaren oder untrennbaren Partikeln)

> Gestern abend habe ich gemischten Salat *zubereitet* und ich habe mir auch ein Brot mit Schinken und Tomaten **belegt**. Den Salat habe ich mit Öl und Essig *angemacht*. Das hat sehr gut geschmeckt. Heute nachmittag *kommt* mein Freund Peter *vorbei*. Er **ernährt** sich nicht gut und **überwacht** sein Gewicht nicht. Ab und zu **überspringt** er sogar eine Mahlzeit. Ich sage ihm immer, daß er *aufpassen* und *anfangen* sollte, gesund zu essen.

Verbs with inseparable prefixes are in boldface type, e.g., **belegt**.
Verbs with separable prefixes are in italics, e.g., *angemacht*.

‖‖‖‖ Verbs with Inseparable Prefixes
(Verben mit untrennbaren Partikeln)

There are eight inseparable verb prefixes in German: **be–**, **emp–**, **ent–**, **er–**, **ge–**, **miß–**, **ver–**, and **zer–**. They are never stressed when pronounced (emp**feh**'len), and they never separate from the main verb.

Present: Ich **empfehle** Ihnen dieses Restaurant.
Imperative: Hans, **vergiß** nicht, Brot zu holen!

Both weak and strong verbs can have inseparable prefixes. Although inseparable prefixes have no meaning on their own, they usually change the sense of the verb with which they combine. A few examples are:

kommen	*to come*	**bekommen**	*to receive*
lassen	*to let, to leave*	**entlassen**	*to lay off*
fallen	*to fall*	**gefallen**	*to please*
fahren	*to drive*	**erfahren**	*to experience*

‖‖‖‖ Verbs with Separable Prefixes
(Verben mit trennbaren Partikeln)

There are approximately twenty-four separable verb prefixes, most of them adverbs or prepositions: **ab–**, **an–**, **auf–**, **aus–**, **bei–**, **durch–**, **ein–**, **entgegen–**, fort–, her–, hin–, hinter–, los–, mit–, nach–, über–, um–, unter–, vor–, vorbei–, wieder–, zu–, zurück–, zusammen–. Sometimes verbs can function as separable prefixes as well: **kennenlernen**. Separable prefixes are usually stressed (**aus**[1]**gehen**, **mit**[1]**machen**, **zurück**[1]**kommen**). The following chart shows when these prefixes separate from the main verb.

Verbs with Separable Prefixes

Separation

Present	Paul **kommt** um drei Uhr **zurück**.
(Normal Word Order)	Um drei Uhr **kommt** Paul **zurück**.
(Inverted Word Order)	
	Kommt heute nachmittag **vorbei**!
Imperative	
	Gehst du mit Peter **aus**?
Questions	
Simple Past[a]	Für das Abendessen **machten** wir eine Flasche Wein **auf**.
	Markus ist in die Küche **eingetreten**.
Perfect Tenses[b]	
	Den Kindern macht es Spaß, beim Kochen **mitzuhelfen**.
Infinitives with zu[c]	

No Separation

Dependent Clauses	Ich glaube, daß Paul um drei Uhr **zurückkommt**.
Future[d]	Wir werden das Essen bald **zubereiten**.
Infinitives withou zu[c]	Wieviele Pfunde willst du **abnehmen**?

NOTES:

a. For formation of the simple past, see pages 000 of this chapter.
b. Note the insertion of the **–ge–** between the prefix and stem in the past participle. For formation of the perfect tenses, see section III of this chapter.
c. For infinitives with and without **zu**, see Chapter 7.
d. For formation of the future tense, see Chapter 6.

Erweiterung

a. Separable prefixes have specific meanings of their own that change the meaning of the verb to which they are attached.

kommen:	**an•kommen** *to arrive*
	mit•kommen *to come along*
	vorbei•kommen *to stop by*
	zurück•kommen *to come back*

The meaning of verbs formed with separable prefixes usually combines the meaning of the adverb or preposition with the meaning of the main verb. Here are a few examples:

ab *off, down*	Die Touristen sind vom Zug **abgestiegen.**
auf *up, open*	**Mach** die Tüte Bonbons **auf!**
aus *out*	Wann seid ihr **ausgegangen?**
ein *in, into*	**Steigt** doch ins Auto **ein!**
mit *with, along*	Wolltet ihr denn nicht **mitkommen?**
wieder *again*	Hoffentlich **sehen** wir uns bald **wieder.**

b. Sometimes it is difficult to determine the meaning of the verb based on the meaning of the prefix.

nach *after*	**nach•denken** *to think about*
unter *under*	**unter•kommen** *to find shelter*
vor *before, in front of*	**vor•werfen** *to reproach*

c. If a verb has two prefixes, the first prefix determines whether the verb is a separable-prefix verb or an inseparable-prefix verb. For example, **aus•verkaufen** (*to sell out*): because the first prefix (**aus**) is separable, the verb is considered a separable-prefix verb. In the past participle, however, no **–ge–** is added.

Oft verkauft die Bäckerin alle Brötchen aus.
Heute hat die Bäckerin alle Brötchen schon ausverkauft.

d. There are six prefixes that can be either separable or inseparable: **durch–**, **über–**, **unter–**, **um–**, **voll–**, and **wider–**. These prefixes are usually separable and stressed when the verb reflects the prefix's literal meaning. When the prefix is used in a figurative sense, however, it is inseparable and unstressed.

Separable (literal): voll	Inseparable (figurative): voll
voll•gießen *to fill up*	vollenden *to complete*
Thomas gießt sein Glas voll.	Hast du es vollendet?
Thomas fills up his glass.	*Have you completed it?*

||||||▋ Übungen

A. *Bilden Sie Sätze im Präsens aus den angegebenen Satzteilen. (Alle Verben haben untrennbare Partikeln.)*

1. ich / bestellen / oft / dieser Wein
2. Inge / erzählen / eine Geschichte
3. ihr / verstehen / der Film
4. meine Freundin / empfehlen / ich / dieses Restaurant
5. du / empfangen / der Gast
6. Marisa / betrachten / der Mann.
7. gewinnen / du / viele Preise?
8. wieviele Kalorien / enthalten / dieser Kuchen?
9. ihr / zerbrechen / oft / ein Glas
10. mißverstehen / du / er?

B. *Bilden Sie Sätze im Präsens aus den folgenden Salzteilen. (Alle Verben haben trennbare Partikeln.)*

1. mitgehen / du / oft?
2. wir / wiedersehen / uns / in Bonn
3. der Ober / zurückkommen / mit / der Wein
4. ausgehen / ihr / manchmal spät?
5. Manfred / abholen / Tanja / um drei
6. Herr Schmidt / vorbeikommen / regelmäßig
7. ich / zumachen / die Tür / die Küche
8. Ursula / aufmachen / eine Flasche

C. *Bilden Sie Sätze im Präsens.*

1. du / vergessen / das Rezept
2. wir / bestellen / Bier!
3. warum / der Ober / noch nicht / zurückkommen?
4. wie oft / ausgehen / ihr / denn?
5. ich / empfehlen / mein Freund / eine Gaststätte
6. frisches Obst / enthalten / Vitamine
7. ich / abholen / meine Mutter / am Flughafen
8. um wieviel Uhr / die Sonne / untergehen?
9. wir / wiedersehen / unser Kollege / oft
10. gefallen / das Menü / deine Schwester?

D. *Dieter und Gabriela erwarten Besuch. Jetzt bereitet Gabriela das Abendessen in der Küche zu. Dieter gibt ihr Ratschläge. Benutzen Sie den Imperativ.*

Beispiel: (enthäuten) die Hähnchenbrustfilets!
Enthäute die Hähnchenbrustfilets!

1. (vermischen) die Maiskörner mit den Pistazien!
2. (bestreichen) die Scheibe Brot mit Butter!
3. (belegen) die Brote mit Schinken!
4. (aufschlagen) die Eier!
5. (abschmecken) die Nudeln mit Salz und Pfeffer!
6. (aufrollen) den Schinken zu Röllchen!
7. (einschneiden) die Kartoffeln kreuzweise!
8. (erhitzen) Butter in der Pfanne!
9. (ausbacken) das Brot nicht!
10. (zerkleinern) die Zwiebeln in Stücke!
11. (entkernen) die Avocado!
12. (vergessen) die Tomatensauce nicht!

E. Sagen Sie, ob die folgenden Verben trennbare oder untrennbare Partikeln haben. Bilden Sie dann einen Satz im Präsens mit jedem Verb. Machen Sie diese Übung mit einem Partner/einer Partnerin.

Beispiel: anmachen: **an** ist eine trennbare Partikel.
Ich mache den Salat mit Öl und Essig an.

1.	vergessen	6.	verdauen
2.	aufmachen	7.	enthalten
3.	zubereiten	8.	belegen
4.	empfehlen	9.	wiedersehen
5.	ausgehen	10.	ankommen

Simple Past (Das Präteritum)

Als ich jünger *war*, *ging* ich oft zu meinen Großeltern. Meine Großmutter **kochte** gern für mich, und alles was sie **machte**, **schmeckte** mir. Damals <u>wußte</u> ich nicht, ob sie sich richtig **ernährten**, aber eines ist sicher, ich *übersprang* nie eine Mahlzeit bei meinen Großeltern!

Strong verbs are in italics, e.g., *war*.
Weak verbs are in boldface, e.g., **kochte**.
Irregular weak verbs are underscored, e.g., <u>wußte</u>.

The simple past, also called narrative past (**episches Präteritum**), is used to report past events in formal writing. It is equivalent to the simple or progressive past tenses in English.

Simple past   Simple Past
Gabriela **kochte** das Essen, als sie das Telefon **hörte**.

Progressive Past   Simple Past
Gabriela *was cooking* dinner when she *heard* the telephone.

Draußen in der Sonne kann man es sich gut gehen lassen!

||||||| Simple Past of Weak Verbs (Präteritum der schwachen Verben)

To form the simple past of most weak verbs, insert **–te** between the stem and these personal endings: **–, –st, –, –n, –t, –n.**

Simple Past of Weak Verbs

	arbeiten		öffnen		kochen		fritieren
ich	arbeit ete –	ich	öffn ete –	ich	koch te –	ich	fritier te –
du	arbeit ete st	du	öffn ete st	du	koch te st	du	fritier te st
er sie } arbeit ete – es		er sie } öffn ete – es		er sie } koch te – es		er sie } fritier te – es	
wir	arbeit ete n	wir	öffn ete n	wir	koch te n	wir	fritier te n
ihr	arbeit ete t	ihr	öffn ete t	ihr	koch te t	ihr	fritier te t
sie	arbeit ete n	sie	öffn ete n	sie	koch te n	sie	fritier te n
Sie	arbeit ete n	Sie	öffn ete n	Sie	koch te n	Sie	fritier te n

Bernd **arbeitete** oft in dieser Gaststätte.	*Bernd often worked at this restaurant.*
Weißt du, daß wir immer eine Flasche Sekt **öffneten**?	*Do you know that we always opened a bottle of champagne?*
Kochtet ihr Kaffee, wenn ihr Gäste zu Besuch hattet?	*Did you make coffee when you had guests visiting you?*
Wie lange **fritierten** Sie die Eier?	*How long did you fry the eggs?*

NOTES:

a. The first- and third-person singular forms are the same and do not take a pesonal ending.

b. Verbs whose stem ends in **–d** or **–t** or in **–m** or **–n** preceded by a consonant other than **–l** or **–r** insert **–ete–** between the stem and the personal endings. Other verbs in this category: **atmen, baden, gründen, reden, rechnen, retten.**

c. There are a few irregular weak verbs that undergo a stem-vowel change in the simple past: **brennen, bringen, denken, kennen, nennen, rennen, senden, wenden,** and **wissen.** Two of them have a consonant change as well: **bringen > brachte, denken > dachte.** Otherwise their conjugation is identical to that of other weak verbs. (See the Appendix for their stem-vowel changes.)

	denken		wissen		kennen	
ich	dach te –	ich	wuß te –	ich	kann te –
du	dach te st	du	wuß te st	du	kann te st
er		er		er	
sie }	dach te –	sie }	wuß te –	sie }	kann te –
es		es		es	
wir	dach te n	wir	wuß te n	wir	kann te n
ihr	dach te t	ihr	wuß te t	ihr	kann te t
sie	dach te n	sie	wuß te n	sie	kann te n
Sie	dach te n	Sie	wuß te n	Sie	kann te n

Woran **dachtest** du?   *What were you thinking about?*
Ich **wußte** nicht, daß er bei dir war.   *I didn't know that he was with you.*

‖‖‖‖▌ Übungen

A. Setzen Sie die Verben ins Präteritum und ersetzen Sie die Pronomen.

1. Ich (arbeiten) lange hier. (du, er, wir)
2. Du (öffnen) das Fenster im Restaurant. (er, ihr, Sie)
3. Wir (baden) immer in diesem See. (ich, du, ihr)
4. Ihr (reden) manchmal mit der Kellnerin. (er, ich, Sie)
5. Ich (machen) dir oft Kaffee. (du, er, wir)

B. Setzen Sie die Verben ins Präteritum und ersetzen Sie die Pronomen.
Schlagen Sie die Verbformen auf Seite 00 nach.

1. Ich (wissen) nichts davon. (er, du, wir)
2. Du (bringen) die Teller und die Gläser. (ich, sie *sing.*, ihr)
3. Er (denken) oft an mich. (Sie, du, ihr)
4. Wir (brennen) den Zucker braun. (ich, du, Sie)
5. Ihr (kennen) die Köchin dieses Restaurants nicht. (er, ich, wir)

‖‖‖‖‖▌ Simple Past of Strong Verbs (Präteritum der starken Verben)

Strong verbs undergo a stem vowel change in the simple past and take the following personal endings: **–**, **–st**, **–**, **–en**, **–t**, **–en**. Because it is impossible to guess whether a verb is strong, it is necessary to memorize these verbs and their simple past stems. See the complete list, pages 000-000.

Here are a few examples of stem-vowel changes of strong verbs:

Infinitive		*Past Stem*
sprechen	*to speak*	**sprach–**
bleiben	*to stay*	**blieb–**
fliegen	*to fly*	**flog–**
reiten	*to ride*	**ritt–**
werden	*to become*	**wurde–**

|||||||||||||||||||||||||||||||||||||||||||||||||||||||||||||||||

Simple Past of Strong Verbs

sprechen		**bleiben**	
ich	sprach	ich	blieb
du	sprach st	du	blieb st
er ⎫		er ⎫	
sie ⎬	sprach	sie ⎬	blieb
es ⎭		es ⎭	
wir	sprach en	wir	blieb en
ihr	sprach t	ihr	blieb t
sie	sprach en	sie	blieb en
Sie	sprach en	Sie	blieb en

Hugo **sprach** über ein neues Rezept.
Sie **blieben** lange im Bioladen.

Hugo talked about a new recipe.
They stayed a long time at the health food store.

NOTES:

a. The first- and third-person singular forms are identical and do not take endings.

b. Verbs whose past stems end in **–d** or **–t** or in **–m** or **–n** preceded by a consonant other than **l** or **r** add an additional **–e–** between the stem and the personal endings in the **ihr**-form.

finden: ihr fand**e**t
reiten: ihr ritt**e**t

|||||||▌ Übung

Setzen Sie die Verben ins Präteritum und ersetzen Sie die Pronomen.
Schlagen Sie die Verbformen auf Seite 000 nach.

1. Wir (bleiben) nur zwei Stunden im Lokal. (er, du, ihr)
2. Du (finden) das Menü interessant. (ich, sie *sing.*, wir)
3. Thomas und Inge (essen) immer zu viel. (du, wir, ihr)
4. Ich (trinken) niemals Wein. (du, er, Sie)
5. Ihr (verstehen) nicht (ich, du, wir), warum er krank (werden). (du, ich, sie *pl.*)
6. Gabriela (kommen) manchmal zu spät. (ich, du, wir)
7. (Gehen) ihr ab und zu in diese Kneipe? (du, er, sie *pl.*)
8. Peter (geben) mir die Weinkarte. (sie *sing.*, sie *pl.*, du)
9. Ich (lesen) die Speisekarte. (du, er, wir)
10. Markus (fahren) oft in die Stadt. (ich, du, sie *sing.*)

Im Schnellimbiß kann man schnell im Stehen essen.

|||||||▌ Simple Past of *haben*, *sein*, and *werden*

Haben is a special weak verb; **sein** and **werden** are strong verbs. **Haben** and **sein** are frequently used in the simple past in conversation.

Simple Past of *haben*, *sein* and *werden*

haben		sein		werden	
ich	hatte	ich	war	ich	wurde
du	hattest	du	warst	du	wurdest
er		er		er	
sie	} hatte	sie	} war	sie	} wurde
es		es		es	
wir	hatten	wir	waren	wir	wurden
ihr	hattet	ihr	wart	ihr	wurdet
sie	hatten	sie	waren	sie	wurden
Sie	hatten	Sie	waren	Sie	wurden

Plötzlich hatten wir großen Hunger.
Ich wurde böse mit dem Kellner,
    denn das Steak war durchgebraten.

Suddenly we were very hungry.
I became angry at the waiter be-
    cause the steak was overcooked.

||||||▌ Übung

Setzen Sie die Verben ins Präteritum und ersetzen Sie die Pronomen. Schlagen Sie die Verbformen auf Seite 000 nach.

1. Ich (sein) ein bißchen zu dick. (du, er, wir)
2. Du (werden) auf einmal sehr krank. (ich, sie *sing.*, ihr)
3. Wir (haben) keinen Hunger. (ich, du, Sie)
4. Nach dem Essen (sein) ihr satt. (du, er, wir)
5. Ihr (haben) Gäste zu Besuch. (ich, du, wir)

|||||||▌ Simple Past of the Modals (Präteritum der Modalverben)

In the simple past, the conjugation of **dürfen**, **können**, **müssen**, and **mögen** is identical to the conjugation of irregular weak verbs. The simple past stem of these verbs undergoes a vowel change (i.e., they lose the umlaut) and **–te–** is inserted between the stem and the personal endings: **–**, **–st**, **–**, **–en**, **–t**, **–en**.

Sollen and **wollen** have the same tense marker and the same personal endings as the other modals, but their stems do not undergo a vowel change.

Infinitive	Past Stem	
können	konn–	Konntest du Diät halten?
dürfen	durf–	Sie durften nicht rauchen.
müssen	muß–	Peter mußte Eier kaufen.
mögen	moch–	Wir mochten das Rezept.
wollen	woll–	Wolltet ihr zu Abend essen?
sollen	soll–	Ich sollte den Fisch fritieren.

NOTE:

The past stem of **mögen** also undergoes a consonant change: **mögen > moch–**.

‖‖‖‖▌ Übung

Setzen Sie die Verben ins Präteritum und ersetzen Sie die Pronomen. Schlagen Sie die Verbformen auf Seite 000 nach.

1. Ich (müssen) zwei Pfund Butter kaufen. (du, er, wir)
2. Er (sollen) Brot holen. (ich, du, sie *sing.*)
3. Wir (dürfen) nicht in der Pizzeria rauchen. (Sie, du, ihr)
4. Inge und Johann (mögen) den Weißwein nicht. (er, du, wir)
5. (Können) ihr die Rechnung bezahlen? (du, Sie, sie *sing.*)
6. (Wollen) du abends ausgehen? (er, sie *sing.*, ihr)

▌ Erweiterung

Verbs Ending in *–ieren, –eln, –ern, igen*

All verbs ending in **–ieren**, **–eln**, **–ern**, and **–igen** are weak. Some examples are:

frit**ieren** *to fry*	Ich fritierte gern Fisch.
läch**eln** *to smile*	Du lächeltest, wenn Bernd dich anredete.
bewund**ern** *to admire*	Thomas bewunderte die berühmte Köchin.
rein**igen** *to clean*	Nach dem Essen reinigten sich die Kinder die Hände.

||||||■ Übungen

A. *Setzen Sie die folgenden schwachen Verben ins Präteritum.*

1. Monika / fritieren / das Hähnchen
2. Anja und Thomas / kochen / für die ganze Familie
3. ich / pfeffern / das Gemüse
4. das Essen / schmecken / immer so gut
5. wir / grillen / die Kartoffeln für das Abendessen
6. nachmittags / arbeiten / du in der Küche
7. jeden Tag / belegen / ich mir ein Brot mit Käse
8. ihr / ändern / eure Eßgewohnheiten
9. früher / überwachen / die Leute ihr Gewicht nicht
10. fritiertes Hühnchen / verdauen / wir nicht sehr gut

B. *Setzen Sie die Verben des folgenden Briefes ins Präteritum. Für die starken Verben ist der Stamm des Präteritums in Klammern angegeben. In diesem Brief schreibt Heike an Rolf über die Ferien, die sie beide vor zehn Jahren auf dem Bauernhof ihrer Großeltern verbrachten.*

Lieber Rolf!

Ach! Das Leben (sein) so einfach, als wir noch Kinder (sein)! Wir (haben) keine Probleme. Wir (brauchen) nicht an unsere Zukunft zu denken. Eigentlich (denken/dach–) wir nur ans Spielen und Essen. Erinnerst Du Dich noch, was Oma für uns (kochen)? Ach! die Wiener Schnitzel, die sie für uns (machen)! Sie (schmecken) so gut. Weißt Du, daß sie oft stundenlang in der Küche (bleiben/blieb–) weil sie uns immer einen Kuchen backen (wollen)? Wir (essen/aß–) all ihre Kuchen so gern. Mir (gefallen/gefiel–) ihre Torten am besten. Damals (helfen/half–) ich ihr oft beim Backen, aber Du (interessieren) Dich nicht dafür. Du (spielen) lieber draußen auf dem Hof und (laufen/lief–) den Hühnern nach. Ab und zu (gehen/ging–) wir alle aufs Feld, um Kirschen zu pflücken und wenn wir abends müde (werden/wurd–), (schlafen/schlief–) wir vor dem Kamin ein. Ach! Das (sein) wunderschöne Ferien. Ich denke noch daran. Und Du? Schreibe mir bald,

Deine Heike

C. *Setzen Sie die folgenden Sätze ins Präteritum.*

1. Ich darf keine Eier essen.
2. Du kannst dein Gemüse beim Öko-Bauern kaufen.
3. Sie will Milch von gesunden Kühen trinken.
4. Wir mögen Fisch mit Reis.

5. Ihr sollt die Hühner frei herumlaufen lassen.
6. Die Landwirte müssen ihre Ware auf Wochenmärkten verkaufen.
7. Manche können die bestellte Ware ins Haus bringen.
8. Du darfst nur alkoholfreie Getränke trinken.
9. Ich mag dieses Reformhaus.
10. Mein Freund muß seine Eßgewohnheiten ändern.

Auf dem Markt in Heidelberg

Present Perfect and Past Perfect (Perfekt und Plusquamperfekt)

Ich *habe* schon drei Kilo *zugenommen*, seitdem ich hier *angekommen bin*. *Bist* Du schon einmal in einem amerikanischen Supermarkt *gewesen*? Die Süßigkeitabteilungen dort sind so groß. Heute morgen *bin* ich auf den Markt *gegangen*. Ich *habe* ein Kilo Apfel und zwei Dutzend Eier *gekauft*. Da es schon spät war, als ich *angekommen bin*, **hatten** die Händler all ihre Tomaten schon **verkauft**. Also <u>habe</u> ich keine <u>kaufen</u> <u>können</u>.

Verbs in the present perfect are in italics, e.g., *bin . . . gegangen*.
Verbs in the past perfect are in boldface type, e.g., **hatten . . . verkauft**.
Double infinitives are underscored, e.g., habe . . . kaufen können.

The present perfect tense consists of the present tense of the auxiliary verb **haben** or **sein** and the past participle of the main verb, which comes at the end of the clause. It is used in conversation and in informal writing to talk about complete or incomplete events in the recent past. In English it is equivalent to the simple preterite and the present perfect tenses.

Gestern **habe** ich Kartoffeln **gekauft**.

Yesterday I bought some potatoes.
(completed past action)

Ich **habe** noch keine Kartoffeln **gekauft**.

I haven't bought any potatoes yet.
(uncompleted past action)

The past perfect tense consists of the simple past of the auxiliary verb **haben** or **sein** and the past participle of the main verb, which comes at the end of the clause. It is used in both conversation and writing to report past events that occurred prior to other past events. It corresponds to the same tense in English.

Anita **hatte** Hans zum Essen **eingeladen**, bevor sie mich einlud.
Wir **waren** an die See **gefahren**, bevor wir ihren Brief bekamen.

Anita had invited Hans to dinner before she invited me.
We had gone to the seaside before we received her letter.

||||||| Past Participle of Weak Verbs and Modals (Partizip II der schwachen Verben und der Modalverben)

To form the past participle of most weak verbs, add the prefix **ge–** and the suffix **–t** to the stem (or **–et** if the stem ends in **–d**, **–t** or **–m** or **–n** preceded by a consonant other than **–l** or **–r**).

The past participle of the irregular weak verbs and the modals is formed by adding the prefix **ge–** and the suffix **–t** to the past stem. All modals are conjugated with **haben** in the present and past perfect tenses. See the Appendix for the past participles of all modals and irregular weak verbs.

Infinitive	Past Participle
kochen	ge + koch + t > gekocht
	Für wen hast/hattest du gekocht?
arbeiten	ge + arbeit + et > gearbeitet
	Hat/hatte Thomas in diesem Restaurant gearbeitet?
bringen	ge + brach + t > gebracht
	Ich habe/hatte den Wein gebracht.
können	ge + konn + t > gekonnt
	Ihr habt/hattet es nicht gekonnt.

NOTES:

a. The past participle of weak verbs ending in **–ieren** does not begin with the prefix **ge–**.

dekorieren   dekorier + t > dekoriert
fritieren   fritier + t > fritiert

b. Separable prefix verbs: in the past participle of weak verbs, **–ge–** is inserted between the prefix and the stem.

Ich habe den Salat mit Öl und Essig **angemacht**.
Wir haben Fleisch **eingekauft**.

c. Inseparable prefix verbs: the past participle of weak verbs with inseparable prefixes does not begin with **ge–**.

Das hat den Ruf des Restaurants **zerstört**.
Hat Matthias dir die Sache **erklärt**?

||||||▌ Übungen

A. Setzen Sie die Verben in Klammern ins Partizip II.

1. Er hat den Tisch schön (dekorieren).
2. Hast du oft an mich (denken)?
3. Wir lange habt ihr die Tomaten (fritieren)?

4. Wir haben die Flasche (aufmachen).
5. Thomas und Hans haben Mineralwasser (bestellen).
6. Wann haben Sie das (wissen)?
7. Hat Thomas den Rotwein (bringen)?
8. Wo haben Sie schon (arbeiten)?
9. Was für Gemüse hast du (kaufen)?

B. *Setzen Sie die Verben in Klammern ins Partizip II.*

1. Er hat es nicht (können).
2. Wir haben den Sekt nicht (mögen).
3. Das haben Sie nicht (wollen).

|||||| | Past Participle of Strong Verbs (Partizip II der starken Verben)

The past participle of strong verbs is formed by adding the prefix **ge–** and the suffix **–n** or **–en** to the past stem. With strong verbs, this past stem is often different than the simple past stem; it frequently — but not always — undergoes a stem vowel change. Because it is impossible to predict the simple past stem- and participle stem changes of strong verbs, it is necessary to memorize them as you learn each verb. There are approximately 170 strong verbs in German that can be grouped into ten main categories according to their stem-vowel changes. (Consult the complete list of strong verbs on pages 000 in the Appendix.)

Infinitive	Simple Past	Past Participle	
bleiben	blieb	ge + blieb + en	geblieben
helfen	half	ge + holf + en	geholfen
lesen	las	ge + les + en	gelesen

Wir sind/waren zwei Stunden im Restaurant geblieben.	*We stayed/had stayed two hours in the restaurant.*
Er hat/hatte mir beim Kochen geholfen.	*He helped/had helped me with the cooking.*
Hast/hattest du das Menü schon gelesen?	*Have/Had you already read the menu?*

||||||■ The Verbs *haben*, *sein*, and *werden*

The past participle of **haben** is **gehabt**. The verb **haben** is always conjugated with the auxiliary **haben**.

Gestern **haben** wir Besuch **gehabt**.	*Yesterday we had visitors.*
Vorgestern **hatten** wir schon Besuch **gehabt**.	*The day before yesterday we had already had visitors.*

The past participle of **sein** is **gewesen**. The past participle of **werden** is **geworden**. Both **sein** and **werden** are conjugated with the auxiliary **sein**.

Wegen des schlechten Essens **bin** ich drei Tage krank **gewesen**.	*Because of the bad food I was sick for three days.*
Ich **war** schon einmal deswegen krank **gewesen**.	*I had already been sick once because of that.*
Michaela **ist** Köchin **geworden**.	*Michaela became/has become a cook.*
Karin **war** schon Köchin **geworden**.	*Karin had already become a cook.*

|||||||■ Übungen

A. Setzen Sie die Verben in Klammern ins Partizip II. Schlagen Sie die Verbformen auf Seite 000 im Anhang nach.

1. Inge hat großen Hunger (bekommen).
2. Wieviele Austern habt ihr (essen)?
3. Hast du das Menü schon (lesen)?
4. Herr Meier, haben Sie Orangensaft (trinken)?
5. Wir sind oft in dieses Restaurant (gehen).
6. Du bist manchmal nach Afrika (fliegen).
7. Habt ihr schon mit dem Ober (sprechen)?
8. An wen haben Sie (schreiben)?
9. Er hat seinen Regenschirm im Lokal (vergessen).
10. Wir haben die Torte köstlich (finden).

B. Setzen Sie die Verben in Klammern ins Partizip II.

1. Wie lange ist deine Mutter krank (sein)?
2. Der Koch ist auf die Kellnerin böse (werden).
3. Habt ihr Durst (haben)?

C. Bilden Sie Sätze im Perfekt und im Plusquamperfekt.

1. er / sein / oft / durstig
2. wir / werden / hungrig
3. Frau Müller / haben / Probleme / mit / die Köchin

Erweiterung

||||||■ Use of the Auxiliaries *haben* and *sein*

Transitive strong and weak verbs (verbs followed by a direct object) are conjugated with **haben** in the present and past perfect tenses. Strong and weak verbs that are intransitive and that express motion or show a change of condition are conjugated with **sein** in the present and past perfect tenses.

Present Perfect

              Dir.   Obj.
Wie **hast** du diese Torte **gemacht**?　　*How did you make this cake?*

Letzten Sommer **bin** ich nach　　*Last summer I traveled to Austria.*
   Österreich **gereist**.

Past Perfect

              Dir. Obj.
Wir **hatten** schon Kaffee **gemacht**.　　*We had already made coffee.*

Waren sie schon in dieses　　*Had they already gone to this*
   Restaurant **gegangen**?　　　*restaurant?*

Some common strong verbs that indicate a change of place are: **fahren, fallen, fliegen, fliehen, gehen, kommen, laufen, reisen, reiten, schwimmen, springen, treten, ziehen.**

||||||■ Double Infinitive Construction

If an infinitive occurs with a modal in a present perfect or past perfect sentence, a double infinitive construction must be used. In this case the modal moves to the end of the sentence or clause.

Ich **habe** meine Eßgewohnheiten　　*I have had to change my eating*
   ändern müssen.　　　　　　*habits.*
Ich **hatte** meine Eßgewohnheiten　　*I had had to change my eating*
   ändern müssen, weil ich mich　　*habits because I didn't feel good.*
   nicht wohl fühlte.

NOTE: Even if a verb expressing a change of place occurs in a double infinitive construction, the auxiliary **haben** is used.

Thomas und ich **haben** in die　　*Thomas and I wanted to travel to*
   Schweiz **reisen wollen**.　　　*Switzerland.*
Thomas und ich **hatten** in die　　*Thomas and I had wanted to travel*
   Schweiz **reisen wollen**, aber　　*to Switzerland, but finally we*
   schließlich blieben wir zu Hause.　*stayed home.*

‖‖‖‖‖▋ Übungen

A. Setzen Sie die Sätze ins Perfekt und ins Plusquamperfekt.

1. Um acht Uhr können wir ins Lokal gehen.
2. Er will Wiener Schnitzel bestellen.
3. Wir müssen Mineralwasser trinken.
4. Er darf keine Eier essen.
5. Ihr sollt Brötchen holen.

B. Setzen Sie die folgenden Sätze ins Perfekt und ins Plusquamperfekt. (Alle Verben sind schwach.)

1. Um zwölf Uhr koche ich das Essen.
2. Lisa ändert oft ihre Eßgewohnheiten.
3. Thomas und Paul arbeiten in dem Supermarkt.
4. Meine Mutter fritiert Fisch.
5. Ihr stellt dem Koch Fragen.
6. Du öffnest eine Flasche Wein.
7. Wir belegen uns Brote mit Truthahn.
8. Tinas Eltern verreisen im Juli.
9. Dieses Wochenende eröffnet mein Vater ein neues Gasthaus.
10. Du machst das Fenster der Küche auf.

C. Setzen Sie die folgenden Sätze ins Perfekt und ins Plusquamperfekt. (Alle Verben sind stark.)

1. Dieses Münchner Restaurant gefällt mir gut.
2. Im Sommer esse ich gern gemischten Salat.
3. Warum trinkst du kein Mineralwasser?
4. Wann fährst du nach Bonn?
5. Was haltet ihr von diesem Menü?
6. Geht ihr oft abends aus?
7. Ich lese manchmal die Rezepte dieses Magazins.
8. Wer empfiehlt uns diesen Wein?
9. Magst du diese Diät?
10. Die Kellnerin kommt bald zurück.

▍Interaktionen und Situationen

A. Arbeiten Sie zu zweit mit einem Partner/einer Partnerin. Erzählen Sie, was Sie gern/nicht gern aßen, als Sie jünger waren. Benutzen Sie das Präteritum. Versuchen Sie, auf die folgenden Fragen zu antworten:

Wer bereitete das Essen zu?

Was kochten Ihre Eltern gern?

Was mußten sie kaufen, um diese Mahlzeit vorzubereiten?

Mochten Sie, was sie kochten? Warum? Warum nicht?

Welches Gericht hatten Sie am liebsten? Warum?

Welches konnten Sie nicht essen? Warum? . . .

B. Sie wollen Ihre Freunde heute abend zum Essen einladen. Ihr Freund Rolf versucht, Ihnen Ratschläge zu geben. Antworten Sie ihm. Benutzen Sie das Perfekt.

Beispiel: Rolf: Vergiß nicht, Paula anzurufen!

Sie: Ich habe Paula schon angerufen.

1. Kauf zwei Liter Wein!
2. Fritiere die Kartoffeln nicht!
3. Geh jetzt noch einkaufen!
4. Belege der kleinen Anna ein Brot mit Wurst!
5. Mache die Flasche Orangensaft auf!
6. Bereite das Essen zu!
7. Mache den Salat mit Öl und Essig an!
8. Koch ein paar Eier!

C. Setzen Sie die folgenden Sätze ins Perfekt, dann ins Plusquamperfekt.

1. Die Studenten wollen ihre Mittagsmahlzeit in der Mensa einnehmen.
2. Er muß seine Nachbarin zum Kaffee einladen.
3. Hier dürfen wir bestimmt nicht rauchen.
4. Sollst du das Gemüse selbst putzen?
5. Zum Nachtisch könnt ihr gemisches Eis essen.

Kapitel 5

Studien an der Uni

||||||||||||||||||||||||| **Auf den ersten Blick**

Word order in dependent clauses

Demonstrative pronouns and demonstrative adjectives

Expressions of time

|||||||||||||||||||||||||| **Ans Ziel**

Referring to people and things

Expressing definite and indefinite time

Vor der Universität in Heidelberg

Kulturelles

| | Heike, die dieses Semester vier Klassen belegt°, schreibt an Matthias über das, was sie von ihren Klassen hält. |

is taking — Heike, die dieses Semester vier Klassen belegt°, schreibt an Matthias über das, was sie von ihren Klassen hält.

Lieber Matthias!

Wie geht's? Ich hoffe, Du hast nicht so viel zu tun wie ich!

Dieses Semester belege ich vier Klassen und habe nicht viel Zeit übrig zum 5
relaxing/roommate — Entspannen°. Zum Glück ist meine Zimmergenossin° nett. Weißt Du, daß fast alle Studenten, die auf dem Campus wohnen, ihr Zimmer mit einer anderen
residence halls — Person teilen müssen? Aber mindestens sind die Wohnheime° hier direkt auf dem Campus. Das ist viel praktischer als bei uns.

Meine Lieblingsklasse ist meine Mathematikklasse. Jedoch ist sie wirklich 10
difficult — saftig°! Der Professor ist so streng, daß viele Studenten oft Lust haben, seine
skip — Klasse zu schwänzen°, obwohl sie wissen, daß es dumm wäre und daß es ihren
grades — Noten° gar nicht helfen würde! Viele sind nämlich in der ersten Prüfung
sind ... durchgefallen: — durchgefallen°, obwohl sie dafür viel gebüffelt° hatten. Du würdest bestimmt
failed/crammed — diese Klasse interessant finden, denn ich weiß, daß Dir die wissenschaftlichen 15
wissenschaftlichen ...: — Fächer° gut gefallen.
scientific subjects

Die anderen drei Klassen sind auch sehr interessant für mich. Montags, mittwochs und freitags habe ich eine Spanischstunde um neun Uhr. Wie Du schon weißt, ist Wirtschaft° mein Hauptfach und Fremdsprachen° mein
economics/foreign languages — Nebenfach. Also wie ich sagte, mag ich unsere Spanischprofessorin sehr. Sie 20
kommt aus Argentinien und spricht ziemlich gut Englisch, aber ihr Akzent ist furchtbar! Ab und zu gehen wir mit ihr in ein Restaurant, um südamerikanische Spezialitäten zu kosten. Dann versuchen wir, nur Spanisch zu sprechen. Das finde ich toll! Mariela, so heißt die Professorin, ist sehr nett und interessiert sich für ihre Studenten sehr. An Wochenenden führt sie uns spanische Filme in 25
Originalfassung vor. Danach diskutieren wir darüber. Alle Studenten mögen Mariela, auch diejenigen, die für Fremdsprachen kein großes Interesse haben.
indulgent — Außerdem ist sie eine sehr nachgiebige° Professorin. Alle Studenten kriegen
grades — gute Zensuren° in ihren Klassen, sowohl im Schriftlichen als auch im
oral/misses class — Mündlichen°. Das Einzige, was ihr nicht gefällt, ist wenn man fehlt°. In 30
Deutschland wäre es nicht möglich, solche Kontakte mit Professoren zu haben. Die Distanz zwischen Studenten und Professoren dort ist viel größer. Wenn ich daran denke, daß ich einmal zwei Wochen habe warten müssen, um mit meinem Biologieprofessor zu sprechen!
art history — Dienstags und donnerstags habe ich eine Klasse über die Kunstgeschichte°. 35
Herr Kuhn, unser Professor, ist auch sehr nett. Diese Klasse finde ich äußerst interessant, leider fängt sie um acht Uhr an! Bisher haben wir nur eine Prüfung gehabt und ich habe ein A bekommen. Das entspricht einer Eins in Deutschland.

Nächstes Semester werde ich die zweite Hälfte dieser Klasse belegen. Darin wird Herr Kuhn mehr über die moderne Kunst sprechen. Meine vierte Klasse ist 40 eine Politikklasse. Obwohl ich die Professorin manchmal langweilig finde, ist die Klasse doch interessant. Aber es gibt so viel zum Lesen! Jede Woche müssen *compositions* wir Aufsätze° schreiben und mehrere Zeitungsartikel analysieren. Kein Wunder, *oddly enough* daß ich so gestreßt bin! Komischerweise° haben wir in dieser Klasse noch keine Prüfung abgelegt. Weißt Du, daß man hier an den amerikanischen Unis viel 45 mehr Noten kriegt als bei uns und daß die Studenten sich nicht schon im ersten Jahr wie bei uns spezialisieren müssen?

mein Studium . . .   Ach! Ich sehne mich nach dem Tag, wo ich mein Studium endlich *absolvieren: graduate* absolvieren° werde. Da werde ich eine große Party bei uns zu Hause veranstalten°. *eine Party . . .: give a party* Hoffentlich wirst Du kommen können! 50 *internship*   Schreibe mir bitte bald und erzähle mir ein bißchen von dem Praktikum°, das Du jetzt machst.

Viele liebe Grüße,

Deine Heike

Fragen

1. Was für ein Hauptfach hat Heike gewählt?
2. Welche Klasse findet sie am schwersten?
3. Welche Klasse gefällt ihr am besten? Warum?
4. In welcher Klasse hat sie die meiste Arbeit? Warum?
5. Wann wird sie eine große Party veranstalten?
6. Welche Unterschiede sehen Sie zwischen dem deutschen und dem amerikanischen System?
7. Was halten Sie von der Tatsache, daß die deutschen Studenten sich schon im ersten Jahr auf ein bestimmtes Fach spezialisieren müssen? Ist das ein Vorteil oder ein Nachteil Ihrer Meinung nach?

||||||■ Wortschatz

Sinnverwandte Wörter

das **Auditorium** (Auditorien) = der **Hörsaal** (Hörsäle)
die **Cafeteria** (–rien)
der **Campus**[1] (–pi) = das **Universitätsgelände** (–)
das **Diplom** (–e)
das **Examen** (Examina) = die **Prüfung** (–en)

---

[1]The concept of *campus* is an American one that does not have a real German counterpart.

der **Kurs** (**–e**) = der **Unterricht**

Anthropologie	**Philosophie**
Biologie	**Physik**
Chemie	**Politik**
Geographie	**Psychologie**
Griechisch	**Religion**
Latein	**Soziologie**
Mathe(matik)	
Musik	

der **Professor** (**–en**) / die **Professorin** (**–nen**)
   = der **Hochschullehrer** (**–**) / die **Hochschullehrerin** (**–nen**)
das **Semester** (**–**) / das **Wintersemester** / das **Sommersemester**
die **Spezialisierung** (**–en**)
der **Student** (**–en, –en**) / die **Studentin** (**–nen**)
   = der **Kommilitone** (**–en, –en**) / die **Kommilitonin** (**–nen**)
das **Studentenrestaurant** (**–s**) = die **Mensa** (**–en**)
das **Studium** (**–ien**)
die **Universität** (**–en**) = die **Uni** (**–s**) = die **Hochschule** (**–n**)

aktiv ≠ passiv
gestreßt
interessant ≠ uninteressant = langweilig
streßig
theoretisch ≠ praktisch

sich interessieren für
studieren[2]

Auf dem Campus

die **Bibliothek** (**–en**) library
die **Burschenschaft**[3] (**–en**) fraternity
die **Frauenverbindung**[3] (**–en**) sorority
das **Mitglied** (**–er**) member
die **Studentenbude** (**–n**) student's room
das **Studentenheim** (**–e**) dormitory
der **Zimmergenosse** (**–en, –en**) / die **Zimmergenossin** (**–nen**) roommate

Bei der Immatrikulation

die **Ausbildung** (**–en**) education, formation
das **Hauptfach** (**¨er**) major

---

[2] The verb **studieren** means to study a particular subject or to study at a university level; it does not apply to elementary or high school.
[3] **Burschenschaften** play a much less important role in university life in Germany than in the United States. **Frauenverbindungen** are virtually nonexistent.

das **Nebenfach** (**⁻er**) minor
das **Stipendium** (**–ien**) scholarship
der **Studentenausweis** (**–e**) student I.D.
der **Studiengang** (**⁻e**) course of study
die **Studiengebühren** (*pl.*) university fees

Im Unterricht

die **Fremdsprache** (**–n**) foreign language
der **Gasthörer** (**–**) / die **Gasthörerin** (**–nen**) auditor
die **Geschichte** (**–n**) history; story
der **Handel** (*no pl.*) business
die **Informatik** (*no pl.*) information science
    Jura law
die **Kunst** (**⁻e**) art
die **Naturwissenschaften** (*pl.*) natural sciences
die **Note** (**–n**) = die **Zensur** (**–en**) grade
das **Pflichtfach** (**⁻er**) required course
das **Praktikum** (**Praktika**) internship
die **Vorlesung** (**–en**) lecture
das **Wahlfach** (**⁻er**) elective course
die **Wirtschaft** (*no pl.*) economics

Adjektive

fleißig ≠ **faul** *lazy*
schriftlich ≠ **mündlich** *oral*
schwer = **saftig** (*colloq.*) ≠ **einfach** *easy*
streng strict ≠ **nachsichtig**
zufrieden (**mit**) satisfied with / **unzufrieden** (**mit**)

Verben

ab•legen to take (an exam)
belegen to take (a course)
bestehen (**bestand, bestanden**) to pass (an exam)
büffeln (*colloq.*) = **pauken** (*colloq.*) to cram ≠ **faulenzen** to take it easy
fehlen = **abwesend sein** (**ist, war, [ist] gewesen**) to be absent
sich immatrikulieren lassen (**ä, ie, a**) to register
schwänzen to skip, cut (a class)
versäumen to miss ≠ **nach•holen** to catch up

Ausdrücke

in einem Examen durch•fallen (**ä, fiel, [ist] gefallen**)	to fail an exam
ein Praktikum machen	to do an internship

Thomas studiert Geschichte an der Uni.	Thomas studies history at the university.
Er geht an die Uni.	He goes to college.
Ich höre Professor Schmidts Vorlesungen gern. Tanja dagegen schwänzt sie oft.	I like to take Professor Schmidt's classes. Tanja, on the other hand, often cuts them.
Birgit möchte ihr Studium in drei Jahren absolvieren.	Birgit would like to graduate in three years.
Welche Note hast du bekommen / gekriegt?	What grade did you get?
Wenn ich den Unterricht versäume, muß ich vieles nachholen.	When I miss class, I have to catch up on a lot.

Im Hörsaal

||||||▌Wir sind dran!

A. Ersetzen Sie die unterstrichenen Wörter durch Synonyme.

Liebe Petra!

Ich bin schon eine Woche hier an der Universität. Ich habe <u>den Campus</u> sehr gern, aber mir gefällt <u>die Mensa</u> nicht. Das Essen dort ist schrecklich. Gestern habe ich eine Prüfung abgelegt und ich glaube, daß ich sie bestanden habe.

Ich kenne <u>einen Studenten</u>, mit dem ich <u>pauken</u> kann. Zum Glück sind unsere <u>Hochschullehrer</u> wirklich sehr nett. Unser Wirtschaftsprofessor gefällt mir gut, aber er hat es nicht gern, wenn man <u>fehlt</u>.
Bis bald,

Hans

B. Welche Wörter können auf diese Weise definiert werden? Benutzen Sie die folgende Liste.

die Zimmergenossin   die Mensa   die Burschenschaft   das Praktikum
die Note   die Studiengebühren

1. Das ist der Ort, wo die Studenten auf einem Campus essen.
2. Das ist eine praktische Ausbildung bei einer Firma.
3. So nennt man das Geld, das man bezahlt, wenn man sich immatrikulieren läßt.
4. Das ist ein Klub für Studenten auf einem Universitätsgelände.
5. So nennt man eine Studentin, die mit einer anderen Studentin in demselben Zimmer wohnt.
6. In den Vereinigten Staaten sind sie Buchstaben wie A, B, C, D, F; in Deutschland sind sie Nummern von 1 bis 5.

C. Welche Wörter haben eine logische Beziehung zueinander? Warum? Erklären Sie diese Beziehung, indem Sie vollständige Sätze bilden.

Beispiel: Wenn man sich an einer deutschen Universität immatrikulieren läßt, wählt man einen Studiengang.

1. **sich immatrikulieren lassen**	eine Vorlesung hören
2. im Auditorium	ein Diplom bekommen
3. strenge Professoren	zwei Zimmergenossen
4. vor einem Examen	**einen Studiengang wählen**
5. seine Studien absolvieren	schlechte Noten
6. im Studentenrestaurant	büffeln
7. in einer Studentenbude	seinen Studentenausweis zeigen

D. Sprechen Sie jetzt von Ihrem Studium. Finden Sie einen Partner/eine Partnerin und interviewen Sie ihn/sie. Tauschen Sie dann die Rollen.

1. Wieviele Professoren hast du dieses Semester? Wie sind sie?
2. Was ist dein Hauptfach? Hast du auch ein Nebenfach? Welches?
3. Hast du schon eine Deutscharbeit geschrieben? Welche Note hast du bekommen?

4. Wie findest du deine Vorlesungen?

5. Welche Unterrichtsfächer gefallen dir am besten/am wenigsten?
Warum?

Philosophie	Jura	Wirtschaft	Religion
Physik	Chemie	Geschichte	Informatik
Fremdsprachen	Musik	Latein	Griechisch
Medizin	Soziologie	Naturwissenschaften	Anthropologie
Handel	Politik	Kunst	

E. *Schauen Sie sich den Cartoon an, beantworten Sie dann die folgenden Fragen.*

die Aufnahmeprüfung *entrance examination*
malen Picasso war ein berühmter Maler.
der Kursus In einem Malkursus lernt man malen.
das Quadrat *square*

1. Was für einen Kurs will der Mann belegen?
2. Was mußte er für die Aufnahmeprüfung machen?
3. Hat er die Prüfung bestanden? Warum nicht?

▌Grammatik

▌Word Order in Dependent Clauses
(Satzbau im Nebensatz)

Meine schwerste Klasse ist meine Mathematikklasse. Die ist wirklich saftig! [Der Professor ist so streng], *daß ich oft Lust habe, seine Klasse zu schwänzen*, [aber ich weiß], *daß es dumm wäre und daß es meinen Noten gar nicht helfen würde*! [Ich bin in der ersten Prüfung durchgefallen], *obwohl ich dafür viel gebüffelt hatte*. Du würdest bestimmt diese Klasse interessant finden, [denn ich weiß], *daß dir die wissenschaflichen Fächer gut gefallen*.

Main clauses are enclosed in square brackets, e.g., [Der Professor ist so streng]. Dependent clauses are in italics, e.g., *daß ich oft Lust habe, seine Klasse zu schwänzen*.

A dependent clause can be introduced by a subordinating conjunction, by an interrogative word that functions as a subordinating conjunction, or by a relative pronoun[4]. The conjunction or pronoun is always separated from the main clause by a comma.

‖‖‖‖ Subordinating Conjunctions (Subordinierende Konjunktionen)

als* *when*	**Als** ich mein erstes A bekommen habe, habe ich mich sehr gefreut.
bevor *before*	**Bevor** ich nach Deutschland fuhr, hatte ich drei Deutschklassen belegt.
da *since* (causal), *because*	**Da** ich heute viel Zeit habe, werde ich Tennis spielen.
daß *that*	Ich weiß, **daß** diese Klasse schwer ist.
nachdem *after*	**Nachdem** Markus viel gebüffelt hatte, ging er schlafen.
ob *if, whether*	Weißt du, **ob** sie interessant ist?
obwohl *although*	**Obwohl** die Klasse interessant ist, gefällt sie dir nicht.

[4]See Chapter 10 for dependent clauses with relative pronouns.

seitdem *since* (temporal)	Seitdem ich mit Markus ausgehe, sind meine Noten schlechter geworden.
während *while*	Gabriela schrieb einen Aufsatz, **während** du fernsahst.
weil *because*	Sie sind durchgefallen, **weil** sie nicht genug studiert haben.
wenn *when*	**Wenn** ich sie schwänze, muß ich dann viel nachholen.

NOTE:

*See Chapter 7 for the difference between **als** and **wenn**.

The structure of dependent clauses follows these rules:

a. The subject immediately follows the subordinating conjunction.

Ich schwänze manchmal diese Vorlesung, weil **ich** sie uninteressant finde.

b. The conjugated verb appears last in the sentence or clause.

Ich glaube, daß diese Kurse sehr langweilig **sind**.
Was machst du, während deine Freundin in ihrem Zimmer **paukt**?

c. When the main verb is used with an auxiliary or a modal verb, the auxiliary or the modal verb comes at the end of the clause.

Ich glaube, daß diese Kurse sehr interessant gewesen **sind**.
Weißt du, ob er auf dem Campus wohnen **wird**?
Er hat sein Praktikum bei einer deutschen Firma gemacht, weil er Deutsch sprechen **wollte**.

d. If the verb has a separable prefix, the prefix is attached to the verb, which is in final position. If the verb is in a compound tense, the auxiliary is last.

Weißt du, daß Jürgen heute eine Mathematikprüfung **ablegt**?
Weißt du, daß Jürgen heute eine Mathematikprüfung **abgelegt hat**?
Weißt du, daß Jürgen heute eine Mathematikprüfung **ablegen wird**?
Weißt du, daß Jürgen heute eine Mathematikprüfung **ablegen muß**?

||||||| Interrogative Words as Subordinating Conjunctions

Interrogative words often introduce dependent clauses in indirect questions. In this usage they function as subordinating conjunctions and are followed immediately by the subject of the clause.

wann *when*	Weißt du, **wann** der Kurs anfängt?
warum *why*	Der Professor hat gefragt, **warum** du die Deutschstunde geschwänzt hast.
wie, wieviel, wie viele, wie oft, wie lange *how (how much, how many, how often, how long)*	Ich möchte gern wissen, **wie lange** dieses Praktikum dauern wird. Ich weiß nicht, **wie viele** Burschenschaften es an dieser Uni gibt.
wer (wen, wem, wessen) *who (whom, to whom, whose)*	Erika will wissen, **wer** Sie sind und mit **wem** Sie gesprochen haben.
was *what*	Sag mir, **was** du dieses Semester studierst.
wo *where*	Könnten Sie ihr zeigen, **wo** die Mensa ist?

‖‖‖‖█ Übungen

A. Identifizieren Sie die folgenden Satzteile als Hauptsatz (main clause) oder Nebensatz (dependent clause).

Beispiel: Er sagt, daß er gern mit Computern arbeitet.
[Er sagt] ist der Hauptsatz; [daß er gern mit Computern arbeitet] ist der Nebensatz.

1. Ich habe gehört, daß diese Professorin sehr streng ist.
2. Ich weiß nicht, ob die da nachsichtig ist, aber ich werde es bald herausfinden.
3. Du solltest büffeln, bevor du diese Prüfung ablegst!
4. Ich bin im Examen durchgefallen, obwohl ich keine Vorlesungen geschwänzt hatte.

B. Benutzen Sie die Sätze in Klammern, um Nebensätze zu bilden.

Beispiel: Ich habe meine Übungen nicht gemacht, da . . . (Ich war zu müde.)
Ich habe meine Übungen nicht gemacht, da ich zu müde war.

1. Er hatte keine gute Note gekriegt, weil . . . (Er hatte nicht studiert.)
2. Du sollst ein Praktikum machen, obwohl . . . (Du hast keine Lust dazu.)

3. Meine Zimmergenossin faulenzte in ihrem Zimmer, während . . . (Ich mußte die Vorlesung hören.)
4. Sie sagte, daß . . . (Sie fand diese Professoren langweilig).
5. Weißt du, ob . . .? (Er hat seine Prüfung abgelegt.)
6. Wir haben gefragt, warum . . . (Diese Fächer waren obligatorisch.)
7. Er ist nach Deutschland gefahren, nachdem . . . (Er hat seine Studien absolviert.)
8. Meine Freundin organisierte eine große Party, als . . . (Sie hatte all ihre Examina bestanden.)

Eine Biologievorlesung

‖‖‖‖ Additional Points on Word Order in Dependent Clauses

a. In dependent clauses, adverbs and adverbial expressions still follow the sequence Time-Manner-Place. (See Chapter 1.)

T   M   P

Ich weiß nicht, ob ich dieses Jahr regelmäßig in der Mensa essen will.

b. Dependent clauses can also begin a sentence. In this case the conjugated verb in the main clause directly follows the dependent clause, and it is itself followed by the subject.

Main Clause		Dependent Clause
Ich studiere Deutsch,		
Ich will Deutsch studieren,	}	weil ich diese Sprache immer gern gehabt habe.
Ich habe Deutsch studiert,		

Dependent Clause		Main Clause	
		Verb	Subj.
Weil ich diese Sprache immer gern gehabt habe,	}	**studiere**	**ich** Deutsch.
		will	**ich** Deutsch studieren.
		habe	**ich** Deutsch studiert.

||||||| Übungen

A. *Beginnen Sie jeden Satz mit dem Nebensatz. Achten Sie besonders auf die Wortstellung!*

Beispiel: Ich weiß nicht, ob er seine Prüfung bestanden hat.
     Ob er seine Prüfung bestanden hat, weiß ich nicht.

1. Ich habe einen Studentenausweis bekommen, als ich mich immatrikuliert habe.
2. Ich werde nach Deutschland fahren, nachdem ich meine Studien absolviert habe.
3. Mein Freund wohnt jetzt in einer Wohnung, weil ihm das Studentenheim nicht gefällt.
4. Wir freuen uns, wenn wir gute Noten bekommen.
5. Diese Studenten legten eine Prüfung ab, nachdem sie ein Praktikum gemacht hatten.

B. *Ergänzen Sie die Sätze mit den folgenden Konjunktionen.*

als   bevor   daß   nachdem   ob   obwohl   seitdem   während   wenn

1. _____ er seine Studien absolviert hat, hat er noch keinen Job

gefunden.

2. Ursula hat geweint, _____ sie im Examen durchgefallen ist.

3. Du fragst dich, _____ diese Professoren heute abwesend sind.

4. _____ ich keinen Zimmergenossen habe, habe ich viel Raum für mich.

5. _____ du fürs Examen paukst, hört deine Zimmergenossin Radio.

6. Es freut mich, _____ Markus eine gute Note bekommen hat.

7. _____ ich meine Aufgaben mache, sehe ich oft fern.

8. _____ er sein Diplom bekommen hat, hat er mehr Zeit, Sport zu treiben.

9. _____ wir in der Mensa essen, geben wir nicht viel Geld aus.

10. _____ sie mit der Professorin gesprochen hatte, hat Anja die Lektion besser verstanden.

C. *Jürgen, ein deutscher Austauschstudent aus Ulm, und Peter, sein amerikanischer Freund, sprechen von ihrem Leben an der Uni. Peter ist nie mit Jürgen einverstanden. Stellen Sie sich Peters Antworten vor!*

JÜRGEN: Mein Philosophieprofessor ist genial!

PETER: Ich denke nicht, daß . . . Ich finde ihn eher langweilig.

JÜRGEN: In der Mensa habe ich immer gut gegessen. Und du?

PETER: Ich nicht. Ich esse nie in der Mensa, weil . . .

JÜRGEN: Gewöhnlich studiere ich nicht in meinem Zimmer, weil mein Zimmergenosse zu viel Lärm macht. Ich gehe lieber in die Bibliothek.

PETER: Ich nicht. Ich studiere lieber in meinem Zimmer, obwohl . . .

JÜRGEN: Seitdem ich auf dem Campus angekommen bin, habe ich mich mit vielen Studenten befreundet.

PETER: Ich habe mich mit niemand außer dir befreundet, seitdem . . .

JÜRGEN: Während ich in meinem Zimmer studiere, höre ich gern Musik. Und du?

PETER: Ich nicht! Ich höre Musik nur, bevor . . .

JÜRGEN: Ich habe mich wirklich gefreut, als ich meine erste Note bekommen habe.

PETER: Ich nicht! Als ich meine erste Prüfung abgelegt habe, . . .

Zwei Studenten vor der
Freien Universität Berlin.

Demonstrative Pronouns and Demonstrative Adjectives (Demonstrativpronomen und Demonstrativadjektive)

— Magst du *diese* Kurse?
— **Diese** (**die hier**) habe ich gern, aber **jener** (**der da**) langweilt mich.
— Was hältst du davon?
— **Der** ist zu theoretisch, **den** habe ich nicht gern. Aber *diese* Professorin ist wirklich gut.
— Ja, **die** mag ich auch.

Demonstrative pronouns are in boldface type, e.g., **diese** (**die hier**). Demonstrative adjectives are in italics, e.g., *diese* Kurse.

A demonstrative pronoun is usually followed by a verb, while a demonstrative adjective is always followed by a noun.

a. **Dieser** and **jener** are both **der**-words that can function as demonstrative pronouns or demonstrative adjectives. They follow the same declension as **der/die/das**. (Review definite articles and **der**-words in Chapter 2.)

Demonstrative Pronouns and Demonstrative Adjectives

	Masculine	Feminine	Neuter	Plural
Nom.	dieser	diese	dieses	diese
Acc.	diesen	diese	dieses	diese
Dat.	diesem	dieser	diesem	diesen
Gen.	dieses	dieser	dieses	dieser

Diese Klasse ist gut, aber **jene** ist uninteressant.	*This class is good, but that one is uninteresting.*
Ich finde **diesen** Professor streng, aber **jenen** finde ich nett.	*I find this professor strict, but I find this one nice.*

NOTE:

The genitive forms are rarely used.

b. In conversational German, the demonstrative pronouns and demonstrative adjectives **dieser** and **jener** are often replaced by forms of **der, die, das**. In that case, the demonstrative pronoun is usually placed at the beginning of the sentence. When used as demonstrative pronouns, **der, die, das** often add emphasis to the statement or question; they are declined below.

Der, die, das as Demonstrative Pronouns

	Masculine	Feminine	Neuter	Plural
Nom.	der	die	das	die
Acc.	den	die	das	die
Dat.	dem	der	dem	denen
Gen.	dessen	deren	dessen	deren

— Magst du diesen Professor?   *Do you like this professor?*
— Nein, **den** finde ich zu streng.   *No, I find him too strict.*
  (or) Nein, ich finde ihn zu streng.

— Studierst du immer mit Hans?   *Do you always study with Hans?*
— Ja, mit **dem** studiere ich gern.   *Yes, I like to study with him.*
  (or) Ja, mit ihm studiere ich gern.

c.   When used for pointing out persons or things, **der, die, das** are usually followed by **hier** or **da**.

Welches Buch hast du lieber?   *Which book do you like better?*
  Das hier oder **das da**?   *This (one) or that (one)?*
Mit welchem Professor hat er   *With which professor did he speak?*
  gesprochen? Mit **dem hier**   *With this (one) or that (one)?*
  oder mit **dem da**?

Erweiterung

Dieser and **jener** are often used to express the concepts of *the former* and *the latter*. **Dieser** means *the latter* and **jener** means *the former*.

Ich habe zwei Vorlesungen gehört, eine in Jura und die andere in Geschichte. **Diese** war interessant, aber **jene** furchtbar langweilig.

Studenten besprechen ihre Vorlesungen.

||||||▊ Übungen

A. Sind die unterstrichenen Wörter Demonstrativadjektive oder Demonstrativpronomen? Erklären Sie Ihre Antwort und sagen Sie, ob sie im Nominativ, Akkusativ, Dativ oder Genitiv sind.

ELMAR: Mit <u>diesem</u> Professor spreche ich nicht gern. <u>Den</u> mag ich nicht. <u>Der</u> ist nicht nachsichtig genug!

MARKUS: Ja, ich weiß! Ich höre die Vorlesungen <u>dieser</u> Professorin viel lieber. <u>Die</u> sind toll. Findest du nicht?

ELMAR: Doch! <u>Die</u> mag ich. <u>Die</u> hilft mir immer, wenn ich Probleme habe.

MARKUS: Ja, das stimmt, Mit <u>der</u> spreche ich auch gern.

B. Ersetzen Sie die Personalpronomen durch Demonstrativpronomen.

Beispiel: Ich helfe <u>ihr</u> gern beim Studieren.
          <u>Der</u> helfe ich gern beim Studieren.

1. Mit <u>ihm</u> pauke ich nicht gern.
2. Ich habe <u>sie</u> noch nicht abgelegt.
3. Habt ihr <u>es</u> schon gemacht?
4. <u>Sie</u> hat ihre Studien noch nicht absolviert.
5. Ich habe <u>es</u> gestern bestanden.
6. Wir haben <u>ihn</u> in der Mensa gesehen.
7. Mit <u>ihnen</u> sprechen wir nicht oft.
8. <u>Er</u> darf seine Kurse nicht schwänzen.

C. Ergänzen Sie den folgenden Dialog mit den Demonstrativpronomen der, die und das. Achten Sie besonders auf den Kasus.

Beispiel: Bist du mit deinem Professor zufrieden?
          Ja, mit dem bin ich zufrieden.

ERIKA: Mit welchem Professor hast du denn gesprochen? Mit

           _____ hier oder mit _____ da?

THOMAS: Mit _____ da.

ERIKA: Magst du diese Professorin?

THOMAS: Nein, _____ mag ich nicht. _____ ist nicht

           nachsichtig genug.

ERIKA: Hast du schon die Vorlesungen dieses Professors gehört?

THOMAS: Nein, _____ habe ich noch nicht gehört.

ERIKA: Zeig mir deinen Studentenausweis!

THOMAS: _____ habe ich nicht dabei.

ERIKA: Hast du schon deine Immatrikulationspapiere?

THOMAS: Nein, _____ habe ich noch nicht bekommen.

ERIKA: Wie gefallen dir die beiden Cafeterien hier?

THOMAS: _____ hier ist gut, aber in _____ da bin ich nie gegangen.

ERIKA: Hast du schon in dieser Cafeteria gegessen?

THOMAS: Ja, in _____ hier habe ich schon gegessen.

ERIKA: Schau mal meine Noten!

THOMAS: _____ sind nicht so schlecht. Besonders _____ hier.

ERIKA: In welchem Kurs hast du solch eine Note bekommen?

THOMAS: In _____ hier.

ERIKA: Gefällt dir dieses Praktikum?

THOMAS: Ja, _____ finde ich toll.

D. Übersetzen Sie die folgenden Sätze. Finden Sie dann einen Partner/ eine Partnerin und stellen Sie ihm/ihr die folgenden Fragen. Tauschen Sie dann die Rollen.

Beispiel: Which professor is the nicest? *This one* or *that one*?
  (*This* professor, because he always gives good grades.)
  — Welcher Professor ist am nettesten? Der hier oder der da?
  — Dieser Professor, weil er immer gute Noten gibt.

1. Which class do you like better? *This one* or *that one*? (I like *this one* because it is not boring.)
2. Will you study with your roommate? (No, I don't like *that* student.)
3. Do you often skip *this* class? (No, I only skip *that one* because it is too theoretical.)
4. Have you taken *this* test? (Yes, I have already taken *this one*.)

 ## Expressions of Time (Umstandsangaben der Zeit)

> **An Wochenenden** führt uns die Spanischprofessorin Filme in Originalfassung vor. **Dienstags** und **donnerstags** habe ich eine Klasse über die Kunstgeschichte. **Am 13. Mai** müssen wir eine Prüfung ablegen. **Gestern morgen um 10 Uhr** habe ich meine Englischstunde geschwänzt. **Jeden Tag** müssen wir büffeln, aber **eines Tages** werden wir unsere Studien endlich absolvieren.

Adverbs of Time Referring to Days

vorgestern   *the day before yesterday*

vorgestern	morgen	vorgestern	abend[5]
vorgestern	nachmittag	vorgestern	nacht[5]

[5]**abend** = until 11 P.M.; **nacht** = after 11 P.M.

gestern   *yesterday*

gestern   morgen   gestern   abend
gestern   nachmittag   gestern   nacht

heute   *today*

heute   morgen   heute   abend
heute   nachmittag   heute   nacht

morgen *tomorrow*

morgen   <u>früh</u>   morgen   abend
morgen   nachmittag   morgen   nacht

übermorgen *the day after tomorrow*

übermorgen   <u>früh</u>   übermorgen   abend
übermorgen   nachmittag   übermorgen   nacht

Vorgestern morgen habe ich meine Deutschstunde geschwänzt, weil ich krank war. **Heute** habe ich viel nachzuholen. Hoffentlich werde ich **morgen** fertig sein, so daß ich **übermorgen nachmittag** nicht in die Bibliothek gehen muß.

|||||| ■ Expressions of Time with Prepositions

The proposition **um** is used to tell time.

um drei Uhr	*at three o'clock*
um halb vier	*at three thirty*
um Mitternacht	*at midnight*
um Viertel nach neun	*at nine fifteen*
um zehn nach fünf	*at ten after five*
um zwanzig vor sechs	*at twenty till six*

To indicate approximate time, the proposition **gegen** is used.

gegen drei Uhr	*around three o'clock*
gegen halb sieben	*around six thirty*

Um halb drei fängt unsere Französischklasse an. Sie endet **um zehn vor vier**. Manchmal läßt uns die Professorin **gegen Viertel vor vier** ausgehen.

|||||| ▮ Expressions for the Date

—Den wievielten haben wir heute?	*What's today's date?*
—Heute haben wir den 20. (zwanzigsten) Januar 1991.	*This is the 20th of January, 1991.*
—Heute haben wir den 14. (vierzehnten) April.	*Today is April 14.*
—Heute haben wir Dienstag, den 1. (ersten) Mai.	*Today is Tuesday, May 1st.*

Wann mußt du deine Mathematikprüfung ablegen?

—Am 3. (dritten) Februar.
—Am 21. (einundzwanzigsten) September.

NOTE:

The English phrase *in 1991* is expressed as **im Jahre 1991** or just **1991** (not **in 1991**).

||||||| ▮ Übungen

A. Übersetzen Sie die Wörter ins Deutsche. Bilden Sie dann Sätze damit.

1. yesterday
2. two days ago
3. this morning
4. at nine o'clock
5. around three
6. on April 17
7. in 1996
8. tomorrow morning

B. Stellen Sie Ihrem Partner/Ihrer Partnerin die folgenden Fragen.

1. Den wievielten haben wir heute?
2. Wann hast du Geburtstag?
3. Was hast du heute morgen gemacht? Hast du eine Klasse geschwänzt? Bist du in die Bibliothek gegangen? Hast du eine Prüfung abgelegt?
4. Was hast du gestern nachmittag gemacht? Bist du in deiner Studentenbude geblieben? Bist du mit Freunden ausgegangen? Hast du für eine Prüfung gepaukt?
5. Um wieviel Uhr fängt die Deutschklasse an? Um wieviel Uhr endet sie?
6. Warst du schon Student/Studentin im Jahre 1993?
7. Wann sollst du deine Studien absolvieren?
8. Wie spät ist es jetzt? Um wieviel Uhr gehst du essen?

Since many expressions of time in German are preceded by a preposition requiring either the dative or the accusative, it is necessary to memorize the gender of the following nouns:

- All days of the week, months, seasons, and parts of the day are *masculine*. One exception: **die Nacht**.
- **Jahr** and **Wochenende** are *neuter*.
- The following words are *feminine*: **die Zeit, die Woche, die Sekunde, die Minute, die Stunde**.

|||||||▌ Expressions of Time in the Accusative

The accusative is used when the expression of time does not include a preposition.

Masc.	**letzten** *last*	Montag
	diesen *this*	Monat
	nächsten *next*	Sommer
	jeden *every*	
	den ganzen *the whole, all*	
Fem.	**letzte**	Woche
	diese	Nacht
	nächste	Stunde
	jede	
	die ganze	
Neut.	**letztes**	Jahr
	dieses	Wochenende
	nächstes	
	jedes	
	das ganze	

Letzten Montag war der erste Tag des Semesters.
Diese Woche müssen wir drei Aufsätze schreiben.
Ich habe **den ganzen Tag** gebüffelt, weil ich morgen früh eine Chemieprüfung habe.
In der Englischstunde hat Markus **die ganze Zeit** geschlafen.

||||||■ Expressions of Time in the Dative

An expression of time that includes a preposition is usually in the dative.

am + days of the week: *on* **am** + parts of the day: *on*	am Montag* am Morgen am Nachmittag am Abend
Exception	in der Nacht
am + day and part of the day: *on*	am Sonntag morgen
im + months: *in* **im** + seasons: *in*	im Januar im Winter
in: *in*	in drei Tagen in einer Woche in zwei Monaten
vor: *ago*	vor drei Tagen vor einer Woche vor sechs Jahren
vom . . . (**bis**) **zum** . . . : *from . . . until . . .*	vom 3. Juli bis zum 15. September
zu: *at*	zu Weihnachten zu Ostern

Am Abend studiere ich mit meiner Zimmergenossin.
Wenn ich **am nächsten Morgen** eine Prüfung habe, schlafe ich nicht gut **in der Nacht.**
Im Mai habe ich vier Prüfungen abgelegt.
In zwei Monaten werden wir unser Studium absolvieren.
Vor drei Jahren wart ihr noch im Gymnasium.
Zu Weihnachten haben wir Urlaub vom 15. **Dezember (bis) zum 4. Januar.**

NOTE:

Am Montag habe ich eine Prüfung. This sentence could have two different meanings:

(This) Monday I have a test.
(*or*) On Mondays I have a test.

To avoid any ambiguity, use an adverbial form ending in **–s** to refer to repeated occurences.

Montags habe ich eine Prüfung.   *On Mondays I have a test.*

||||||▌ Expressions of Time in the Genitive

Genitive time expressions indicate indefinite time and are invariable. There are only a few of them.

eines Tages	*one day*
eines Morgens	*one morning*
eines Abends	*one evening*
eines Nachts	*one night*

Eines Morgens ist meine Zimmergenossin um eins zurückgekommen.

NOTE:

Although **Nacht** is feminine, it is declined like a masculine noun in the expression **eines Nachts**.

||||||▌ Übungen

A. *Kreuzen Sie die richtige Präposition an und bilden Sie jeweils einen Satz damit. Manchmal sind mehrere Präpositionen richtig.*

1. (im, am, zu) März
2. (am, um, vor) Mitternacht
3. (vor, zu, in) einer Woche
4. (zu, in, am) Weihnachten
5. (am, in, im) Frühling
6. (in der, am, gegen) Nacht
7. (im, zu, am) Sonntag
8. (vor, um, am) Nachmittag
9. (in, zu, vor) einem Monat
10. (vom, am, zum) 2. Juli

B. *Benutzen Sie die folgenden Adjektive und Substantive, um Zeitausdrücke zu bilden. Denken Sie sich so viele wie möglich aus und vergessen Sie nicht, auf die Endungen zu achten. Bilden Sie dann ganze Sätze.*

Beispiel: nächst / Woche > nächste Woche
nächst / Jahr > nächstes Jahr
Nächste Woche muß ich zwei Prüfungen ablegen.
Nächstes Jahr möchte Birgit ein Praktikum machen.

nächst (next)	Morgen
letzt (last)	Woche
dies (this)	Monat
jed (every)	Jahr
	Abend
	Tag

C. *Übersetzen Sie den folgenden Text ins Deutsche.*

On Mondays I have a German class at eight o'clock and a Spanish class in the afternoon. On Tuesday mornings I have a very boring class. In the afternoon around two o'clock I go to the library with my roommate. Every day we study together. Last month I got an A in my music class, but two days ago I failed my math test. One day I skipped my history class because I was sick. If everything goes well, I will graduate in 1997.

Interaktionen und Situationen

A. *Stellen Sie einem Partner/einer Partnerin die folgenden Fragen. Tauschen Sie dann die Rollen. Antworten Sie mit vollständigen Sätzen.*

1. Was macht dein Zimmergenosse/deine Zimmergenossin, während du für ein Examen paukst?
2. Was machst du, bevor du eine Prüfung ablegst?
3. Gehst du oft in die Bibliothek? Warum? Warum nicht?
4. Schwänzt du manchmal deine Klassen? Wann? Warum? Warum nicht?
5. Was für Fächer hattest du letztes Jahr besonders gern?
6. Wie hat sich dein Leben geändert, seitdem du an der Uni studierst?
7. Was möchtest du eines Tages werden? Professor/Professorin? Ingenieur/ Ingenieurin? Architekt/Architektin? . . .

B. *Vergleichen Sie Ihren Stundenplan mit dem Stundenplan eines Mitstudenten/einer Mitstudentin. Sagen Sie, welche Fächer Sie gern/ nicht gern haben und erklären Sie, was Sie von Ihren Professoren halten. Benutzen Sie so viele Demonstrativpronomen und Demonstrativadjektive wie möglich.*

C. *Schreiben Sie einen kleinen Paragraphen über Ihre täglichen Aktivitäten an der Universität. Benutzen Sie Umstandsangaben der Zeit. Versuchen Sie z.B., auf folgende Fragen zu antworten.*

1. Um wieviel Uhr stehen sie morgens auf?
2. Was für Klassen haben Sie? An welchen Tagen? Um wieviel Uhr?
3. Wann gehen Sie in die Bibliothek?
4. Was haben Sie letzte Woche gemacht? Und gestern?
5. Was wollen Sie heute nachmittag machen? Und morgen früh?
6. Was machen Sie an Wochenden?

Kapitel 6

Hobbys und Sport

||||||||||||||||||||||||||| Auf den ersten Blick

Accusative, dative and genitive prepositions

Future and future perfect

|||||||||||||||||||||||||| Ans Ziel

Expressing location and direction

Talking about future events

Gunda Niemann (Gold), Anita Warnicke (Silver) und Claudia Pechstein (Bronze), Albertville 1992, 5000m-Eislauf.

Kulturelles

In diesem Brief schreibt Heike an Andrea, eine alte Freundin von ihr, über ihre verschiedenen Aktivitäten und über die Art und Weise, wie die Amerikaner ihre Freizeit verbringen.

Liebe Andrea!

exhausted   Wie geht's? Meinerseits geht es gut, aber heute bin ich total erschöpft°. Gestern   5
habe ich meine erste Tennisstunde auf dem Campus gehabt, und der Trainer hat
uns überall auf dem Tennisplatz hin und her laufen lassen. „Trainieren ist ein

pastime   gesunder Zeitvertreib°," sagt er uns immer. Stell' Dir vor, ich kann mich jetzt

mich . . . bewegen: move   kaum bewegen°! Hoffentlich werde ich mich morgen besser fühlen!

    Meine Freunde hier scheinen viel sportlicher zu sein als ich. Auf dem   10
Campus treiben fast alle Studenten einen Sport; viele spielen amerikanischen
Fußball und Baseball. Wie Du weißt, ist amerikanischer Fußball (*football*) ganz
verschieden vom deutschen Fußball (*soccer*), und ich muß gestehen, daß die
Regeln des amerikanischen Fußballs uns Europäern oft ganz unverständlich
vorkommen. Hoffentlich werde ich alles bald besser verstehen! Außerdem wird   15
bei deutschem Fußball keine Animation gemacht und Musik wird normalerweise
nur in den Pausen gespielt.

    Tennis und Golf sind auch sehr populär. Da die Universität hier bei einem
großen See liegt, fahren viele meiner Freunde Wasserski oder segeln. Wie schön

Einrichtungen: facilities   es wäre, wenn wir die gleichen Sporteinrichtungen° an den Unis in Deutschland   20

gym   hätten! Hier gibt es wirklich alles: mehrere Tennisplätze, eine große Turnhalle°,

indoor swimming pool/   ein Hallenbad°, ein Stadion und sogar einen Saal, wo man Gewicht heben° kann.

Gewicht . . . : lift weights   Unglaublich! Ich treibe viel mehr Sport hier als in Deutschland, denn die
Sporteinrichtungen sind so schön und so modern, daß man Lust dazu hat, sich
in allen Sportarten zu versuchen. Weißt Du, daß die amerikanischen Universitäten   25

im . . . : contrary to/   im Gegensatz zu° den deutschen ihre athletischen Mannschaften° unterstützen°

teams/support   und daß es sportliche Wettkämpfe° auf nationaler Ebene zwischen den

competitions   Universitäten gibt? Bei uns sind die Universitäten mehr auf das Akademische
orientiert.

    Ich finde es gut, daß die Amerikaner an den Universitäten so viel Sport   30
treiben. Vielleicht kommt es daher, daß sie später im Leben so wenig Freizeit
haben. Weißt Du, daß die meisten Leute hier nur zwei oder drei Wochen

vacation/verstehen   Urlaub° im Jahr haben? Das kann man als Deutsche schwer begreifen°. Haben
wir denn nicht vier Monate im Jahr frei, wenn wir den Urlaub, alle Feiertage und
Wochenenden mitrechnen? Ach! wie schön, daß die Freizeit bei uns so viel   35
bedeutet! Hoffentlich wird sich das nie ändern, denn trotz meiner großen
Vorliebe für das amerikanische System, haben die Leute hier nicht genug
Freizeit.

Habe ich Dir schon erzählt, daß meine Zimmergenossin der Schwimmannschaft angehört? In sechs Monaten wird sie an einem Wettschwimmen° teilnehmen. Bis dann wird sie versuchen, sich fit zu halten. Heute nachmittag wird sie 1000 Meter schwimmen. Da sie jeden Tag trainiert, wird sie bis zum Wochenende fünf Kilometer geschwommen sein. Diesen Sommer werden ihre Freunde und sie ins Ausland reisen, um an verschiedenen Wettkämpfen teilzunehmen. Bis Ende August werden sie sechs europäische Länder besucht haben. Toll, nicht?

Nun! Ich muß jetzt aufhören°. Ich soll mir bei Freunden ein großes Fußballspiel im Fernsehen ansehen. Während des Spieles werden wir wahrscheinlich Bier trinken und Pop-Corn oder Pizza essen. Hoffentlich werden nur Amerikaner spielen. Ich werde so patriotisch, wenn es um Sport geht! Viele liebe Grüße,

swimming competition (margin, line 40)
stop (margin)
40
45
50

Deine Heike

Fragen

1. Warum ist Heike so müde?
2. Welche Sporteinrichtungen gibt es auf Heikes Campus?
3. Was hält sie davon? Warum?
4. Welche Unterschiede gibt es zwischen Deutschland und den USA in bezug auf Sport?
5. Von welchen Sportarten hat Heike in ihrem Brief nicht gesprochen?
6. Warum denkt Heike, daß die Amerikaner nicht genug Freizeit haben? Was halten Sie davon?
7. Treiben Sie die Sportarten, die Heike in dem Brief erwähnt hat? An welchen Tagen? Wie oft? Warum haben Sie solche Sportarten ausgewählt?
8. Ziehen Sie Mannschaftssport (*team sport*) oder Individualsport vor? Warum? Erklären Sie.

||||||■ Wortschatz

Sinnverwandte Wörter

Der Sport

der **Athlet** (–en, –en)
der **Ball** (⸚e)
der **Basketball**
das **Boxen**
die **Bronzemedaille** (–n)
das **Eishockey**
das **Fitneßzentrum** (–en)

die **Goldmedaille** (–n)	der **Profi** (–s) ≠ der **Amateur** (–e)
das **Golf**	der **Rekord** (–e)
der **Handball**	das **Schwimmen**
das **Hobby** (–s)	die **Silbermedaille** (–n)
das **Jogging**	der **Ski** (–er) = der **Schi** (–er)
das **Judo**	der **Sponsor** (–s)
das **Karate**	der **Sport** (die **Sportarten**)
	der **Sportclub** (–s)
athletisch	das **Stadion** (**Stadien**)
	das **Tennis**
sich dopen	der **Trainer** (–) / die **Trainerin** (–nen)
joggen	das **Training**
sponsern	der **Volleyball**
surfen	der **Wasserski**
trainieren	

Sportarten (Sports)	*Ausrüstung (Equipment)*	*Ort (Place)*
der **Basketball**	der **Ball** (⸚e)	die **Turnhalle** (–n)
der **Fußball** (soccer)	der **Ball**	das **Stadion** (**Stadien**)
der **Handball**	der **Ball**	die **Turnhalle** (–n)
der **Volleyball**	der **Ball**	die **Turnhalle** (–n)
das **Schwimmen**	der **Badeanzug** (⸚e)	das **Schwimmbad** (⸚er)
das **Segeln** (sailing)	das **Segelboot** (–e)	das **Meer** (–e) = die **See** (–n)
das **Surfen**	das **Surfbrett** (–er)	das **Meer** (–e)
das **Eislaufen** (ice skating)	der **Schlittschuh** (–e)	das **Eisstadion** (**Eisstadien**)
das **Schilaufen** (skiing)	der **Schi** (–er), der **Stock** (⸚e)	die **Piste** (–n)
das **Golf**	der **Schläger** (–)	der **Golfplatz** (⸚e)
das **Tennis**	der **Schläger** (–)	der **Tennisplatz** (⸚e)
das **Turnen** (gymnastics)	der **Turnanzug** (⸚e)	die **Turnhalle** (–n)

Der Wettkampf

der **Gegner** (**–**) / die **Gegnerin** (**–nen**) opponent
der **Gewinner** (**–**) = der **Sieger** (**–**) / die **Siegerin** (**–nen**) winner
die **Leistung** (**–en**) performance
die **Mannschaft** (**–en**) team
der **Mannschaftssport** (**–arten**) team sport ≠ der **Individualsport** (**–arten**)
die **Olympischen Spiele** (*pl.*) = die **Olympiade** (**–n**) Olympics
der **Pokal** (**–e**) cup
der **Sieg** (**–e**) = victory ≠ die **Niederlage** (**–n**) defeat
der **Sportler** (**–**) / die **Sportlerin** (**–nen**) athlete
der **Teilnehmer** (**–**) / die **Teilnehmerin** (**–nen**) participant
der **Verlierer** (**–**) / die **Verliererin** (**–nen**) loser
der **Weltmeister** (**–**) / die **Weltmeisterin** (**–nen**) world champion
die **Weltmeisterschaft** (**–en**) world championship
der **Wettkampf** (**⸚e**) competition
der **Wettlauf** (**⸚e**) race

Die Hobbys

das **Lesen**	reading
das **Malen**	painting
das **Reiten**	horseback riding
das **Stricken**	knitting
das **Tanzen**	dancing
das **Zeichnen**	drawing

Adjektive

erfolgreich successful ≠ **erfolglos**
gewalttätig violent
hervorragend excellent
langsam ≠ **schnell** slow ≠ fast
mittelmäßig mediocre

Verben

besiegen: jemanden besiegen to beat someone
fern.sehen (ie, a, e) to watch television
gewinnen (a, o) = **siegen** to win ≠ **verlieren (o,o)**
sich fit halten (ä, ie, a) to keep fit
wandern to hike

Ausdrücke

einen Rekord brechen (i, a, o)	to break a record
Schi fahren (ä, u, [ist] a) = Schi laufen (äu, ie, [ist] au)	to ski
Sport treiben (ie, ie)	to play sports
ein Tor schießen (o, o)	to score a goal
einem Verein an•gehören	to belong to a club
Wasserski fahren (ä, u, [ist] a)	to water-ski
Wie verbringst du deine freie Zeit?	How do you spend your free time?
Ich leiste karitative Arbeit.	I do charity work.
Ich arbeite freiwillig in Umweltorganisationen.	I volunteer in environmental organizations.
Ich langweile mich an Sonntagen.	I get bored on Sundays.
Am Abend sehe ich mir ein Fußballspiel an.	In the evening I watch a football/ soccer game.
Dieser Athlet hat den ersten Platz errungen.	This athlete won first place.

||||||▮ Wir sind dran!

A. Antworten Sie! Benutzen Sie die folgenden Wörter.

das Boxen   das Eislaufen   der Fußball   das Golf   der Handball
das Jogging   das Karate   das Schilaufen   das Schwimmen   das Segeln
das Surfen   das Tennis   das Turnen   der Volleyball

1. Für welche Sportarten benutzt man:

   a) einen Ball?   e) einen Badeanzug?
   b) einen Schläger?   f) ein Boot?
   c) Stöcke?   g) Schlittschuhe?
   d) ein Brett?

   und wo kann man diese Sportarten treiben? Antworten Sie mit
   vollständigen Sätzen.

2. Welche Sportarten kann man an den folgenden Orten treiben?

   a) auf einem Stadion?   d) auf einem See?
   b) in einer Turnhalle?   e) im Schwimmbad?
   c) auf einer Piste?   f) auf einem Ring?

*B. Welche Wörter oder Ausdrücke können auf diese Weise definiert
werden? Benutzen Sie die folgende Liste.*

der Sportklub   der Trainer/die Trainerin   die olympischen Spiele
der Weltmeister/die Weltmeisterin   das Schwimmen

1. Um diesen Sport zu treiben, braucht man einen Badeanzug.
2. Das ist ein Mann/eine Frau, der/die Sportler und Sportlerinnen trainiert.
3. Das ist ein Ort, wo man trainieren kann und wo man lernt, sich fit zu
    halten.
4. Das ist ein Sportler/eine Sportlerin, der/die die Weltmeisterschaft
    errungen hat.
5. Diese berühmten Spiele finden alle vier Jahre statt.

*C. Ergänzen Sie die folgenden Sätze mit geeigneten Wörtern aus der
folgenden Liste.*

die Medaille   fit   trainieren   hervorragend   sponsern   Schi laufen

1. Ein Profi muß ständig _____.
2. Um sich _____ zu halten, sollte man immer Sport treiben.

3. Bei den letzten Olympischen Spielen haben die Deutschen viele

_____ errungen.

4. Das ist keine _____ Sportlerin. Ihre Leistungen sind nicht

besonders gut.

5. Im Winter kann man in den Bergen _____.

6. Viele berühmte Firmen _____ die sportlichen Wettkämpfe.

D. *Welche Wörter oder Ausdrücke können auf diese Weise definiert werden? Benutzen Sie die folgende Liste.*

der Pokal   das Tanzen   der Sponsor   die Mannschaft   das Eislaufen
joggen   der Rekord   das Stadion

1. Ich bin eine Gruppe von Sportlern/Sportlerinnen, die an einem Wettkampf teilnehmen.
2. Das ist ein Trinkgefäß aus Silber, Gold oder Kristall, das dem Sieger eines Wettkampfes übergeben wird.
3. Das ist ein großer Sportplatz, wo z.B. Fußball gespielt wird.
4. Das ist ein Individuum oder eine Firma, die einen Wettkampf sponsert.
5. Diesen Sport treibt man in einem Eisstadion.
6. Das ist eine sportliche Höchstleistung.
7. Das ist ein Hobby und das ist das, was man in einer Diskothek macht.
8. Dieses Verb ist ein Synonym von „laufen".

E. *Sprechen Sie jetzt von den Sportarten, die Sie gern treiben. Finden Sie einen Partner/eine Partnerin und interviewen Sie ihn/sie. Tauschen Sie dann die Rollen. Benutzen Sie die Wortschatzliste dieses Kapitels.*

1. Welche Sportarten treibst du?
2. Welche magst du nicht? Warum?
3. Interessierst du dich für die olympischen Spiele? Warum? Warum nicht?
4. Wie verbringst du deine Freizeit? Siehst du dir oft Fußballspiele im Fernsehen an? Leistest du karitative Arbeit? Arbeitest du freiwillig in einer Organisation?
5. Langweilst du dich am Wochenende? Warum? Warum nicht?

F. *Lesen Sie den folgenden Artikel und beantworten Sie die Fragen.*

ZEIT FÜR SPORT

Beim **Tennisspielen** muß man einige grundsätzliche Regeln beachten, aber besonders wichtig ist die Konzentration. Wenn sich die großen Tennisspieler nicht konzentrieren, riskieren sie, das Match zu verlieren.

Tischtennis hingegen ist ein billiger Sport, der einfacher zu spielen und bei jung und alt sehr beliebt ist.

1988 war Tischtennis zum ersten Mal bei den Olympischen Spielen vertreten.

1. Was ist besonders wichtig beim Tennisspielen?
2. Warum ist Tischtennis besonders beliebt in Deutschland?

Grammatik

Accusative, Dative and Genitive Prepositions (Akkusativ, Dativ und Genitiv Präpositionen)

> Ach! wie schön, daß die Freizeit **bei** uns so viel bedeutet! Hoffentlich wird sich das nie ändern, denn <u>trotz</u> meiner großen Vorliebe *für* das amerikanische System, haben die Leute hier nicht genug Freizeit. Nun! Ich muß jetzt aufhören. Ich soll mir **mit** Freunden ein großes Fußballspiel im Fernsehen ansehen. <u>Während</u> des Spieles werden wir wahrscheinlich Bier trinken und Pop-Corn oder Pizza essen. Hoffentlich werden nur Amerikaner spielen. Ich werde so patriotisch, wenn es *um* Sport geht!

Accusative prepositons are in italics, e.g., *für*.
Dative prepositions are in boldface type, e.g., **bei**.
Genitive prepositions are underscored, e.g., <u>trotz</u>.

A German preposition usually precedes its object, and it always determines the object's case. There are four categories:

1. prepositions that require the accusative case
2. prepositions that require the dative case
3. prepositions that require the dative or accusative case (also called two-way prepositions)
4. prepositions that require the genitive case

Accusative Prepositions (Akkusativpräpositionen)

Seven prepositons require the accusative case in German: **bis**, **durch**, **entlang**, **für**, **gegen**, **ohne**, and **um**.

bis[a]	
a) *until*	Thomas möchte **bis** nächsten Monat trainieren. *Thomas would like to train until next month.*
b) *up to, as far as* (location)	Ich bin gestern **bis** München radgefahren. *Yesterday I rode my bike as far as Munich.*

durch a) *through*	Wandert ihr jedes Wochenende **durch** diesen Wald? *Do you hike through this forest every weekend?*
b) *by*	Wird Sport **durch** den Staat unterstützt? *Are sports supported by the state?*
entlang[a] *along*	Wie lange sind Sie den Fluß **entlang** spazierengegangen? *How long did you walk by the river?*
für *for*	Wollen diese Sportler **für** die Olympiade trainieren? *Do these athletes want to train for the Olympics?*
gegen a) *against* (opposition)	**Gegen** welche Mannschaft haben sie gestern gespielt? *Against which team did they play yesterday?*
b) *against* (impact)	Weißt du, daß dieser Skifahrer **gegen** einen Baum gefahren ist? *Do you know that this skier ran into a tree?*
c) *around* (time)	Thomas joggte immer **gegen** sieben Uhr morgens. *Thomas always jogged around 7 A.M.*
ohne[c] *without*	**Ohne** jeden Zweifel ist Fußball der beliebteste Sport in Deutschland. *Without a doubt soccer is the most popular sport in Germany.*
um a) *around* (place)	Im Sommer segeln wir gern **um** den See. *In the summer we like to sail around the lake.*
b) *at* (time)	Die Feier wird **um** zehn Uhr beginnen. *The ceremony will start at ten o'clock.*

NOTES:

a. **Bis** is often accompanied by another preposition when the noun that follows is preceded by an article. In this case the second preposition determines the case of the noun.

Viele Sportvereine zählen **bis zu** einer halben Million Mitglieder.

Many sports clubs count up to half a million members.

b. Usually **entlang** follows the noun. If it precedes it, the noun must be in the dative case.

Entlang der Straße hatten sich die Zuschauer versammelt.

The spectators had gathered along the road.

c. **Ohne** is often used without an article.

Ohne Paß kannst du nicht in die USA reisen.

Without a passport you can't travel to the US.

d. When these prepositions are followed by the neuter definite article **das**, the preposition and article contract as follows:

durch + das > durchs
für + das > fürs
um + das > ums

These contractions are primarily used in colloquial speech.

Erweiterung

Certain verbs require an accusative preposition. A few common ones are given below.

danken für *to thank for*	Ich **danke** Ihnen **für** Ihr Interessse an unserem Verein. *I thank you for your interest in our club.*
sich interessieren für *to be interested in*	Seit wann **interessierst** du dich **für** Golf? *Since when are you interested in golf?*
bitten um *to ask for*	Der Organisator des Wettbewerbes **bat** den Spieler **um** eine Erklärung. *The organizer of the competition asked the player for an explanation.*
sich kümmern um *to look after*	Wer sollte **sich um** die Gäste **kümmern**? *Who should look after the guests?*

‖‖‖‖█ Übungen

A. Bilden Sie zuerst kleine Satzteile und dann vollständige Sätze im Präsens aus den angegebenen Wörtern.

Beispiel: durch   der Wald
              durch den Wald
              Oft laufen wir durch den Wald.

1. bis   die Turnhalle
2. **durch**   der Fluß
3. entlang   diese Meisterschaft
4. für   mein Trainer
5. gegen   die olympischen Spiele
6. ohne   meine Schier
7. um   **der Wald**

B. Bilden Sie vollständige Sätze im Perfekt aus den Satzteilen von Übung A.

Beispiel: durch den Wald
              Durch den Wald bin ich oft mit meinem Hund gelaufen.

C. Ergänzen Sie den folgenden Text mit den richtigen
Akkusativpräpositionen: bis, durch, entlang für, gegen, ohne, um.

Andrea mußte täglich _____ die Weltmeisterschaft

trainieren. Manchmal trainierte sie _____ spät in die Nacht. Jeden

Morgen joggte sie den Fluß _____ und am Abend lief sie eine

halbe Stunde lang _____ den See. Nur an Sonntagen konnte sie

sich ein bißchen ausruhen. Dann ging sie mit ihrem kleinen Bruder

_____ den Park spazieren. Sie verstand sich gut mit ihrem

Trainer. Sie wußte, daß sie _____ ihn keine Chance haben würde,

eine Medaille zu erhalten. Obwohl es _____ ihre Natur war, früh

morgens aufzustehen, um zu trainieren, tat sie es täglich, denn sie wußte,

daß sie eines Tages gewinnen würde.

||||||■ Dative Prepositions (Dativpräpositionen)

Nine prepositions require the dative case. They are **aus**, **außer**, **bei**, **gegenüber**,
mit, **nach**, **seit**, **von**, and **zu**.

aus	
a) out of	Werner holte seinen Tennisschläger **aus** seiner Tasche. *Werner took his tennis racket out of his bag.*
b) from	Diese Athleten kommen **aus** der Schweiz. *These athletes come from Switzerland.*
c) made of	Ist dein Surfbrett **aus** Holz? *Is your surfboard made of wood?*
außer	
a) except for	Außer dem Surfen treibt er keinen Sport. *Except for surfing he doesn't do any sports.*
b) besides	**Außer** drei Silbermedaillen gewann Frankreich auch eine Goldmedaille. *Besides three silver medals, France also won a gold medal.*

bei	
a) at the home *or* office of	Wohnt dein Freund noch **bei** seinen Eltern? *Does your friend still live with his parents?*
b) near	Vor zwei Jahren lag die Turnhalle noch **bei** der alten Schule. *Two years ago the gymnasium was still near the old school.*
c) with	Habt ihr Geld **bei** euch? *Do you have any money with you?*
gegenüber [a] opposite, across from	Das Stadion liegt dem Hallenbad **gegenüber**. *The stadium is across from the indoor swimming pool.*
mit	
a) with	Mit wem hat Boris Becker das Doppel gespielt? *With whom did Boris Becker play doubles?*
b) by *(with means of transportation)*	Zum Eisstadion fahren wir gewöhnlich **mit** dem Bus. *We usually go to the ice rink by bus.*
nach	
a) to *(place)*	Wann werden die Spieler **nach** Spanien fahren? *When will the players go to Spain?*
b) after	Glaubst du nicht, daß sie **nach** dem Spiel müde waren? *Don't you think that they were tired after the game?*
c) according to[b]	Den Journalisten **nach** soll er den Rekord gebrochen haben. *According to the journalists he is supposed to have broken the record.*
seit since, for *(time)*	Matthias trainiert **seit** Januar/seit drei Jahren. *Matthias has been training since January/ for three years.*

von a) from	Kommt er **von** Schweden? *Is he from Sweden?*
b) of, about	Hat der Boxer **von** seinem Trainer gesprochen? *Did the boxer talk about his trainer?*
c) by *(author)*	Ist das ein Buch **von** seinem Onkel? *Is this a book by his uncle?*
zu a) to *(place)*	Wie oft geht ihr **zu** euren Großeltern? *How often do you go to your grandparents?*
b) idiomatic expressions	**zu Ostern** *at Easter* **zu Weihnachten** *at Christmas* **zum Frühstück** *for breakfast* **zum Mittagessen** *for lunch* **zum Abendessen** *for supper/dinner* **zu Hause** *at home* **zu Fuß** *on foot* **zu Mittag essen** *to have lunch* **von Zeit zu Zeit** *from time to time*

NOTES:

a. **Gegenüber** can precede or follow the noun.

Das Stadion liegt **gegenüber** dem Hallenbad. (*or*)
Das Stadion liegt dem Hallenbad **gegenüber**.

b. When **nach** means *according to*, it follows the noun.

Meiner Trainerin nach hat dieser
  Athlet schon mehrere Wettläufe
  gewonnen.

*According to my trainer this
  athlete has already won
  several races.*

c. When followed by the dative definite articles **dem** and **der**, the preposition and article contract as follows:

bei + dem > beim   **zu + dem > zum**
von + dem > vom   **zu + der > zur**

Steffi Graf

A few verbs that require a dative preposition are listed below.

bestehen aus *to consist of*	Ein Tennismatch **besteht aus** drei Sätzen. *A tennis match consists of three sets.*
einladen zu *to invite to*	Wolltest du Jörg **zur** Feier **einladen**. *Did you want to invite Jörg to the ceremony?*
erzählen von *to tell about*	Wer hat dir **von ihr erzählt**? *Who told you about her?*
gehören *to be among*	Sie **gehört zu** den besten Spielerinnen ihrer Mannschaft. *She is among the best players of her team.*
sprechen von *to talk about*	Mit Birgit haben wir **von** unserem Trainer **gesprochen**. *With Birgit we talked about our trainer.*

‖‖‖‖‖▮ Übungen

A. *Bilden Sie zuerst kleine Satzteile aus den angegebenen Wörtern und*
dann vollständige Sätze im Präsens.

Beispiel: aus   die Türkei
          aus der Türkei
          Weißt du, daß diese Athleten aus der Türkei kommen?

1.	**aus**	der Sportclub
2.	außer	das Stadion
3.	bei	die Firma
4.	gegenüber	**die Türkei**
5.	mit	die Athleten
6.	nach	der Wettlauf
7.	die	Europa-Meisterschaft
8.	von	meine Großmutter
9.	zu	eine Bronzemedaille

B. *Bilden Sie vollständige Sätze im Präteritum aus den Satzteilen von*
Übung A.

Beispiel: aus der Türkei
          Dieser Athlet kam aus der Türkei.

C. *Ergänzen Sie den folgenden Text mit den richtigen*
Dativpräpositionen: aus, außer, bei, mit, nach, seit, von, zu.

_____ dem Essen spiele ich gern Karten _____

meinen Freunden _____ Hause. _____ Anja, die nicht

sehr gut spielt, sind alle anderen sehr gute Spieler. _____ dem

letzten Bridgeturnier haben wir den zweiten Platz errungen. Jedoch haben

wir _____ jenem Tag nicht oft Karten gespielt, denn der Freundin

_____ Hans, einer Österreicherin _____ Wien, gefällt

es nicht.

‖‖‖‖‖▮ Genitive Prepositions (Genitivpräpositionen)

Four common prepositions require the genitive. They are **(an)statt**, **trotz**, **während**, and **wegen**.

(an)statt *instead of*	**Anstatt/Statt** einer Goldmedaille hat er eine Bronzemedaille errungen. *Instead of a gold medal he won a bronze.*
trotz *in spite of, despite*	Die Fußballspieler spielten **trotz** des Regens weiter. *The football players continued playing in spite of the rain.*
während *during*	**Während** der Halbzeit haben viele Zuschauer Würstchen gekauft. *During half-time many spectators bought hot dogs.*
wegen *because of*	**Wegen** des schlechten Wetters konnten wir nicht schwimmen gehen. *Because of the bad weather we couldn't go swimming.*

▌Erweiterung

A few less common prepositions are also followed by the genitive.

außerhalb *outside of*	Der Golfplatz liegt **außerhalb** der Stadt. *The golf course is outside of the city.*
innerhalb *inside of*	**Innerhalb** der Turnhalle darf man nicht rauchen. *Inside (of) the gym one may not smoke.*
oberhalb *above*	Er hat sich **oberhalb** des Knies verletzt. *He hurt himself above the knee.*
unterhalb *below*	Der Unfall ereignete sich **unterhalb** der Brücke. *The accident happened under the bridge.*
diesseits *on this side*	**Diesseits** des Flußes gibt es keine Bäume. *On this side of the river there are no trees.*
jenseits *on that side*	Ich sehe nicht, was **jenseits** der Brücke steht. *I can't see what is on the other side of the bridge.*

||||||▌ Übungen

A. *Ergänzen Sie die Sätze mit den richtigen Akkusativpräpositionen:* **durch, entlang, für, gegen, ohne, um.**

1. Manchmal fuhren die Schifahrer _____ einen verschneiten Wald.

2. Es ist immer so schön, _____ den See radzufahren.

3. Ich habe gelesen, daß sein Auto _____ einen Baum gefahren ist.

4. Am Wochenende jogge ich gern den Fluß _____.

5. Wir wußten nicht, daß der Pokal nicht _____ ihn war.

6. _____ Sponsor kann ein Amateur nur schwer Profi werden.

B. *Ergänzen Sie die Sätze mit den richtigen Dativpräpositionen:* **aus, außer, bei, mit, nach, seit, von, zu.**

1. Arbeiten Sie noch _____ dieser Firma, Herr Strauß?

2. Nach Feierabend spielen die Deutschen gern Karten _____ ihren Freunden.

3. Befindet sich das Fitneßzentrum immer noch _____ der Turnhalle?

4. _____ der letzten Olympiade sind die Leistungen dieses Handballspielers immer schlechter geworden.

5. _____ einem großen Hallenbad gibt es keine anderen Sporteinrichtungen in unserer Stadt.

6. Ich möchte gern wissen, ob diese Athleten _____ Norwegen kommen.

7. Alle Zeitungen hatten _____ der Niederlage der englischen Mannschaft erzählt.

8. Gehen wir mal _____ Brigitte und Hans, um Karten zu spielen!

C. *Ergänzen Sie die Sätze mit den richtigen Genitivpräpositionen:* **(an)statt, trotz, während, wegen.**

1. Wer hat sich _____ der Karatestunde verletzt?

2. _____ einer Zeitung kaufte sie immer eine Zeitschrift.

3. _____ seiner schlechten Leistungen konnte er nicht an der Meisterschaft teilnehmen.

4. Die Stimmung war gut _____ der Niederlage.

D. **Gruppenspiel.** *Die Klasse teilt sich in zwei Gruppen ein. In jeder Gruppe sollen die Studenten Sätze mit Akkusativ–, Dativ– oder Genitivpräpositionen bilden. Wenn der Satz richtig ist, gewinnt die Gruppe einen Punkt. Wenn nicht, dann gewinnt die andere Gruppe einen Punkt.*

Beispiel: Gruppe 1: durch
Gruppe 2: Manchmal gehe ich durch den Wald spazieren.
Richtig! 1 Punkt für Gruppe 2.

Gruppe 2: mit
Gruppe 1: Ich spiele oft Tennis mit meinem Freund.
Richtig! 1 Punkt für Gruppe 1.

Two-Way Prepositions (Präpositionen mit dem Dativ oder Akkusativ)

> <u>Auf</u> *dem Campus* treiben fast alle Studenten einen Sport. Deshalb treibe ich auch viel mehr Sport hier <u>an</u> *dieser Uni.* Das Gebäude, wo meine Zimmergenossin und ich wohnen, befindet sich <u>neben</u> *dem Stadion,* <u>zwischen</u> *dem Schwimmbad* und *der großen Turnhalle.* <u>Vor</u> *einem Monat* sind deutsche Studenten <u>auf</u> **den Campus** gekommen. Zusammen sind wir <u>ins</u> **Schwimmbad** und <u>in</u> **die Turnhalle** gegangen.

Two-way prepositions are underscored, e.g., <u>auf</u>.
Dative case objects are in italics, e.g., *dem Campus.*
Accusative case objects are in boldface type, e.g., **den Campus.**

Fußballspieler vor dem Reichstag in Berlin

Nine prepositions take either the accusative case or the dative case. They are: **an, auf, hinter, in, neben, über, unter, vor,** and **zwischen.** They require the accusative case when the sentence expresses motion from one place to another. They require the dative case when the preposition indicates position or when motion occurs within a limited space.

Two-Way Prepositions

Preposition	Accusative (motion)	Dative (position)
an *at, to, on* (vertical)	Markus fährt **an die See.** *Markus goes to the seaside.* Ich hänge das Bild **an die Wand.** *I hang the picture on the wall.*	Markus wohnt **an der See.** *Markus lives at the seaside.* Das Bild hängt **an der Wand.** *The picture is hanging on the wall.*
auf *on* (horizontal), *at* (certain institutions)	Sie legten den verletzten Schifahrer **auf den Boden.** *They laid the injured skier on the ground.* Er geht **auf die Post / die Bank / den Markt.** *He goes to the post office / the bank / the market.*	Der verletzte Schifahrer lag **auf dem Boden.** *The injured skier was lying on the ground.* Er ist **auf der Post / der Bank / dem Markt.** *He is at the post office / the bank / the market.*
hinter *behind*	Der Ball rollte **hinter das Tor.** *The ball rolled behind the goal.*	Der Ball lag **hinter dem Tor.** *The ball was behind the goal.*
in *in, into*	Die Handballspieler gingen **in die Turnhalle.** *The handball players went into the gym.* Dieter lief **in den Park.** *Dieter ran into the park.*	Die Handballspieler waren **in der Turnhalle.** *The handball players were in the gym.* Dieter schlief **in dem Park.** *Dieter slept in the park.*

neben *near, beside, next to*	Anja möchte sich **neben ihre Freundin** setzen. *Anja would like to sit down near her friend.*	Anja sitzt **neben ihrer Freundin**. *Anja is seated next to her friend.*
über *over, above*	Der Hubschrauber fliegt **über die Stadt**. *The helicopter is flying over the city.*	Die Lampe hängt **über dem Tisch**. *The lamp is hanging above the table.*
unter *under*	Das Kind versteckte seinen Ball **unter sein Bett**. *The child hid his ball under his bed.*	Der Ball des Kindes war **unter seinem Bett**. *The child's ball was under his bed.*
vor *in front of, before*	Der Bus fährt **vor das Fitneßzentrum**. *The bus drives up to the fitness center.*	Der Bus wartet **vor dem Fitneßzentrum**. *The bus is waiting in front of the fitness center.*
zwischen *between*	Sie stellte ihren Pokal **zwischen die Lampe und die Bücher**. *She put her trophy between the lamp and the books.*	Ihr Pokal steht **zwischen der Lampe und den Büchern**. *Her trophy is standing between the lamp and the books.*

NOTE:

When followed by the accusative definite article **das** or by the dative definite article **dem**, the preposition and the article contract.

```
an + das  >  ans        in + das  >  ins
an + dem  >  am         in + dem  >  im
auf + das >  aufs
```

These common verbs indicate motion from one place to another.[1] When they are followed by a prepositon, it takes the accusative case.

[1] These lists show stem-vowel changes and vowel changes in the present and past participles. For consonant changes and the use of the auxiliary **sein**, see the Appendix, page 000.

fahren (ä, u, a)   reisen
fliegen (o, o)   rennen (a, a)
gehen (i, a)   schwimmen (a, o)
hängen   setzen
kommen (a, o)   springen (a, u)
laufen (ä, ie, a)   stellen
legen

Ich fahre in die Stadt.
Er geht auf den Markt.

The following common verbs indicate position or motion within a limited space. When they are followed by a preposition, it takes the dative case.

an•kommen (a, o)   parken
arbeiten   sein (a, e)
sich befinden (a, u) sitzen (a, e)
bleiben (ie, ie)   spielen
hängen (i, a)   stehen (a, a)
leben   wohnen
liegen (a, e)

Ich wohne in der Stadt.
Sie arbeitet auf dem Markt.

Erweiterung

||||||■ Certain Verbs with Two-Way Prepositions

Some verbs require a two-way prepositon and a specific case. A few common ones are listed below.

denken an (+ *acc.*) *to think of*	**Denkt** der Spieler **an** seine Freundin? *Is the player thinking of his girlfriend?*
sich erinnern an (+ acc.) *to remember*	Ich **erinnere mich** gut **an** die letzten olympischen Winterspiele. *I remember the last Winter Olympics very well.*
glauben an (+ *acc.*) *to believe in*	**Glaubst** du **an** das Gute im Menschen? *Do you believe that people are good?*

teil•nehmen an (+ *acc.*) *to participate in*	Habt ihr **an** vielen Wettläufen **teilgenommen**? *Have you participated in many races?*
antworten auf (+ *acc.*) *to answer*	Können Sie **auf** meinen Brief **antworten**? *Can you answer my letter?*
sich freuen auf (+ *acc.*) *to look forward to*	Wir **freuen uns auf** die nächsten Ferien. *We are looking forward to the next vacation.*
warten auf (+ *acc.*) *to wait for*	**Warten** Sie **auf** ein Taxi? *Are you waiting for a taxi?*
lachen über (+ *acc.*) *to laugh at, about*	Der Trainer **lachte über** seine Spieler. *The trainer laughed about his players.*
Angst haben vor (+ *dat.*) *to be afraid of*	**Hast** du **Angst vor** einer Niederlage? *Are you afraid of a defeat?*

‖‖‖‖‖ The Verbs *liegen/legen, sitzen/setzen, stehen/stellen, hängen*

The verbs **liegen**, **sitzen**, **stehen**, and **hängen** (**i, a**) are always followed by the dative case. They are strong verbs.

The verbs **legen**, **setzen**, **stellen**, and **hängen** (**hängte, gehängt**) are weak verbs, and they are always followed by the accusative case. Except for **hängen**, they can be used reflexively.

Strong Verbs Dative Case (no motion)	Weak Verbs Accusative Case (no motion)
liegen (**a, e**) *to lie, be lying* Der Fußballspieler lag auf dem Boden. *The soccer player was lying on the ground.*	(**sich**) **legen** to lay Sie haben ihn auf den Boden gelegt. *They laid him on the ground.*

sitzen (a, e) *to sit, be sitting* Birgit sitzt auf dem Bett. *Birgit is sitting on the bed.*	**(sich) setzen** to sit down Birgit setzte sich auf das Bett. *Birgit sat down on the bed.*
stehen (a, a) *to stand, be standing* Der Pokal stand auf dem Tisch. *The trophy was standing on the table.*	**(sich) stellen** to put (vertically) Sie stellte den Pokal auf den Tisch. *She put the trophy on the table.*
hängen (i, a) *to hang, be hanging* Das Bild hing an der Wand. *The picture was hanging on the wall.*	**hangen** *to hang* Rolf hängte das Bild an die Wand. *Rolf hung the picture on the wall.*

|||||||| Übungen

A. Sagen Sie, in welchem Kasus die unterstrichenen Wörter sind.

Beispiel: die Schweiz: accusative case (motion)

Wenn ich in <u>die Schweiz</u> reise, versuche ich immer in <u>den Alpen</u> Schi zu fahren. Auf <u>den verschneiten Pisten</u> sause ich zwischen <u>die hohen Bäume</u> und <u>die anderen Schifahrer</u>. Es ist immer so schön <u>im Gebirge</u> unter <u>der herrlichen Sonne</u>. <u>Am Abend</u> sitze ich dann stundenlang neben <u>dem Kamin</u> vor <u>dem glühenden Feuer</u>. Ach! die Winterferien in <u>der Schweiz</u>!

B. Setzen Sie die Wörter in Klammern in den Akkusativ oder Dativ und erklären Sie Ihre Entscheidung.

1. Auf (der Bordesholmer See) segelte er stundenlang.
2. Bald begann Henning, in (das Büro) seines Vaters zu arbeiten.
3. Bei einer kleinen Regatta gewann er vor (ein Freund).
4. Manchmal fährt er an (die Ostsee).
5. Auf (die Capverdischen Inseln) läßt er sich manchmal fotografieren.
6. Der Junge ging auf (die Piste) und machte seine ersten Versuche auf (die Schier).
7. Plötzlich fuhr er mit (die Schispitzen) in (das Loch).
8. Er ging in (die Küche), wo er ein Glas Milch auf (der Tisch) fand.

9. Oft denkt er an (seine ersten Versuche) auf (die Piste).
10. Manchmal lacht er sogar über (seine ersten Erfahrungen) in (das Gebirge).

C. Ergänzen Sie die Sätze mit passenden Akkusativ/Dativ Präpositionen.

1. Hänge das Plakat _____ die Wand!

2. Steht der Pokal _____ dem Tisch _____ dem Fenster?

3. Ich glaube, daß die Tennisplätze sich _____ dem Eisstadion befinden.

4. Könnten Sie mir bitte sagen, ob das Hallenbad _____ der Turnhalle liegt?

5. Hast du gesehen, wie der Schifahrer _____ die Bäume gesaust ist?

6. Die Briefmarken hatte er _____ das Papier geklebt.

7. Viele Flugzeuge fliegen jeden Tag _____ die Stadt.

8. Legen Sie den Kranken _____ dieses Bett!

D. Bilden Sie Sätze im Perfekt aus den angegebenen Satzteilen. Vergessen Sie nicht, den korrekten Kasus zu verwenden!

1. er / legen / die Karten / auf / der Tisch
2. wir / sitzen / an / der Tisch / vor / das Fenster
3. in / das Notizbuch / der Mann / lesen / sie (pl.) / etwas / interessant
4. wir / sich freuen / immer / auf / ein gut– Kartenspiel
5. der Athlet / antworten / auf / die Frage / sein Trainer
6. sich erinnern / du an / die letzt– Olympiade?
7. in / diese Stadt / bauen / man / ein Fußballplatz / neben / die alt– Turnhalle
8. gestern / fliegen / ein Hubschrauber / über / der Golfplatz
9. du / parken / dein Wagen / nicht / vor / die Tür
10. vor / zwei / Jahr / teilnehmen / Werner / an / ein Wettlauf

Georg Hackl, (Gold), Albertville, 1992

Future and Future Perfect (Futur I und Futur II)

Habe ich Dir schon erzählt, daß meine Zimmergenossin der Schwimmmannschaft angehört? In sechs Monaten *wird* sie an einem Wettschwimmen *teilnehmen.* Bis dann *wird* sie *versuchen,* sich fit zu halten. Heute nachmittag *wird* sie 1000 Meter *schwimmen.* Da sie jeden Tag trainiert, **wird** sie bis zum Wochenende fünf Kilometer **geschwommen sein.** Diesen Sommer *werden* ihre Freunde und sie ins Ausland *reisen,* um an verschiedenen Wettkämpfen teilzunehmen. Bis Ende August **werden** sie sechs europäische Länder **besucht haben.** Toll, nicht?

Verbs in the future tense are in italics, e.g., *wird . . . teilnehmen.*
Verbs in the future perfect tense are in boldface type, e.g., **wird . . . geschwommen sein.**

||||||■ Future (Futur I)

As in English, the future tense in German is used to talk or write about future events. It is a compound tense that consists of the present tense of **werden** and the infinitive of the main verb. Review the present tense of **werden** in Chapter 1, page 00. The position of **werden** depends upon the sentence structure.

Future Tense	
Normal Word Order	Ich **werde** im Meer **schwimmen**. *I will swim in the sea.*
Inverted Word Order	Im April **werden** sie ins Ausland *reisen*. *In April they will travel abroad.*
Dependent Clauses	Ich denke, daß Karsten um den See **joggen wird**. *I think that Karsten will jog around the lake.*
Questions	**Wird** diese Firma deinen Bruder **sponsern**? *Will this company sponsor your brother?* Wann **werdet** ihr in Europa **spielen**? *When will you play in Europe?*
Modals	Ich **werde** stundenlang für den Wettlauf **trainieren müssen**. *I will have to train for the race for hours.* **Wird** Anja mit dir ins Schwimmbad **gehen wollen**? *Will Anja want to go to the pool with you?*

■ Erweiterung

    a. In conversation, when an adverb, a time expression, or the context indicates that the event in question will take place in the immediate future, the future tense is frequently replaced by the present tense. Compare the following sentences:

Future	Nächsten Monat **wird** Paul an einer Regatta **teilnehmen**. (distant future) *Next month Paul will participate in a regatta.*
Present	Morgen **gehen** wir bestimmt schwimmen. (immediate future) *Tomorrow we'll definitely go swimming.*

b. The future tense is sometimes used to express probability. In this case adverbs such as **wohl**, **vielleicht**, **wahrscheinlich**, or **vermutlich** appear in the sentence.

Markus **wird** wohl müde **sein**.   *Markus is probably tired.*

||||||▌ Übungen

A. *Setzen Sie die Verben in Klammern ins Futur I und ersetzen Sie die Pronomen.*

1. Er (sponsern) Thomas. (Sie, ihr, wir)
2. Weiß er, daß du durch den Park (laufen)? (ich, er, wir)
3. Im Wohnzimmer (fernsehen) Sie oft. (du, er, ihr)
4. Sie (*sg.*) (segeln) oft auf dem Bodensee. (du, wir, sie *pl.*)
5. Auf dem Tennisplatz (finden) ich alte Bälle. (du, er, ihr)
6. Er (geben) den Gewinnern Pokale. (ich, du, Sie)
7. Wann (besiegen) sie (*pl.*) die gegnerische Mannschaft? (wir, ihr, Sie)
8. (Leisten) du oft karitative Arbeit? (sie *sing.*, ihr, Sie)

B. *Ergänzen Sie die Sätze, wie Sie wollen. Benutzen Sie das Futur I.*

1. Wo . . . ?
2. Glaubst du, daß . . . ?
3. Im Sommer . . .
4. Es kann sein, daß . . .
5. Wann . . . ?

C. *Setzen Sie die Sätze ins Futur I.*

1. Erika will karitative Arbeit leisten.
2. Wir müssen die gegnerische Mannschaft besiegen.
3. Ihr sollt hervorragende Tennisspieler interviewen.
4. Du darfst nicht im Eisstadion rauchen.
5. Im Winter kann ich täglich Schi fahren.

6. Wir wollen in den Alpen wandern.
7. Ihr müßt den Rekord brechen.
8. Mußt du dir einen neuen Turnanzug kaufen?

||||||■ Future Perfect (Futur II)

The future perfect is used to describe an action that will take place in the future prior to another future action. It is formed with the present tense of **werden**, the past participle of the main verb, and the infinitive of **haben** or **sein**.

Future Perfect Tense	
Normal Word Order	Ich **werde** viele europäischen Länder **besucht haben**. *I will have visited many European countries.* Klaus **wird** lange **geschwommen sein**. *Klaus will have swum for a long time.*
Inverted Word Order	Bis Januar **wirst** du gute Fortschritte **gemacht haben**. *By January you will have made good progress.*
Dependent Clauses	Glauben Sie, daß Helmut bis nächsten Dienstag alles **gemacht haben wird**? *Do you think that Helmut will have done everything by next Tuesday?*
Questions	**Wird** Ulf sein Geld bis nächste Woche **bekommen haben**? *Will Ulf have received his money by next week?* Warum **wird** er nach Spanien **gereist sein**? *Why will he have traveled to Spain?*

▌ Erweiterung

a. In conversation, the future perfect is rarely used. It is usually replaced by the present tense or the future tense. Compare the following sentences:

Written or Formal German	Friedrich **wird** schon **trainiert haben**, wenn wir ihn morgen sehen. *Friedrich will already have trained when we see him tomorrow.*
Conversational German	Friedrich **trainiert** schon, bevor wir ihn sehen. (or) Friedrich **wird** schon **trainieren**, bevor wir ihn sehen.

b. Like the future tense, the future perfect is often used to express probability with adverbs such as **wohl**, **wahrscheinlich**, **vermutlich**, and **vielleicht**.

Markus <u>wird</u> **wohl** müde gewesen <u>sein</u>.   *Markus was probably tired.*

||||||▌ Übungen

A. *Bilden Sie Sätze im Futur II aus den angegebenen Satzteilen.*

1. ich / fahren / nach Berlin / für / der Wettlauf
2. du / brechen / der Rekord / bis / nächst– Woche
3. die Fußballspielerin / schießen / ein Tor / bis / zu / das Ende / das Spiel
4. bis / heute abend / wir / laufen / drei Kilometer
5. der Sponsor / anrufen / schon / der Athlet

B. Was bedeuten die folgenden Sätze?

1. Diese Mannschaft hat verloren. Sie wird wohl schlecht gespielt haben.
2. Kurt Müller und Bernd Schmidt sind sehr muskulös. Sie werden wohl viel Sport in ihrer Jugend getrieben haben.
3. Alle Spieler verlassen das Stadion. Das Fußballspiel wird wohl zu Ende sein.
4. Ihr trainiert drei Stunden täglich. Ihr werdet wohl fit sein.

Interaktionen und Situationen

A. Beschreiben Sie die Sporteinrichtungen Ihres Campuses mit einem Partner/einer Partnerin. Benutzen Sie das Präsens und so viele Präpositionen wie möglich.

B.   Stellen Sie einem Mitstudenten/einer Mitstudentin die folgenden Fragen. Tauschen Sie dann die Rollen.

1. Was machst du in deiner Freizeit?
2. Treibst du gern Sport? Warum? Warum nicht?
3. Was für Sportarten interessieren dich am meisten? am wenigsten?
4. Wohin gehst du, wenn du Tennis/Fußball/Handball spielen willst? Wo kannst du schwimmen/Schi laufen/Golf spielen?

C. In Gruppen zu dritt stellen Sie einander Fragen im Futur I. Benutzen Sie den Wortschatz da unten oder andere Wörter aus der Wortschatzliste des Kapitels.

Beispiel: —Was wirst du nächste Woche tun?
—Nächste Woche werde ich Tennis spielen.

—Werden deine Eltern nächsten Monat Schi laufen?
—Nein, ich denke, daß sie nächsten Monat auf dem See segeln werden.

nächste Woche nächsten Monat	du deine Eltern	in die USA	segeln joggen

nächstes Jahr	dein Freund/deine Freundin	in der Turnhalle	reisen
im Jahre 1996	dein Zimmergenosse/ deine Zimmergenossin	im Hallenbad	Wasserski fahren
eines Tages	deine Freunde/ deine Freundinnen	auf dem Stadion	**Schi laufen**
in drei Tagen	dein Großvater/ deine Großmutter	in der Schweiz	Volleyball spielen
in zwei Wochen	dein Bruder/deine Schwester	ins Schwimmbad	**Tennis spielen** wandern
in sechs Monaten	dein Nachbar/ deine Nachbarin	durch den Wald **auf dem See**	schwimmen gehen

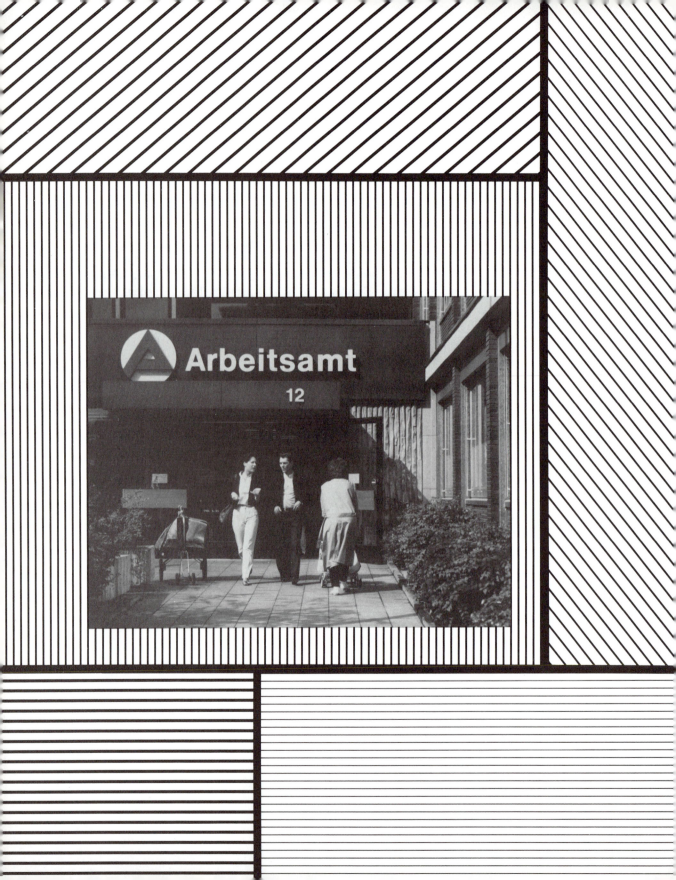

Kapitel 7

Die Arbeitswelt

Auf den ersten Blick

Reflexive verbs and reflexive pronouns

Infinitives with and without **zu**

Als, **wenn**, and **wann**

Ans Ziel

Talking about reflexive and reciprocal actions

Expressing goals, intentions, and desires

Beim Arbeitsamt

Kulturelles

Heike, die gestern ihr erstes Vorstellungsgespräch° gehabt hat, schreibt ihrem *job interview*
Freund Wilhelm, um ihm zu erzählen, wie es gelaufen ist.

Lieber Willi!

Wie Du schon bestimmt weißt, – sicherlich hat Dir meine Mutter schon alles
erzählt! – habe ich einen Monat lang die Stellenangebote° der Zeitung gelesen, *help-wanted ads* 5
weil ich mir einen Sommerjob suchte. Ich habe schon viele Kurse in Marketing
belegt, aber ich habe wenig praktische Erfahrung auf diesem Gebiet und war
daran interessiert, ein Praktikum bei einer amerikanischen Firma zu machen, um
meine Kenntnisse zu verbessern. Endlich habe ich vor einer Woche ein
interessantes Angebot gefunden und habe sofort ein Bewerbungsschreiben° an *letter of application* 10
den Personalchef° geschickt. Er hat mich vorgestern angerufen, und ich habe *personnel manager*
mich gestern mit ihm getroffen.

Zum Glück hat er mich nicht lange warten lassen. Als er mich ins Büro
hereinkommen sah, hat er mich sofort angelächelt, so daß ich mich wirklich
besser gefühlt habe. Er hatte wahrscheinlich bemerkt, daß ich nervös war. Da 15
er mich interviewen wollte, begann er, mir allerlei Fragen zu stellen. Das war
nicht schwer, sie zu beantworten.

Ich habe ihm gesagt, daß ich mich für die Stellung sehr interessierte. Es
scheint nämlich ein sehr abwechslungsreicher° Job zu sein. Ich werde in der *varied*
Verkaufsabteilung° arbeiten und werde oft mit den Kunden° der Firma in *sales department/clients* 20
Kontakt sein. Ich habe vergessen, Dir zu sagen, daß die Firma „Windsor
Diffusion" heißt und daß es sich um eine Im- und Export Firma handelt, die sich
auf Luxusartikel aus dem Orient spezialisiert. Da dieses Unternehmen° ziemlich *firm*
groß ist, einhundertfünfundvierzig Personen sind hier angestellt, und viele
Kunden hat, werde ich bestimmt sehr beschäftigt° sein! Aber Du weißt, wie *busy* 25
dynamisch und motiviert ich bin!

Ich habe Herrn Kunz, dem Personalchef der Firma, gesagt, daß ich schon
zwei Praktika in zwei verschiedenen Unternehmen in Deutschland gemacht
habe und daß ich gute Fremdsprachenkenntnisse habe. Da ich auch gut mit der
Maschine schreiben° kann und mit Computern vertraut° bin, habe ich ihm *mit . . . : type/familiar* 30
erklärt, daß ich mich schnell an das Arbeitsklima einer amerikanischen Firma
gewöhnen würde. Da wollte er wissen, ob meine beiden Praktika mir gefallen
hätten. Ich habe ihm gesagt, daß ich als Sekretärin gearbeitet hatte, als ich noch
bei der Firma Weizäcker war. Wenn etwas Schlimmes passierte, oder wenn die
Kunden sich bei jemandem beklagen wollten, riefen sie mich immer an. Das war 35
wirklich peinlich! Herr Kunz lachte und fragte mich, wann ich beginnen wollte.

„Wann kann ich beginnen?", habe ich ihn gefragt.

„Sofort, wenn Sie wollen. Ich stelle Sie ein°", hat er geantwortet. *stelle . . . ein: hire*

employment agency

Dich ... beworben: applied

overtime/ambitious

Im ganzen gesehen ist alles sehr gut gelaufen. Ich habe jetzt einen Job und werde nicht zum Arbeitsamt° gehen müssen. Wie schön!

40

Schreibe mir bald und erzähle mir von Deiner neuen Arbeit. Bei was für einer Firma arbeitest Du? Wie hast Du Dich um die Stelle beworben°? Machst Du schon Überstunden°? Ich weiß, wie ehrgeizig° Du bist! Erzähle mir alles! Bis bald

Heike

Fragen

1. In welchem Fach hat Heike schon viele Kurse belegt?
2. Warum ist sie daran interessiert, ein Praktikum bei einer amerikanischen Firma zu machen?
3. Wem hat sich Heike vorgestellt? Warum?
4. Für was für eine Firma wird Heike arbeiten?
5. Was für eine Arbeit wird sie machen?
6. Was hält Heike von dieser Stellung?
7. Warum ist sie froh, diesen Job gefunden zu haben?
8. Was will Heike über Willi wissen?
9. Haben Sie schon einen Sommerjob gesucht? Was für eine Arbeit war es? Wieviele Stunden in der Woche haben Sie gearbeitet?

||||||▌ Wortschatz

Sinnverwandte Wörter

der **Bankier** (–s)
der **Boß** (**Bosse**)
der **Computer** (–)
die **Firma** (die **Firmen**)
der **Generaldirektor** (–en) / die **Generaldirektorin** (–nen)
die **Industrie** (–n)
der **Ingenieur** (–e) / die **Ingenieurin** (–nen)
der **Job** (–s)
der **Konflikt** (–e)
der **Manager** (–)
die **Maschine** (–n)
das **Produkt** (–e)
der **Sekretär** (–e) / die **Sekretärin** (–nen)
der **Streik** (–s)

dynamisch
motiviert

Bankrott machen
streiken

Das Geschäftsleben

das **Angebot** (**–e**) supply ≠ die **Nachfrage** (**–n**) demand
der **Arbeitgeber** (**–**) / die **Arbeitgeberin** (**–nen**) employer
der **Arbeitnehmer** (**–**) / die **Arbeitnehmerin** (**–nen**) employee
das **Arbeitsamt** (**˝er**) = die **Stellenvermittlung** (**–en**) employment agency
der/die **Arbeitslose** (*adj. noun*) unemployed person
die **Arbeitslosigkeit** (*no pl.*) unemployment
die **Ausbildung** (*no pl.*) training, education
die **Beförderung** (**–en**) promotion
der **Beruf** (**–e**) profession
der **Betrieb** (**–e**) = das **Unternehmen** (**–**) firm
der **Betriebsleiter** (**–**) / die **Betriebsleiterin** (**–nen**) company manager
der **Bewerber** (**–**) / die **Bewerberin** (**–nen**) candidate
die **Bewerbung** (**–en**) application
der **Chef** (**–s**) / die **Chefin** (**–nen**) = der **Boß** (**–sse**)
die **Entlassung** (**–en**) = die **Kündigung** (**–en**) dismissal
die **Fabrik** (**–en**) factory
das **Geschäft** (**–e**) business
die **Konkurrenz** (*no pl.*) competition
der **Kunde** (**–n, –n**) / die **Kundin** (**–nen**) customer
der **Lebenslauf** (*no pl.*) = das **Bewerbungsschreiben** (**–**) résumé
der **Lohn** (**˝e**) salary
die **Lohnerhöhung** (**–en**) raise in salary
der **Personalchef** (**–s**) personnel manager
die **Sozialleistung** (**–en**) benefit
die **Stelle** (**–n**) = die **Position** (**–en**) job, position

das **Stellenangebot** (**–e**) job opportunity, help-wanted ad
das **Stellengesuch** (**–e**) application for a job or position
der **Urlaub** (**–e**) vacation
das **Vorstellungsgespräch** (**–e**) job interview

Einige Berufe

der/die **Angestellte** (*adj. noun*) employee
der **Anwalt** (**˝e**) / die **Anwältin** (**–nen**) lawyer
der **Arbeiter** (**–**) / die **Arbeiterin** (**–nen**) blue-collar worker, laborer
der **Beamte** (**–n, –n**) / die **Beamtin** (**–nen**) government employee
der **Börsenmakler** (**–**) / die **Börsenmaklerin** (**–nen**) stock broker
der **EDV-Fachmann** (**Fachleute**) / die **EDV-Fachfrau** (**–en**) computer specialist
    EDV = elektronische Datenverarbeitung
der **Gastarbeiter** (**–**) / die **Gastarbeiterin** (**–nen**) guest worker (worker from a foreign country)
der **Handelsvertreter** (**–**) / die **Handelsvertreterin** (**–nen**) sales representative

der **Kaufmann (Kaufleute)** / die **Kauffrau (–en)** merchant
der **Tierarzt (¨e)** / die **Tierärztin (–nen)** veterinarian
der **Verkäufer (–)** / die **Verkäuferin (–nen)** salesman/woman
der **Verkaufsleiter (–)** / die **Verkaufsleiterin (–nen)** sales manager
der **Wissenschaftler (–)** / die **Wissenschaftlerin (–nen)** scientist

Adjektive

arbeitslos unemployed
beschäftigt busy; employed
ehrgeizig ambitious
engagiert committed
erfahren experienced ≠ unerfahren
fleißig hard-working

hochqualifiziert highly qualified
konkurrenzfähig competitive
leistungsfähig efficient
selbständig self-reliant; self-employed
verantwortlich für responsible for

Verben

auf•bauen = gründen to set up (a business)
befördern to promote
ein•stellen to hire
entlassen (ä, ie, a) to lay off
kündigen to give one's notice
leiten to run (a company)
verdienen to earn, to make (money)
versetzen to transfer
sich bewerben (i, a, o) um (+ *acc.*) to apply for
sich freuen auf (+ *acc.*) to look forward to
sich freuen über (+ *acc.*) to be pleased about
sich vor•stellen to introduce oneself; to go for an interview

Ausdrücke

Markus will sein eigenes Unternehmen aufbauen (gründen).
Markus wants to set up his own business.

Monika leitet ein kleines Unternehmen.
Monika runs a small enterprise.

Sie verdient viel Geld.
She makes a lot of money.

Er arbeitet in einem Büro / in einer Fabrik.
He works in an office / in a factory.

Willst du dich um eine Stelle bewerben?
Do you want to apply for a position?

Machst du Überstunden?
Do you work overtime?

Kurt arbeitet am Fließband.
Kurt works on the assembly line.

Tanja meistert zwei Fremdsprachen.
Tanja speaks two foreign languages very well.

Sie arbeitet halbtags.
She works part time.

Können Sie Schreibmaschine schreiben?	Can you type?
Ich möchte mich selbständig machen.	I would like to be self-employed.
Sie haben ihn zum Direktor befördert, weil er viel Erfahrung hatte.	They promoted him to the position of director, because he had a lot of experience.
Wann hast du heute Feierabend?	When are you done working today?

Arbeiter am Fließband in einer VW-Fabrik

‖‖‖‖‖ Wir sind dran!

A. Ergänzen Sie den folgenden Brief mit geeigneten Wörtern aus der Liste.

die Firma   arbeitslos   das Stellenangebot   die Ausbildung
die Lohnerhöhung   der Boß   der Verkaufsleiter   einstellen
der Lebenslauf   die Stelle   der Job   verdienen

Als ich dieses _____ in der Zeitung gelesen habe, hat es mich

sehr interessiert. Sofort habe ich einen Brief mit meinem _____

an den _____ der _____ geschickt.

Eine Woche später hat er mich angerufen.

Er hat mir gesagt, daß meine _____ sehr gut sei und er hat mir

einige Fragen über meine früheren _____ gestellt. Ich habe viel

Glück gehabt, denn er hat mich sofort _____ .

Ich arbeite jetzt schon drei Jahre bei dieser Firma. Ich _____ viel

Geld, aber ich habe letzlich keine _____ bekommen. Mein

_____ hat mir gesagt, daß es daher komme, daß ich kein Englisch

sprechen kann. Trotz allem freue ich mich diese _____ zu haben,

denn ich habe viele Freunde, die noch _____ sind.

B. *Lesen Sie die folgenden Sätze und sagen Sie, welchen Beruf die Mitglieder der Familie Lohmann ausüben. Benutzen Sie die folgende Liste.*

die Ingenieurin   die Sekretärin   der Arbeiter   der Verkaufsleiter
die Generaldirektorin   der Bankier

1. Thomas, der Familienvater, arbeitet am Fließband in einer Fabrik.
2. Birgit, seine Tochter, ist in einem Unternehmen beschäftigt. Sie tippt Briefe, bedient das Telefon, benutzt den Computer.
3. Markus, der fünfundzwanzigjährige Sohn, verkauft Waren an verschiedene Kunden.
4. Onkel Franz besitzt eine Bank.
5. Anja, die Mutter, ist Technikerin. Ihre Ausbildung hat sie an einer Hochschule bekommen.
6. Tante Emma leitet ein großes Unternehmen von zwei tausend Angestellten.

C. *Ergänzen Sie mit passenden Wörtern.*

1. Helmut wollte einen kleinen Betrieb (*to found*).
2. Letztes Jahr hat mich meine Firma nach Kanada (*transferred*).
3. Als sein Chef ihn (*laid off*), mußte er sich um eine andere (*position*) bewerben.
4. Weil ich viele (*overtime*) mache, (*to earn*) ich viel Geld.
5. Während Thomas vierzig Stunden pro Woche arbeitet, arbeitet seine Frau nur (*part time*).

6. Es ist immer leichter, eine gute Stelle zu finden, wenn man mindestens eine Fremdsprache (*speaks very well*).
7. Vor zwei Monaten hat er sich (*started his own business*).
8. (*Efficient*) Arbeiter und (*hard working*) Angestellte bekommen oft (*raises*).
9. Kristina ist so (*ambitious*); später will sie (*chief executive officer*) werden und ihr eigenes Unternehmen (*to run*).
10. Wenn man (*unemployed*) ist, muß man sich um neue Stellen (*to apply*).

D. *Finden Sie einen Partner/eine Partnerin und interviewen Sie ihn/sie. Tauschen Sie dann die Rollen.*

1. Was machst du, um einen Job zu finden?
2. Was für Ferienjobs hast du schon gehabt?
3. Welche Berufe interessieren dich am meisten?
4. Möchtest du im Ausland arbeiten? Wo? Warum? Warum nicht?
5. Möchtest du dich selbständig machen oder möchtest du eher für einen Chef/eine Chefin arbeiten?

Grammatik

Reflexive Verbs and Reflexive Pronouns
(Reflexivverben und Reflexivpronomen)

Wir haben *uns* in seinem Büro *getroffen*. Ich habe ihm gesagt, daß ich *mich* für die Stellung sehr *interessierte*. Ich habe vergessen, Dir zu sagen, daß die Firma „Windsor Diffusion" heißt und daß es *sich* um eine Im- und Export Firma *handelt*, die *sich* auf Luxusartikel aus dem Orient *spezialisiert*. Ich habe dem Personalchef erklärt, daß ich *mich* schnell an das Arbeitsklima einer amerikanischen Firma *gewöhnen* würde. Da wollte er wissen, ob ich *mich* darauf *freute*, in der Verkaufsabteilung zu arbeiten.

Reflexive verbs are in italics, e.g., Wir haben *uns* in seinem Büro *getroffen*.

Reflexive verbs are usually used to talk about something one does to or for oneself. It is helpful to remember that the subject and object of the reflexive verb are the same person or thing.

sich selbständig machen: Ich **mache mich** selbständig.
sich vorstellen: Du **stellst dich** dem Manager **vor**.
sich bewerben: Hans **bewirbt sich** um eine interessante Stelle.

Reflexive verbs normally consist of a transitive verb and an accusative or dative pronoun. All transitive verbs can be used reflexively in German. As with all noun phrases and pronouns, the case of a reflexive object is determined by its function in the sentence: direct object, indirect object, or object of a preposition.

Reflexive Verb with Accusative Pronoun	
sich selbstständig machen	
ich mache **mich** selbstständig	wir machen **uns** selbstständig
du machst **dich** selbstständig	ihr macht **euch** selbstständig
	sie machen **sich** selbstständig
er sie } macht **sich** selbstständig es	Sie machen **sich** selbstständig

Reflexive Verb with Dative Pronoun	
sich die Zeitung kaufen	
ich kaufe **mir** die Zeitung	wir kaufen **uns** die Zeitung
du kaufst **dir** die Zeitung	ihr kauft **euch** die Zeitung
	sie kaufen **sich** die Zeitung
er sie } kauft **sich** die Zeitung es	Sie kaufen **sich** die Zeitung

NOTES

a. Accusative reflexive pronouns are identical to the accusative personal pronouns, except in the **er/sie/es–** and **Sie-**forms (**sich**).

b. The dative reflexive pronouns are identical to the dative personal pronouns except in the **er/sie/es–** and **Sie-**forms (**sich**).

c. When reflexive verbs are followed by a direct object in addition to the reflexive pronoun, the reflexive pronoun must be in the dative case.

Ich kaufe **mir** die Zeitung.
Du ziehst **dir** den Mantel an.

d. Unlike in English, many personal activities that involve the body and its parts require a reflexive construction with a dative reflexive pronoun.

	Dat.	Dir. Obj.	
Ich wasche	**mir**	das Gesicht.	*I wash my face.*
Du kämmst	**dir**	das Haar.	*You comb your hair.*
Er/sie wäscht	**sich**	die Hände.	*He/she washes his/her hands.*
Wir rasieren	**uns**	den Bart.	*We shave our beards.*
Ihr bürstet	**euch**	die Haare.	*You brush your hair.*
Sie/sie schneiden	**sich**	die Nägel.	*You/they clip your/their nails.*

e. Reflexive pronouns usually follow the verb in normal word order. With inverted word order or dependent clauses, the reflexive pronoun follows the personal pronoun subject but precedes all other sentence elements.

Word Order with Reflexive Pronouns		
	Pronoun Subject	**Noun Subject**
Normal Word Order	Er hat **sich** bei seinem Boß über seine Entlassung beklagt[1].	Thomas hat **sich** bei seinem Boß über seine Entlassung beklagt.
Inverted Word Order	Bei seinem Boß hat er **sich** über seine Entlassung beklagt.	Bei seinem Boß hat **sich** Thomas über seine Entlassung beklagt.
Dependent Clauses	Wissen Sie, daß er **sich** bei seinem Boß beklagt hat?	Wissen Sie, daß **sich** Thomas bei seinem Boß beklagt hat?
Questions	Hat er **sich** bei seinem Boß beklagt?	Hat **sich** Thomas bei seinem Boß beklagt?

f. In the imperative, the reflexive pronoun immediately follows the verb in the **du–** and **ihr–**forms. It follows the subject in the **wir–** and **Sie–**forms.

sich beeilen *to hurry*

Thomas, beeile **dich**!
Beeilen wir **uns**!

Michaela und Nicole, beeilt **euch**!
Beeilen Sie **sich**, Fräulein Tannenbaum!

g. All reflexive verbs are conjugated with **haben** in the present perfect and past perfect.

Ich habe/hatte mich an mein neues Leben gut gewöhnt.   *I have/had gotten used to my new life.*

[1] **sich beklagen** = to complain

„Beeilen Sie sich, Fräulein Tannenbaum!"

‖‖‖‖‖‖ Übungen

A. Ersetzen Sie die Pronomen und ändern Sie die Verbformen.

1. Ich wasche mich zweimal täglich. (du, er, wir)
2. Du kämmst dich, bevor du ausgehst. (ich, Sie, ihr)
3. Wir interessierten uns für dieses Produkt. (sie, du, Sie)
4. Ihr müßt euch nicht irren. (ich, wir, sie)
5. Sie haben sich an das Tempo der Maschine nicht gewöhnt. (er, wir, ihr)

B. Ergänzen Sie mit den richtigen Reflexivpronomen.

1. Thomas rasiert _____ den Bart jeden Tag.

2. Ich muß _____ die Hände waschen.

3. Die Sekretärin macht _____ eine Tasse Kaffee.

4. Du wolltest _____ neue Brieffreunde machen.

5. Solltet ihr _____ diese Zeitschrift kaufen?

6. Am Abend müssen wir _____ die Zähne putzen.

7. Herr Meier, sollen Sie _____ die Haare schneiden?

8. Ich kann _____ jetzt das Haar kämmen.

C. Ergänzen Sie die Sätze mit Reflexivpronomen und setzen Sie sie dann ins Perfekt.

1. Meine Chefin ärgert _____, weil ich viele Tippfehler mache.

2. Du erinnerst _____ an deinen ersten Arbeitstag.

3. Ich langweile _____ immer am Wochenende.

4. Manchmal beeilen wir _____, um nicht spät zu sein.

5. Interessieren Sie _____ für dieses Produkt?

6. Warum beklagt ihr _____ immer wieder?

7. Fräulein Altmann, Sie erkälten _____ noch einmal.

8. Gewöhnen _____ die neuen Angestellten an ihr neues Arbeitsklima?

D. *Setzen Sie die Verben in den Imperativ.*

Beispiel: Thomas, (sich beeilen)!
               Thomas, beeile dich!

1. Frau Müller, (sich beklagen) nicht immer!
2. Bernd, (sich ärgern) nicht!
3. Kinder, (sich erkälten) nicht!
4. Gretchen, (sich holen) die Zeitung!
5. Wilhelm, (sich freuen) auf deinen neuen Job!
6. Hans, (sich waschen) doch die Hände!

Erweiterung

a. Unlike in English, reflexive verbs are used frequently in German. Some German verbs, for instance, are always reflexive. Here are a few common ones with their English definitions. Note that these verbs are not reflexive in English.

Verbs That Are Always Reflexive

sich beeilen *to hurry*	Beeile dich, sonst kommst du spät an.	Hurry up, or else you will arrive late.
sich erkälten *to catch a cold*	Zieh deinen Mantel an, sonst erkältest du dich bestimmt!	Put on your coat, or else you'll certainly catch a cold!
sich irren *to make a mistake*	Ich glaube, daß ich mich geirrt habe.	I think that I made a mistake.
sich schämen *to be ashamed of*	Er schämt sich, weil er arbeitslos ist.	He is ashamed because he is unemployed.
sich weigern *to refuse*	Sie weigert sich, zum Arbeitsamt zu gehen.	She refuses to go to the employment agency.

b. When the subject and the prepositional object refer to the same person, the prepositional object takes the case required by the preposition.

denken an (+ *acc.*)	Ich denke nur an **mich**.	*I think only of myself.*
sprechen von (+ *dat.*)	Ich spreche nur von **mir**.	*I talk only about myself.*
sich kümmern um (+ *acc.*)	Du kümmerst dich immer um **dich**.	*You take care of only yourself.*
zweifeln an (+ *dat.*)	Du zweifelst nur an **dir**.	*You only doubt yourself.*

c. To intensify the reflexivity of an action, the pronoun **selbst** (or **selber** in colloquial German) may be added after the reflexive pronoun.

Das Kind hat sich **selbst** gewaschen.	*The child washed himself.*

Selbst and **selber**, which are invariable, can also be used in non-reflexive sentences.

Mein Chef repariert seinen Computer **selbst**.	*My boss repairs his computer himself.*

Mein Boß repariert den Computer selbst.

d. Reflexive pronouns can be used to express reciprocal actions. **Einander** (each other/one another) is often substituted to avoid confusion.

Ambiguous sentence:

Thomas und Gertrud
  kennen **sich** gut.

Thomas and Gertrud know *themselves* well.
Thomas and Gertrud know *each other* well.

Unequivocal sentence:

Thomas und Gertrud
  kennen **einander** gut.

Thomas and Gertrud know *each other* well.

Ambiguous sentence:

Ihr kauft **euch** Geschenke.

You are buying presents for *yourselves*.
You are buying presents for *one another*.

Unequivocal sentence:

Ihr kauft **einander**
Geschenke.

You are buying presents for *one another*.

||||||▌ Übungen

A. Schreiben Sie Sätze im Futur mit Reflexivverben aus der folgenden Liste.

sich weigern zu (+ *dat.*)   sich beklagen   sich erinnern an (+ *acc.*)
sich langweilen   sich erkälten   sich fühlen

Beispiel: Obwohl es draußen sehr kalt ist, geht Tanja ohne Mantel aus.
  Tanja wird sich bestimmt erkälten.

1. Trotz seiner guten Arbeit hat Carstens Chef ihm keine Lohnerhöhung gegeben.
2. Ich habe heute frei, aber das Wetter ist regnerisch und im Fernsehen ist auch nichts gut.
3. Euer Boß will, daß ihr für ihn in den USA arbeitet, aber ihr wollt Deutschland nicht verlassen.
4. Heute hast du deine Beförderung mit Kollegen gefeiert. Du hast viel Spaß gehabt. Das war wirklich eine gute Party.
5. Der Mann haßte seine Arbeit in der Fabrik. Er ist daran krank geworden. Jetzt nimmt er Medikamente ein, die auf ihn gut wirken.

B. Geben Sie Ihren Kollegen Ratschläge! Benutzen Sie die Reflexivverben in Klammern.

1. Rolf, (sich setzen) nicht auf meinen Stuhl!
2. Herr Meier, (sich machen) keine Sorgen!
3. Anna und Traudel, (sich streiten) nicht immer im Büro!
4. Michaela, (sich waschen) die Hände, bevor du mir die Hand schüttelst!
5. Helmut, (sich kümmern) um deine eigenen Angelegenheiten!
6. Herr und Frau Hiller, (sich beeilen). Sie sind spät!
7. Heidi, (sich ausziehen) den Pullover! Hier ist es so warm!
8. Kurt, (sich kämmen). Dein Haar ist ganz struppig!

C. Erzählen Sie davon, was Heike heute morgen vor ihrem ersten Vorstellungsgespräch gemacht hat. Bilden Sie Ihre Sätze im Perfekt und benutzen Sie so viele Reflexivverben wie möglich. Sie können die folgenden Verben und Ausdrücke gebrauchen:

sich duschen *to take a shower*	**sich die Zähne putzen**
sich kämmen *to comb*	**sich anziehen (o, o)**
sich rasieren *to shave*	**sich beeilen**
sich waschen (ä, u, a)	**sich vorstellen**
sich die Zeitung holen	**sich freuen über**
sich Kaffee machen	
sich ein Brot mit Butter und Marmelade belegen	

Beispiel: Heute morgen hat sie sich zuerst geduscht.

Erzählen Sie dann, was Sie selber heute morgen gemacht haben.

Infinitives with and without *zu*
(Infinitivkonstruktionen mit und ohne *zu*)

Ich war daran interessiert, ein Praktikum bei einer amerikanischen Firma *zu machen, um* meine Kenntnisse *zu verbessern.* Zum Glück hat mich Herr Kunz, der Personalchef der Firma Windsor Diffusion, nicht lange **warten lassen.** Als er mich ins Büro **hereinkommen** sah, hat er mich sofort angelächelt. Da er mich **interviewen** wollte, begann er, mir allerlei Fragen *zu stellen.* Das war nicht schwer, sie *zu beantworten.*

Infinitive constructions with **zu** are in italics, e.g., Ich war daran interessiert, ein Praktikum . . . *zu machen.*
Infinitive constructions without **zu** are in boldface, e.g., Herr Kunz hat mich nicht . . . **warten lassen.**

‖‖‖▌ Infinitive without *zu* (Der Inifinitiv ohne *zu*)

Like the modal verbs, the verbs of perception and **gehen**, **helfen**, **lassen**, and **lernen** are usually followed by an infinitive without **zu** placed at the end of the main clause.

Infinitives without *zu*	
Present Tense	
Modals	*Rolf muß morgen um acht in die Fabrik* **gehen**.
Verbs of Perception: *sehen* *hören* *fühlen*	Er **sieht** mich ins Büro **hereinkommen**. **Hören** Sie den Motor **brummen**? **Fühlst** du mein Herz **schlagen**?
gehen *helfen* *lassen* *lernen*	Um wieviel Uhr **geht** ihr **arbeiten**? **Hilf** mir die Maschine **reparieren**! Herr Meier **läßt** die Firma Bankrott **machen**. Fräulein Neumann **lernt** Schreibmaschine **schreiben**.

Present Perfect and Past Perfect Tenses	
Modals	*Rolf hat eine Lohnerhöhung* **bekommen wollen.** *Birgit hatte Herrn Kunz* **anrufen müssen.**
Verbs of Perception: *sehen* *hören* *fühlen*	Habt ihr die Chefin **ausgehen sehen?** Er hatte mich **telefonieren hören.** Hast du mein Herz **schlagen fühlen?**
gehen[2] *helfen* *lassen* *lernen*[2]	Anton hat mir das Auto **waschen helfen.** Der Generaldirektor hat uns zwei Stunden **warten lassen.**

NOTES:

a. The verbs of perception are followed by an object in the accusative case.

Er singt. Ich habe *ihn* gehört.

Ich habe **ihn** singen hören.   *I heard him singing.*

Du sprichst mit der Chefin. Thomas hat **dich** gesehen.

Thomas hat **dich** mit der Chefin   *Thomas saw you talk to the boss.*
 sprechen sehen.

b. In the present perfect and past perfect tenses, a double infinitive construction is used with all modals, the verbs of perception, and the verbs **helfen** and **lassen**.

Rolf hat eine Lohnerhöhung **bekommen wollen.**
 Habt ihr die Chefin **ausgehen sehen?**

c. Instead of a double infinitive construction, a past participle can be used with **helfen, hören,** and **fühlen**.

Er hatte mir das Auto waschen geholfen/helfen.
 Ihr habt die Maschine stottern gehört/hören.
 Hast du mein Herz schlagen gefühlt/fühlen?

---

[2]With these verbs a past participle is used instead of a double-infinitive construction: Er ist arbeiten **gegangen.** Sie hat Tennis spielen **gelernt.**

Erweiterung

In dependent clauses in the present perfect and past perfect tenses, the auxilliary precedes the double infinitive, which is placed at the end of the clause. It is the *only* time when the conjugated verb does not occur in the final position in a dependent clause.

Ich glaube, daß Rolf heute morgen um neun ins Büro **hat gehen müssen**.

I think that Rolf had to go to the office at nine this morning.

Weißt du, ob sie die Chefin **hatte ausgehen sehen?**

Do you know whether she had seen the boss go out?

Es ist klar, daß er ihn **hat entlassen wollen**.

It's obvious that he wanted to dismiss him.

||||||▌ Übungen

A. Benutzen Sie Verben, um die folgenden Sätze zu beenden. Verwenden Sie die Wörter und Ausdrücke aus dieser Wortschatzliste:

Bankrott	reparieren
der Lebenslauf	machen
der Chef	telefonieren
der Computer	streiken
die Maschine	sich bewerben
die Angestellte	gehen
die Gastarbeiter (*pl.*)	einstellen
die Sekretärin	entlassen
der Bankier	sprechen
Überstunden	schreiben
das Arbeitsamt	arbeiten

1. Herr Kurt, können Sie . . .
2. Gerd, laß mich . . .
3. Fräulein Müller und ihre Kollegin sahen . . .
4. Helfen Sie mir . . .
5. Der Angestellte hörte . . .
6. Diese Firma muß . . .
7. Könnt ihr . . .
8. Gehst du oft . . .
9. Der Generaldirektor ließ . . .
10. Mein Freund war arbeitslos und mußte . . .

B. Setzen Sie die folgenden Sätze zuerst ins Perfekt, dann ins Plusquamperfekt.

1. Die Anwältin ließ mich rufen.
2. Siehst du den Vertreter der Firma Baumann jede Woche?

3. Er wollte eine Lohnerhöhung bekommen.
4. Kannst du zum Arbeitsamt gehen?
5. Die Firma mußte viele Gastarbeiter entlassen.
6. Sehen sie die Arbeiter aus der Fabrik kommen?
7. Mein Freund sollte ein Unternehmen in Berlin aufbauen.
8. Hörst du die Autos vorbeifahren?
9. Meine Kollegin hilft mir beim Tippen der Briefe.
10. Läßt er ein neues Haus bauen?

C. *Beginnen Sie die Sätze unten mit den folgenden Satzteilen. Vergessen Sie nicht, die Wortstellung in den Nebensätzen zu ändern. Ich denke, daß . . .; Glaubst du, daß . . .; Man sagt, daß . . .*

1. Du hast Johann die Maschine reparieren lassen.
2. Wir hatten die Arbeiter am Fließband arbeiten sehen.
3. Agnes hat den Brief tippen müssen.
4. Ihr hattet den Motor brummen hören.
5. Fräulein Frisch hat nach Salzburg fahren wollen.

Personalchef beim Vorstellungsgespräch

||||||▉ Infinitives with *zu* (Der Infinitiv mit *zu*)

With verbs other than those listed in the previous section, the infinitive is always preceded by **zu** and is placed at the end of the dependent clause.

The subject of an infinitive phrase is either indefinite (a generality) or the subject of the main sentence.

Subject of Infinitive Phrase = Indefinite (a Generality)

[Es ist nicht einfach], eine
Fremdsprache **zu** meistern.

*It is not easy to master a foreign
language.*

Subject of Infinitive Phrase = Subject of Main Sentence

[Ich] habe angefangen, die
Stellenangebote der Zeitung
zu lesen.

*I have started to read the help-wanted
ads in the newspaper.*

Hast [du] es noch nötig,
Überstunden **zu** machen?

Do you still have to work overtime?

Here are a few common expressions that are always followed by an infinitive
construction with **zu**.

Es ist leicht / möglich / wichtig / schwer / angenehm . . . Es ist nicht leicht, einen Sommerjob zu finden.	*It is easy / possible / important / difficult / pleasant . . .* It is not easy to find a summer job.
Es macht (keinen) Spaß . . . Es macht Spaß, nach Feierabend ins Kino zu gehen.	*It's (not) fun . . .* It's fun to go to the movies after work.
Ich habe (keine) Lust . . . Ich habe keine Lust, in die USA zu emigrieren.	*I (don't) feel like . . .* I don't feel like emigrating to the U.S.

Erweiterung

a. If **zu** + infinitive are preceded by objects or modifiers, a comma is inserted
between the main clause and the infinitive phrase. Otherwise no comma is
necessary.

Compare:

Hast du Lust zu arbeiten?

Do you feel like working?

Hast du Lust, bei dieser Firma
zu arbeiten?

*Do you feel like working for
this company?*

Since **bei dieser Firma** is a modifier, the comma is necessary.

b. If the verb has a separable prefix, **zu** is inserted between the prefix and the verb.

Der Direktor dieser Firma hat angefangen, viele ausländische Angestellte **einzustellen**.	*The director of this company has started to hire many foreign employees.*
In welchem Jahr war es dir möglich, dieses Unternehmen **aufzubauen**?	*In what year were you able to start this business?*

c. Sometimes an infinitive clause can be introduced by an infinitive conjunction such as **um** (*in order to*), **anstatt/statt** (*instead of*), and **ohne** (*without*). The infinitive is preceded by **zu** and is placed at the end of the infinitive clause.

Herr Heilig studiert Deutsch, **um** eine interessante Stelle in der Schweiz **zu finden**.	*Mr. Heilig is studying German (in order) to find an interesting position in Switzerland.*
Anstatt/Statt sich selbstständig **zu machen**, hat Kurt beschlossen, als Vertreter bei Firma Weizmüller zu arbeiten.	*Instead of starting his own business, Kurt decided to work as a representative for Weizmüller & Co.*
Sie haben den Gastarbeiter entlassen, **ohne** ihm ein Wort **zu sagen**.	*They laid off the guest worker, without saying a word to him.*

d. If an infinitive clause precedes the main clause, the main clause uses inverted word order.

Ohne ihm ein Wort zu sagen, haben sie den Gastarbeiter entlassen.	*Without saying a word to him, they laid off the guest worker.*
Um eine interessante Stelle in der Schweiz zu finden, studiert Herr Heilig Deutsch.	*In order to find an interesting position in Switzerland, Mr. Heilig is studying German.*

||||||▌ Übungen

A. Beenden Sie die Sätze mit den angegebenen Satzteilen.

1. Meine Chefin hatte mich angerufen, um / mit / ich / sprechen /.
2. Fährst du nach Österreich, um / deine Kunden / besuchen /?

3. Es ist mir unmöglich, er / ohne gute Gründe / entlassen /.
4. Matthias ist es müde, in / diese Fabrik / am Fließband / arbeiten /.
5. Habt ihr es nötig, samstags / Überstunden / machen /?
6. Wird es Ihnen Spaß machen, ein neues Unternehmen / aufbauen/?
7. Hatte der Direktor nicht versprochen, nur / deutsche Arbeiter / einstellen /?
8. Sein Boß hat meinen Freund nach Bonn versetzt, ohne / er / nach / seine Meinung / fragen /.
9. Er ist zum Arbeitsamt gegangen, anstatt / die Stellenangebote / die Zeitung / lesen /.
10. Wünschen Sie, sie / zur Verkaufsleiterin / befördern /?

B. Beginnen Sie jeden Satz mit der Infinitivkonstruktion.

1. Herr Schmidt hat mich in sein Büro kommen lassen, um mit mir über das Problem der Konkurrenz zu sprechen.
2. Gisela wird sich selbständig machen, anstatt als Angestellte bei der Firma Lohmann zu arbeiten.
3. Du kannst keine interessante Stelle finden, ohne mindestens eine Fremdsprache zu meistern.
4. Johanna bleibt lieber zu Hause, anstatt halbtags als Erzieherin zu arbeiten.
5. Man kann keinen gut bezahlten Job finden, ohne viel Erfahrung zu haben.

C. Beenden Sie die folgenden Sätze mit einer Infinitivkonstruktion mit oder ohne zu. Benutzen Sie die Wörter und Ausdrücke aus der Wortschatzliste dieses Kapitels.

1. Thomas wollte kündigen, anstatt . . .
2. Weißt du, daß Ursula Deutsch lernt, um . . .
3. Es ist nicht immer einfach, . . .
4. Hast du wirklich Lust, . . . ?
5. Es fällt mir schwer, eine Stelle als Sekretärin zu finden, denn ich kann nicht . . .
6. Um . . . , hat Dieter drei Monate in Österreich verbracht.
7. Haben Sie schon versucht, . . . ?
8. Macht es dir Spaß, . . . ?
9. Weil Franz gern selbständig sein möchte, will er . . .
10. Ohne . . . , kann eine Firma Bankrott machen.

Als, wenn, and wann

Als er mich ins Büro hereinkommen sah, hat er mich sofort angelächelt, so daß ich mich wirklich besser gefühlt habe. Da wollte er wissen, ob meine beiden Praktika mir gefallen hätten. Ich habe ihm gesagt, daß ich als Sekretärin gearbeitet hatte, **als** ich noch bei der Firma Weizäcker war. **Wenn** etwas Schlimmes passierte, oder **wenn** die Kunden sich bei jemandem beklagen wollten, riefen sie mich immer an. Das war wirklich peinlich! Herr Kunz lachte und fragte mich, **wann** ich beginnen wollte.

„**Wann** kann ich beginnen?", habe ich ihn gefragt.

„Sofort, wenn Sie wollen. Ich stelle Sie ein", hat er geantwortet.

Als (*when*)

Als is a subordinating conjunction that introduces a dependent clause. An **als**-clause refers to a unique event that took place at a definite time in the past.

Als ich eines Tages mit meinem Boß Krach hatte, beschloß ich, ganz einfach zu kündigen.	*When I had an argument with my boss one day, I simply decided to quit.*
Die Sekretärin hörte das Telefon klingeln, **als** sie ins Büro trat.	*The secretary heard the telephone ringing when she entered the office.*

NOTE:

When a person's age is mentioned in a temporal clause in the past tense, **als** must be used.

Als er vierzig Jahre alt wurde, beförderte man ihn zum Manager.	*When he was forty years old, he was promoted to the position of manager.*

Wenn (*when, whenever*)

Wenn is a subordinating conjunction that introduces a dependent clause. A **wenn**-clause can refer to a habitual or repeated action in the past, or to a present or future action or event. It has the meaning of *when* or *whenever*.

Wenn etwas Schlimmes passierte, riefen sie mich natürlich an.	*When (whenever) something bad happened, of course I was the one they called.*

Jedesmal, **wenn** wir zum Arbeitsamt gingen, lasen wir die Stellenangebote.	*Whenever we went to the employment agency, we read the job offers.*
Wenn ich müde bin, will ich nicht arbeiten gehen.	*When I am tired, I don't want to go to work.*

NOTES:

a. **Wenn** can also mean *if.* See Chapter 11 for its use in the conditional.

b. **Wenn** cannot be used as an interrogative word to ask a question relating to time.

||||||▊ Wann (*when*)

Wann is an interrogative word that is used only in direct and indirect questions. When used in direct questions, **wann** is followed by the auxiliary or the main verb.

Wann haben Sie gekündigt?	*When did you quit?*
Wann wirst du deinen Chef um eine Lohnerhöhung bitten?	*When will you ask your boss for a raise?*

When used in indirect questions, **wann** is a subordinating conjunction and introduces a dependent clause.

Ich möchte wissen, **wann** diese Gastarbeiter aus der Türkei gekommen sind.	*I would like to know when these guest workers came from Turkey.*
Er fragte mich, **wann** ich mein Studium beenden würde.	*He asked me when I would graduate.*

||||||▊ Übungen

A. *Ergänzen Sie die folgenden Sätze durch* als, wenn *oder* wann.

1. _____ meine Schwester arbeitslos wurde, ging sie sofort zum Arbeitsamt.

2. _____ wirst du Schreibmaschine schreiben lernen?

3. Wissen Sie, _____ Gisela Überstunden machen wird?

4. Ich frage mich, _____ er sein eigenes Unternehmen aufbauen wird.

5. _____ unser Computer nicht mehr funktionierte, riefen wir diesen Techniker an.

6. _____ hast du deinen Boß um eine Lohnerhöhung gebeten?

7. _____ die Gastarbeiter nach Deutschland kommen, ist es ihnen oft schwer, sich der deutschen Gesellschaft anzupassen.

8. Ich war so traurig, _____ ich hörte, daß unsere Firma fünfzig Angestellte entlassen mußte.

9. Könnten Sie mir sagen, _____ Ihr Vertreter vorbeikommen wird?

10. Im Sommer, _____ ich auf Urlaub war, arbeitete ich immer halbtags bei Firma Neuhof.

B. Ergänzen Sie die Satzteile in der ersten Spalte mit den richtigen Satzteilen aus der zweiten Spalte, um vollständige Sätze zu bilden.

Beispiel: Wenn du krank bist, bleibst du zu Hause.

1. Als ich bei der Firma ankam, . . .	weiß ich nicht.
2. **Wenn du krank bist, . . .**	wenn er mit der Generaldirektorin sprechen mußte.
3. Wann der nächste Urlaub kommt, . . .	**bleibst du zu Hause.**
4. Als wir arbeitslos waren, . . .	wann der Personalchef Anja angestellt hat?
5. Wissen Sie, . . .	gingen wir zur Stellenvermittlung.
6. Er war immer nervös, . . .	durften wir nur eine Kaffeepause am Tag haben.

▌Interaktionen und Situationen

A. Beenden Sie den folgenden Dialog mit einem Partner/einer Partnerin. Benutzen Sie die Wörter aus der Wortschatzliste und so viele Reflexivverben wie möglich.

KARL: Hast du schon einen Job gefunden, Hermann?

HERMAN: Ja, ich habe eine Stelle als Handelsvertreter gefunden. Ich freue mich sehr darüber. Die Firma ist ziemlich groß und hat viele Kunden, nicht nur in Deutschland, sondern auch im Ausland. Ich werde viel reisen müssen, was mir sehr gut gefällt.

KARL: Wie hast du die Stelle gefunden?

B. *Sehen Sie sich den folgenden Lebenslauf an und stellen Sie sich dann ein Vorstellungsgespräch zwischen Johanna und dem Personalchef der Firma Bauer vor, bei der Johanna als Verkaufsleiterin arbeiten möchte. Inszenieren Sie dieses Gespräch mit einem Partner/einer Partnerin.*

LEBENSLAUF

Persönliches

Name:	Johanna Decker
Geburtsdatum:	13 Juli 1970
Geburtsort:	München
Wohnort:	Goethestraße 10, München
Tel:	89 41 8680
Familienstand:	ledig
Staatsangehörigkeit:	deutsch

Studium: Abitur

Besondere Kenntnisse: spreche fließend Englisch und Französisch
gute Schreibmaschinenkenntnisse
Teilnahme an einem Computer Kursus bei IBM

Berufsweg

1990:	Betriebspraktikum in den USA und in Frankreich
Sommer 1991:	zweimonatige Tätigkeit als Dolmetscherin bei der Firma Klotz GmbH
Herbst 1992:	stellvertretende Verkaufsleiterin bei der Firma Waldenhaus (Möbelgeschäft)
Berufswunsch:	Verkaufsleiterin

C. *Ihr Partner/Ihre Partnerin und Sie suchen beide einen Sommerjob, um etwas Geld zu verdienen. Sie haben verschiedene Interessen und Qualifikationen. Was wollen Sie machen? Was müssen Sie machen? Wie und wo werden Sie sich um eine Stelle bewerben? Machen Sie eine Liste Ihrer Ideen und besprechen Sie die Möglichkeiten, die Sie haben, einen interessanten Job zu finden.*

Kapitel 8

Urlaub und Reisen

|||||||||||||||||||||||||||| **Auf den ersten Blick**

Preceded adjectives

Comparison of adjective declensions

|||||||||||||||||||||||||||| **Ans Ziel**

Describing and qualifying people, things, and concepts

Eine Alpenlandschaft

Kulturelles

Heike schreibt an ihre Eltern über eine kleine Reise, die sie mit Freunden gemacht hat.

Liebe Mutti und Vati!

John, Jasmin und ich sind übers Wochenende mit Johns altem Auto nach St. Augustine gefahren. Diese kleine Stadt, die auch als die älteste Stadt der 5 Vereinigten Staaten gilt°, befindet sich in Nordflorida, an der östlichen Küste. Wir haben erfahren, daß die Stadt von spanischen Siedlern° zu Beginn des sechzehnten Jahrhunderts gegründet wurde. Wir sind lange durch die kleinen, malerischen Gassen° gebummelt und haben ein altes Haus besichtigt, das noch im alten spanischen Stil aufbewahrt° wird. Wie Ihr schon wißt, liegt die Stadt 10 an der See und war damals eine befestigte° Stadt. Dort bleibt noch ein altes Fort übrig, das wir uns am Nachmittag angesehen haben. Das ist das, was uns am besten gefallen hat. Im Fort hat uns ein alter Fremdenführer die ganze Geschichte des alten Forts erzählt. Das war toll! Wir konnten uns schon das abenteuerliche° Leben der Leute von damals vorstellen, wie sie sich gegen die bösen englischen 15 Piraten mit Waffen° und Kanonen verteidigen mußten! Das muß fürchterlich° gewesen sein!

Nach dem Besuch des Forts haben wir uns am Abend durch die alte Stadt kutschieren° lassen. Diese Kutschen sind so malerisch. Das war solch eine romantische Fahrt! Das hat mich ein bißchen an den Tag erinnert, wo wir das 20 alte, romantische Heidelberg besucht haben. Aber natürlich ist Heidelberg eine mittelälterliche Stadt, und der Stil der Monumente ist ganz anders, aber die Stimmung°, die alten Gassen haben diese Erinnerung geweckt. Wir werden unsere Reise niemals vergessen. Ich habe vor, Euch in St. Augustine herumzuführen, wenn Ihr mich im Sommer besucht. Habt Ihr Lust dazu? 25

Schreibt mir bitte bald und erzählt mir von Eurem kurzen Aufenthalt° auf der schönen Insel Sylt. Wie war es? Seid Ihr jetzt schön braun? Habt Ihr lange Spaziergänge am Strand gemacht? Ich will alles wissen.
Bis bald,

Eure Heike

is regarded as
settlers

narrow streets
preserved
fortified

adventurous

weapons/awful

drive around in a carriage

atmosphere

stay

Fragen

1. Was haben Heike und ihre Freunde übers Wochenende gemacht?
2. Was charakterisiert die kleine Stadt St. Augustine?
3. Welche Geschichte hat der alte Fremdenführer erzählt?
4. Wie hat Heike die Kutschenfahrt gefunden?
5. Wo haben ihre Eltern einige Zeit verbracht?
6. Wie kann man St. Augustine mit Heidelberg vergleichen? Machen Sie eine Liste von zwei oder drei Ähnlichkeiten und zwei Unterschieden.

7. Haben Sie schon eine Reise gemacht? Wohin? Haben Sie eine interessante Stadt besucht? Welche? Was haben Sie gesehen? Was kann man dort machen?

8. Ist es eine gute Idee, sich über die Geschichte der Gegend, die man besuchen will, zu informieren? Warum?

‖‖‖‖▌ Wortschatz

Sinnverwandte Wörter

der **Basar** (–e)
die **Broschüre** (–en)
der **Campingbus** (–se)
die **Folklore** (–en)
das **Hotel** (–s)
die **Jacht** (–en)
das **Klima** (–s)
das **Konsulat** (–e)
die **Kultur** (–en)

die **Küste** (–n)
das **Land** (⸚er)
der **Massentourismus**
der **Palast** (⸚e)
der **Rucksack** (⸚e)
der **Sand** (–e)
die **Sonne** (–en)
der **Tourist** (–en, –en) die **Touristin** (–nen)
die **Vegetation** (–en)

antik ≠ modern
exotisch
faszinierend
idyllisch
international
nordisch
orientalisch
touristisch
tropisch
willkommen

campen
faszinieren
sich informieren über (+ *acc.*)

Das Reisen

das **Abenteuer** (–) adventure
das **Andenken** (–) souvenir
der **Campingplatz** (⁀e) campground
das **Dorf** (⁀er) village
die **Entspannung** (–en) relaxation
die **Fahrradtour** (–en) bike trip
die **Fernreise** (–n) long distance travel
die **Gegend** (–en) region
die **Jugendherberge** (–n) youth hostel
der **Koffer** (–) suitcase
die **Kreuzfahrt** (–en) cruise
das **Meer** (–e) = die **See** (–n) sea
der **Ort** (–e) place
der **Paß** (**Pässe**) passport
die **Pauschalreise** (–n) package tour
der **Personalausweis** (–e) personal ID
die **Reise** (–n) travel, trip
das **Reisebüro** (–s) travel agency
der **Reiseführer** (–) guide book
der **Reiseleiter** (–) / die **Reiseleiterin** (–nen) tour guide
die **Sehenswürdigkeiten** (*pl.*) sights
der **Strand** (⁀e) beach
der **Urlaub** (–e) = die **Ferien** (*pl.*) vacation
die **Übernachtung** (–en) overnight accomodation
das **Zelt** (–e) tent

Adjektive

abenteuerlich adventurous
aufgeschlossen open-minded
dreckig filthy
einsam lonely, lonesome
fremd foreign, strange
fürchterlich awful
gemütlich cozy, comfortable
herrlich = **wunderschön**, gorgeous, wonderful

lebendig lively
malerisch picturesque
märchenhaft fabulous, legendary
neugierig curious
prächtig magnificent
schmutzig dirty
seltsam curious, strange
unvergeßlich unforgettable
verwirrt disoriented, confused

Verben

an•kommen (kam an, ist angekommen) to arrive
besuchen to visit
bevorzugen to prefer
buchen to book

bummeln [ist] to stroll
sich entspannen to relax
sich erholen to rest; to recuperate
mit•nehmen (nimmt mit, nahm mit, mitgenommen) to take along
reisen [ist] to travel
sich sonnen to sun oneself
trampen to hitchhike
übernachten to spend the night
weg•fahren (ä, u, [ist] a) to leave
zelten to camp

Ausdrücke

Er ist ins Ausland gefahren.	He went abroad.
Wann fährst du in Urlaub?	When are you going on vacation?
Ich möchte eine Reise nach Australien machen.	I would like to take a trip to Australia.
Ich fahre ans Meer, aufs Land, in die Berge, an einen See.	I am going to the seaside, to the countryside, to the mountains, to a lake.
Ich sonne mich gern am Strand.	I like to sun myself on the beach.
Gute Fahrt! = Angenehme Reise!	Have a good trip!

||||||■ Wir sind dran!

A. Ergänzen Sie den folgenden Brief mit geeigneten Wörtern aus der Liste.

die Broschüre   tropisches   der Basar   die Fernreise   das Land   der
Palast   der Reiseführer   das Reisebüro   die Reise   das Klima

Als Andrea eine _____ machen wollte, beschloß sie in ein

_____ zu gehen, um _____ über die _____

zu nehmen, die sie interessierten. Zur gleichen Zeit kaufte sie auch einige

_____. Mit dem Reisebüroangestellten sprach sie lange über das,

was sie während ihrer _____ machen wollte. Sie wußte, daß sie in

ein _____ Land reisen wollte, weil sie dieses _____

gern hatte. Sie wollte auch faszinierende _____ besuchen und

durch malerische _____ bummeln können.

**B. Sie planen eine Reise nach Nepal und besprechen Ihre Pläne mit
Ihrem Freund/Ihrer Freundin. Ergänzen Sie folgenden Sätze mit
passenden Wörtern aus der Liste.**

verwirrt   die Pauschalreise   der Rucksack   buchen   fremden
märchenhafte

1. Da wir ins Ausland reisen wollen, müssen wir den Flug im voraus

   _____.

2. Am besten machen wir eine _____, denn sie sind am

   billigsten.

3. In Nepal gibt es viele _____ Paläste, die wir alle besuchen

   werden.

4. Wir werden gute _____ brauchen, wenn wir im Gebirge

   wandern wollen.

5. Hoffentlich werden wir uns in diesem _____ Land nicht zu

   _____ fühlen!

C. Welche Wörter haben eine logische Beziehung zueinander? Bilden Sie vollständige Sätze damit.

Beispiele: Wenn man eine Reise machen will, geht man in ein Reisebüro, um sich Broschüren zu holen.

Im Orient sind die Basare märchenhaft.

1. eine Reise	<u>der Basar</u>	das Andenken
2. ins Ausland	mitnehmen	der Paß
3. ein fremdes Land	besuchen	der Reiseführer
4. die Jugendlichen	**das Reisebüro**	die Jugendherberge
5. <u>im Orient</u>	übernachten	<u>märchenhaft</u>
6. die Touristen	brauchen	Broschüren
7. im Gebirge wandern	reisen	der Rucksack
8. campen	kaufen	das Zelt

D. Finden Sie einen Partner/eine Partnerin und interviewen Sie ihn/sie. Tauschen Sie dann die Rollen.

1. In welchem Land möchtest du deine nächsten Ferien verbringen? Warum?

Australien	Italien
Ägypten	Japan
Belgien	Kanada
Brasilien	Kenya
China	Mexiko
Deutschland	Österreich
die Schweiz	Schweden
England	Spanien
Frankreich	in einem anderen Land
Griechenland	

2. Wie würdest du deine Reise vorbereiten?
3. Was würdest du für deine Reise kaufen und mitnehmen?
4. Wie würdest du deine Zeit im Urlaub verbringen?
5. Aus welchen Ländern würdest du die folgenden Andenken zurückbringen? Statuen, Liköre, Uhren, Schokolade, Objekte aus Porzellan, ein Boomerang, Lederwaren (*leather goods*), Objekte aus Holz (*wood*), Fächer (*fans*), Stiche (*engravings*)?
6. Würdest du Postkarten an deine Familie und Freunde schreiben? Warum? Warum nicht?

Zwei Touristen bummeln durch die Gassen

Grammatik

Preceded Adjectives

Adjectives that precede the noun they describe *always* take an ending. These adjectives are called *attributive adjectives*. (Review the declension of unpreceded attributive adjectives in Chapter 3).

Ich möchte interessante Museen besuchen.
Zeige ihm deinen neuen Rucksack!
Die Geschichte der alten Stadt ist sehr interessant.

When several attributive adjectives describe the same noun, they take the same endings.

Bernd wollte den/einen schönen
  großen Palast besuchen.

*Bernd wanted to visit the/a large,
  beautiful palace.*

Adjectives that do not precede the noun they describe do not take an ending. These adjectives are called *predicate adjectives*. They usually follow **bleiben, sein,** or **werden.**

Die Stadt bleibt sehr modern.
Dieser Palast ist märchenhaft.
Die Region ist touristisch geworden.

Adjectives Preceded by *der*-words (Die schwache Deklination des Adjektivs)

Diese *kleine* Stadt befindet sich in Nordflorida, an der *östlichen* Küste. Wir haben erfahren, daß die Stadt zu Beginn des sechzehnten Jahrhunderts gegründet wurde. Wir sind lange durch die *kleinen, malerischen* Gassen gebummelt und haben ein Haus besichtigt, das noch im *alten spanischen* Stil aufbewahrt wird. Später hat uns ein Fremdenführer die *ganze* Geschichte des *alten* Forts erzählt.

Adjectives preceded by **der**-words are in italics, e.g., *kleine*

When an attributive adjective is preceded by a definite article, a **der**-word[1], or by **alle,** the adjective takes the following weak endings: **–e** in the nominative masculine, feminine, and neuter and in the accusative feminine and neuter, and **–en** in all other cases.

[1]Review the list of **der**-words in Kapitel 2, page 54.

Adjectives Preceded by *der*-words

	Masculine	Feminine	Neuter	Plural
Nom.	der schön**e** Palast	die schön**e** Reise	das schön**e** Andenken	die schönen Strände
Acc.	den schönen Palast	die schön**e** Reise	das schön**e** Andenken	die schönen Strände
Dat.	dem schönen Palast	der schönen Reise	dem schönen Andenken	den schönen Strände<u>n</u>
Gen.	des schönen Palast<u>s</u>	der schönen Reise	des schönen Andenken<u>s</u>	der schönen Strände

Diese **kleine** Statue gefällt mir gut.	*I like this little statue.*
Mit dem **spanischen** Reiseleiter sind sie durch die **malerischen** Gassen der **alten** Stadt gebummelt.	*With the Spanish tour guide, they strolled through the picturesque little streets of the old town.*
Ich habe mir alle **malerischen** Sehenswürdigkeiten des Landes angesehen.	*I have seen all the picturesque sights in the country.*

Erweiterung

||||||■ Adjectival Nouns

Adjectival nouns (adjectives used as nouns) are capitalized and declined as adjectives. Therefore adjectival nouns preceded by a definite article or **der**-word take weak endings.

When they refer to people, adjectival nouns can be masculine or feminine, singular or plural. When they refer to objects or concepts, adjectival nouns are neuter.

Adjectival Nouns

Adjective	People	Objects/Concepts
alt	der Alte (the old man), *m.* die Alte (the old woman), *f.* die Alten (the elderly), *pl.*	das Alte (the old [things])

Die Alten des Dorfes mögen den
Massentourismus nicht.
Wenn es um Architektur geht,
mag ich nur **das Alte**.

*The village's elderly people don't
like mass tourism.*
*When it comes to architecture,
I only like the old.*

Im Schwarzwald

||||||▌ Übungen

A. Bilden Sie neue Sätze wie nach dem Beispiel.

Beispiel 1: Dieser (groß) Campingbus gefällt mir.
        Dieser große Campingbus gefällt mir. (*nominative*)

1. Die (deutsch) Touristin heißt Inge Müller.
2. Die (exotisch) Länder faszinieren mich.
3. Dieses (klein) Zelt gehört mir.

Beispiel 2: Mag er die (spanisch) Folklore?
Mag er die spanische Folklore? (*accusative*)

4. Besuchen Sie gern die (modern) Museen?
5. Kennt ihr dieses (gemütlich) Hotel?
6. Kannst du diesen (schwer) Koffer tragen?

Beispiel 3: Ich zelte gern auf diesem (malerisch) Campingplatz.
Ich zelte gern auf diesem malerischen Campingplatz. (*dative*)

7. Wir mußten zum (amerikanisch) Konsulat gehen.
8. Was halten Sie von dieser (billig) Pauschalreise?
9. Hans spricht oft von den (prächtig) Palästen dieses Landes.

Beispiel 4: Ich möchte mich über die Kultur dieses (fremd) Landes
informieren.
Ich möchte mich über die Kultur dieses fremden Landes
informieren. (*genitive*)

10. Siehst du den Namen dieser (prächtig) Jacht?
11. Wie hoch ist der Preis dieses (klein) Reiseführers?
12. Sind das die Pässe der (spanisch) Touristen?

B. Ergänzen Sie den Text mit den korrekten Endungen.

Im klein_____, malerisch_____ Naturpark dieser wunderschön_____

Region haben wir die viel_____ Tiere bewundern können, über die wir in

dem alt_____ Reiseführer gelesen hatten. Ach! Wie schön es war, die

stolz_____ Rothirsche (pl.) auf den groß_____ Weiden hin und

herlaufen zu sehen. Am Abend sind wir dann in das gemütlich_____

Hotel neben dem klein_____ See zurückgegangen. Wir werden uns immer

an diese erholsam_____ Ferien erinnern.

C. Bilden Sie Sätze im Präsens aus den angegebenen Satzteilen. Setzen Sie sie dann ins Futur I.

1. dieser / alt / Reiseleiter / führen / wir / durch / die / malerisch / Stadt
2. wo / sein / die / luxuriös / Hotels?
3. wann / du / senden / diese / schön / Postkarten?
4. wie / lange / er / bleiben / in / das / klein / Dorf?
5. mögen / ihr / diese / schön / Gegend?
6. übernachten / diese / deutsch / Touristen / hier?
7. mir / gefallen / der / neu / Campingbus
8. mitnehmen / wir / der / schwer / Koffer?

9. schlafen / Sie / in / dieses / klein / Zelt?

10. ich / sich informieren über (+ *acc.*) / der Preis / diese / romantisch / Kreuzfahrt

D. *Suchen Sie im folgenden Artikel die drei Adjektive, die mit bestimmten Artikeln benutzt sind und bestimmen Sie ihren Kasus.*

Sie sehen, wie Sie in Schwung kommen.

Wollen Sie dem Alltagsstreß entfliehen? Sehnen Sie sich nach totaler Erholung für Geist und Körper in der unberührten Natur? Dann ist eine Kur der richtige Weg, um sich wieder einmal auf Werte wie Ruhe, Entspannung und Gesundheit zu besinnen. Die österreichischen Heilbäder und Kurorte bieten Ihnen neben einer umfassenden gesundheitlichen Betreuung, reiner Luft und einer intakten Umwelt auch ein abwechslungsreiches Unterhaltungsangebot. Sie werden sehen, Sie fühlen sich wie neugeboren. Mehr darüber erfahren Sie im Prospekt „Natur und Kur" von Ihrer nächsten Österreich Information.

Servus in Österreich

Fügen (add to) *Sie den folgenden Ausdrücken aus dem Artikel ein Adjektiv hinzu.*

1. dem Alltagsstreß: dem _____ Alltagsstreß

2. im Prospekt: im _____ Prospekt

D. *Sie verbringen Ihre Sommerferien in einer sehr malerischen Stadt in Spanien. Sagen Sie, was Sie dort machen. Bilden Sie fünf Sätze im Präsens aus den folgenden Wörtern. Passen Sie auf die Adjektivendungen auf!*

1. bummeln durch	gut	der Campingplatz (⸚e)
2. **besuchen**	schön	die Gasse (–n)
3. essen	klein	das Restaurant (–s)
4. campen	idyllisch	die Küche (–n)
5. bewundern	spanisch	die Jugendherberge (–n)
6. übernachten in	**interessant**	**das Museum (–en)**
7. probieren	malerisch	die Sehenswürdigkeiten
8. gehen	billig	die Kirche (–n)

Beispiel: Ich besuche die interessanten Museen der Stadt.

Ich besuche die interessanten Museen der Stadt.

Adjectives Preceded by *ein*-words
(Die gemischte Deklination des Adjektivs)

Wie Ihr schon wißt, liegt die Stadt an der See und war damals eine *befestigte* Stadt. Dort bleibt noch ein *altes* Fort übrig, das wir uns am Nachmittag angesehen haben. Im Fort hat uns ein *alter* Fremdenführer eine sehr *interessante* Geschichte erzählt. Leider haben wir keine *abenteuerlichen* Piraten getroffen!

Adjectives preceded by **ein**-words are in italics, e.g., *befestigte*.

When an attributive adjective is preceded by an indefinite article or by an **ein**-word[2], the adjective takes the following endings: **–er** in the nominative masculine, **–e** in the nominative and accusative feminine, **–es** in the nominative and accusative neuter, and **–en** in all other cases.

Adjectives Preceded by *ein*-words				
	Masculine	**Feminine**	**Neuter**	**Plural**
Nom.	ein schön**er** Palast	eine schön**e** Reise	ein schön**es** Andenken	meine schönen Kleider
Acc.	einen schönen Palast	eine schön**e** Reise	ein schön**es** Andenken	meine schönen Kleider
Dat.	einem schönen Palast	einer schönen Reise	einem schönen Andenken	meinen schönen Kleider<u>n</u>
Gen.	eines schönen Palast<u>s</u>	einer schönen Reise	eines schönen Andenken<u>s</u>	meiner schönen Kleider

Denkst du noch an deine **letzten** Ferien?
Do you still think about your last vacation?
Er hat von seiner **schönen** Reise gesprochen.
He spoke about his pleasant trip.

[2]Review the list of **ein**-words in Kapitel 2, page 55.

Segeln in der Schweiz

||||||| Adjectival Nouns

Adjectival nouns preceded by an indefinite article or an **ein**-word take mixed endings.

Adjectival Nouns
alt > ein Alter (an old man), *m.*
> eine Alte (an old woman), *f.*
> meine Alten (my old folks), *pl.*

Im Fort haben wir **einen Alten** getroffen, der uns eine interessante Geschichte erzählt hat.

In the fort, we met an old man who told us an interesting story.

||||||| Übungen

A. Bilden Sie neue Sätze wie nach dem Beispiel.

Beispiel 1: Die Reise ist lang.
　　　　　　 Das ist eine lange Reise. (*nominative*)

1. Dieser Reiseführer ist gut.
2. Dieses Andenken ist billig.
3. Meine Freunde sind alt.

Beispiel 2: Der Reiseführer, den ich gekauft habe, ist gut.
Ich habe einen guten Reiseführer gekauft. (*accusative*)

4. Die Touristin, die ich getroffen habe, ist hübsch.
5. Das Land, das ich besucht habe, ist exotisch.
6. Die Deutschen, die du gesehen hast, sind meine Brieffreunde.

Beispiel 3: Der Basar, von dem dieses Andenken kommt, ist malerisch.
Dieses Andenken kommt von einem malerischen Basar. (*dative*)

7. Der Fluß, in dem Marike gebadet hat, ist kristallklar.
8. Die Jugendherberge, in der Thomas übernachtet hat, ist klein.
9. Das Auto, mit dem die Touristen gefahren sind, ist grün.

Beispiel 4: Das ist der Preis einer Vase. (alt)
Das ist der Preis einer alten Vase. (*genitive*)

10. Das ist der Name eines Palasts. (orientalisch)
11. Das sind die Basare einer Stadt. (klein)
12. Das ist die Folklore eines Landes. (nordisch)
13. Das sind die Koffer meiner Freunde. (amerikanisch)

B. Ergänzen Sie den Text mit den korrekten Endungen.

Die Schweiz ist bekannt für ihre ausgezeichnet_____ touristisch_____

Einrichtungen. Sportbegeisterte können dort ein groß_____ Angebot an

Sportarten wie Tennis, Skifahren, Reiten, Segeln und vieles andere mehr

finden. Letzten Winter haben Thomas und ich eine lang_____ Exkursion

auf einem sehr malerisch_____ Wanderweg durch eine herrlich_____

schweizerisch_____ Region gemacht. Am Ende des Tages haben wir uns

dann in einem klein_____ Bergrestaurant erholt. Da haben wir Bier

bestellt. Es ist immer angenehm, ein gut_____ kalt_____ Bier zu

trinken, wenn einem warm ist. In einem alt_____ Laden eines

klein_____ Dorfes haben wir Postkarten gekauft. Leider haben wir keine

billig_____ Andenken gefunden. Schade!

C. *Bilden Sie Sätze im Präsens aus den angegeben Satzteilen. Setzen Sie sie dann ins Perfekt.*

1. wir / gehen / in / ein / klein / Reisebüro
2. du / wollen / eine / interessant / Broschüre / lesen
3. Thomas / müssen / ein / gut / Reiseführer / kaufen
4. sie (*pl.*) / verbringen / eine / herrlich / Woche / in / ein / luxuriös / Hotel
5. leider / Marion / finden / keine / schön / Postkarten
6. du / schreiben / deine / gut / alt / Freunde?
7. in / ein / malerisch / Dorf / wir / sprechen / mit / eine / nett / Alte
8. Sie / kaufen / ein / schön / billig / Andenken
9. Helmut / seine / groß / Jacht / verkaufen
10. Ihr / spazierengehen / an / ein / einsam / Strand

D. *Anton und Marion unterhalten sich über die Reise, die sie bald nach Kanada machen werden. Ergänzen Sie den Dialog mit den korrekten Adjektivendungen.*

ANTON: Glaubst du, daß wir all diese warm_____ Kleider brauchen

werden?

MARION: Natürlich! Wir werden aber nur diesen groß_____ Koffer

mitnehmen. Weißt du denn nicht, daß das Wetter in diesem

schön_____ Land im Winter sehr kalt ist?

ANTON: Doch! Ich bin ja kein Idiot! Aber da wir auch den alt_____

Rucksack brauchen werden, habe ich keine Lust, all das

herumzutragen.

MARION: Hab keine Angst! Ich werde dir helfen. Ach! Ich freue mich schon

auf diese herrlich_____ Reise.

ANTON: Leider haben wir nicht sehr viel Geld.

MARION: Das macht nichts! Wir können immer ein paar Nächte in dieser

billig_____ Jugendherberge verbringen. Eine gut_____

Freundin von mir hat schon einmal dort übernachtet. Das scheint

kein idyllisch_____ Ort zu sein, aber die Zimmer sind sauber.

ANTON: Ja, du hast recht. Das ist besser als in einem ungemütlich_____

Zelt zu schlafen.

MARION: Weißt du was? Nächstes Jahr kaufen wir uns einen klein_____

Campingbus, so daß wir keine Probleme mehr haben werden.

ANTON: Das ist eine toll_____ Idee!

E. **Besprechen Sie mit einem Partner/einer Partnerin das, was Sie im nächsten Urlaub machen werden. Bilden Sie fünf Sätze im Futur I aus den folgenden Satzteilen.**

Beispiel: Wir werden billige Andenken kaufen.

1. finden	touristisch	der Palast (⸚e)
2. sich ansehen	faszinierend	**das Andenken** (–)
3. **kaufen**	lang	die Reise (–n)
4. verbringen	**billig**	die Ferien (*pl.*)
5. machen	groß	der Koffer (–)
6. gehen	wunderschön	das Reisebüro (–s)
7. mitbringen	antik	die Fahrradtour (–en)

The Three Adjective Declensions: Comparison
(Die drei Adjektivdeklinationen: Ein Vergleich)

Wir konnten uns schon das *abenteuerliche* Leben der Leute von damals vorstellen, wie sie sich gegen die *bösen englischen* Piraten mit <u>großen</u> Kanonen verteidigen mußten!

Nach unserem **interessanten** Besuch haben wir uns am Abend durch die *alte* Stadt kutschieren lassen. Es gab <u>viele malerische</u> Kutschen dort. Das war eine **romantische** Fahrt!

Adjectives preceded by **der**-words (weak declension) are in italics, e.g., *abenteuerliche*.

Adjectives preceded by **ein**-words (strong declension) are in boldface type, e.g., **interessanten**.

Unpreceded adjectives (mixed declension) are underscored, e.g., großen.

Attributive adjectives follow a weak declension when they are preceded by the definite article or a **der**-word, a mixed declension where they are preceded by the indefinite article or an **ein**-word, and a strong declension when they are not preceded by any article.

The following charts summarize the endings for all three adjective declensions:

Preceded Adjectives (Weak Declension): with *der*-words				
	Masculine	**Feminine**	**Neuter**	**Plural**
Nom.	-**e**	-**e**	-**e**	-en
Acc.	-en	-**e**	-**e**	-en
Dat.	-en	-en	-en	-en
Gen.	-en	-en	-en	-en

Preceded Adjectives (Mixed Declension): with *ein*-words				
	Masculine	**Feminine**	**Neuter**	**Plural**
Nom.	-**er**	-**e**	-**es**	-en
Acc.	-en	-**e**	-**es**	-en
Dat.	-en	-en	-en	-en
Gen.	-en	-en	-en	-en

Unpreceded Adjectives (Strong Declension)				
	Masculine	Feminine	Neuter	Plural
Nom.	-er	-e	-es	-e
Acc.	-en	-e	-es	-e
Dat.	-em	-er	-em	-en
Gen.	-en	-er	-en	-er

NOTES:

a. With weak and mixed declensions, the adjective ending is **–en** in all cases except in the nominative singular and in the accusative feminine and neuter.

b. With strong declensions, the adjective endings are the same as the endings of the definite article except in the genitive masculine and neuter (**–en** instead of **–es**)

c. Memory aid: When an article, **der**–word, or **ein**-word ends in **–en**, **–em**, or **–es**, the adjective that follows *always* ends in **–en**.

Ich muß ein**en** neu**en** Reiseführer kaufen.	*I must buy a new guide book.*
Wie lange seid ihr in dies**em** exotisch**en** Land geblieben?	*How long did you stay in this exotic country?*
Mögen Sie die Farbe sein**es** alt**en** Rucksacks?	*Do you like the color of his old rucksack?*

Erweiterung

||||||■ Spelling Irregularities

Adjectives ending in **–el** (**dunkel**) or **–er** (**teuer**) drop the **–e–** of the stem when the adjective takes an ending.

Ich habe eine **teure** Lampe im Basar gekauft.	*I bought an expensive lamp at the bazaar.*
Die Reiseleiterin hat uns eine **makabre** Geschichte erzählt.	*The tour guide told us a macabre story.*

Other adjectives in this category are: **finster** (*dark*), **nobel**, **eitel**, **respektabel**.

⦀ The Present Participle used as an Adjective (Das Partizip I als Adjektiv)

The present participle of a verb is formed by adding the suffix **–end** to the verb stem. Present participles can be used as attributive adjectives and are declined accordingly.

Infinitive	*Present Participle*
reisen *to travel*	**reisend** *traveling*
faszinieren *to fascinate*	**faszinierend** *fascinating*
ermüden *to tire*	**ermüdend** *tiring*

Die **Reisenden** sind sehr müde nach Hause gekommen.

The travelers came home very tired.

Wir werden **faszinierende** Leute kennenlernen.

We will get to know fascinating people.

Das war eine **ermüdende** Reise.

It was a tiring journey.

⦀ The Past Participle used as an Adjective (Das Partizip II als Adjektiv)

Past participles can also be used as attributive adjectives and are declined accordingly (Review formation of the past participle in Chapter 2.)

Infinitive	*Past Participle*
brauchen *to use*	**gebraucht** *used*
gelingen *to succeed*	**gelungen** *successful*

Warum fährst du ein **gebrauchtes** Auto?

Why do you drive a used car?

Das war eine **gelungene** Reise.

That was a successful trip.

⦀ Adjectives Derived from Names of Cities

These adjectives are formed by adding **–er** to the city name. They are capitalized and are invariable.

Köln > Kölner > der Kölner Dom *the Cologne Cathedral*
Frankfurt > Frankfurter > die Frankfurter Allgemeine Zeitung
the Frankfurt General Newspaper

⦀ Übungen

A. *Schreiben Sie die elf unterstrichenen Adjektive, die sich im folgenden Artikel befinden, in drei Spalten je nach ihrer Deklination.*

	Schwache Deklination (weak: after der-words)	Gemischte Deklination (mixed: after ein-words)	Starke Deklination (strong: unpreceded)	Kasus
1.				
2.				
3.				
4.				
5.				
6.				
7.				
8.				
9.				
10.				
11.				

**Ferienland
in Schleswig-Holstein
mit Holsteinischer
Schweiz und Ostsee**

Ein vielseitiges Erholungsgebiet mit
Urlaub im gesunden Ostseeklima oder
in der romantischen Holsteinischen
Schweiz.
Sie können wohnen in reetgedeckten
Bauernhäusern und in modernen Pensio-
nen und Hotels, in Ferienwohnungen
und in Appartements und individuellen
Urlaub machen mit der ganzen Familie.

Neben den Vorteilen ländlicher Ferien
wird auch dem anspruchsvollen Gast
viel Abwechslung geboten. Bei uns haben
Sie die Möglichkeit für Ihre Urlaubs-
hobbys: Schwimmen, Reiten, Segeln,
Wandern, Angeln, Radfahren, Sonnenba-
den oder Faulenzen und vieles mehr.
Stille und Einsamkeit in weiten Wäldern
und an verträumten Seen, Badeleben
in Ostseebädern und viel Unterhaltung
in unseren Städten. Herzlich willkommen
im Kreis Plön.

Informationen und Prospekte:
Kreisverwaltung Plön, Hamburger Str. 17/18,
2320 Plön, Telefon (0 45 22) 82 37

KREIS PLÖN

vielseitig *varied*
reetgedeckt *thatched*
anspruchsvoll *demanding*
Bauernhäuser *farmhouses*
die **Abwechslung** *diversion*

geboten *offered*
das **Faulenzen** *loafing*
verträumt *sleepy*
die **Unterhaltung** *entertainment*

B. Ergänzen Sie den folgenden Text mit den richtigen Endungen.

Zu Weihnachten bin ich nach Österreich gefahren. Ich habe zwei Wochen in

einer klein_____ Jugendherberge in der malerisch_____ Stadt Bad

Gastein verbracht. Zu jener Zeit gab es französisch_____ Touristen in der

Stadt, und es war mir manchmal schwer, meinen Platz auf den

verschneit_____ Pisten zu behaupten! Trotzdem habe ich groß_____

Spaß gehabt, als ich versucht habe, die rot_____ und schwarz_____

Pisten hinunterzufahren! Wie angenehm es aber war, am Abend

warm_____ Tee bei dem Kamin zu trinken! Nach ein paar Tagen sind

zwei deutsch_____ Freundinnen von mir angekommen und wir sind in alle

interessant_____ Läden der alt_____ Stadt gegangen. Dort haben wir

viele schön_____ und billig_____ Andenken gekauft: Kerstin hat einen

neu_____ Rucksack und ich typisch_____ Trachtpuppen (dolls in native

costume) gekauft. Eines schön_____ Nachmittags haben wir alle drei eine

lang_____ Fahrradtour um den groß_____ kristallklar_____ See

gemacht. Das war toll!

▌Interaktionen und Situationen

A. *Machen Sie mit einem Partner/einer Partnerin eine Liste von mindestens fünf Orten, die Sie in den letzten Jahren besucht haben. Sagen Sie, was Sie dort gemacht haben, wo Sie übernachtet haben, was Ihnen gut/nicht gut gefallen hat, ob Sie Andenken zurückgebracht haben . . .*

B. *Erzählen Sie einem Mitstudenten/einer Mitstudentin von der letzten Reise, die Sie gemacht haben. Benutzen Sie das Perfekt und viele deklinierte Adjektive, um diese Reise zu beschreiben.*

C. *Lesen Sie den Artikel über Schleswig-Holstein noch einmal und geben Sie mit einem Partner/einer Partnerin drei Gründe an, warum Sie Schleswig-Holstein gern/nicht gern besuchen möchten.*

Kapitel 9

Fernsehen und Film

||||||||||||||||||||||||| Auf den ersten Blick

The comparative

The superlative

Da- and **wo-** compounds

||||||||||||||||||||||||| Ans Ziel

Comparing and evaluating people and things

Referring to previously mentioned things, ideas, and concepts

Was läuft im Kino?

Kulturelles

In diesem Brief an ihren Freund Matthias äußert Heike ihre Meinung über das amerikanische Fernsehen.

Lieber Matthias!

Wie geht es Dir und Deinen Eltern? Ich hoffe, Du arbeitest nicht zu schwer und Du nimmst Dir die Zeit, Dich ein bißchen zu entspannen. Wenn ich mich   5
overexerted   überanstrengt° fühle, sehe ich viel fern. Hier kann man sich so viel ansehen! Man könnte den ganzen Tag vor dem Fernseher sitzen! Viele amerikanische
soap operas   Studenten sehen sich die Seifenopern° im Fernsehen an. Ich habe sogar Freunde,
programs   die sie jeden Tag verfolgen. Die meisten dieser Sendungen° sind wirklich
dumm. Sie handeln hauptsächlich von Geld, Liebe und Familienproblemen.   10
wiederholte . . .: reruns   Diejenigen, die mir am besten gefallen, sind wiederholte Sendungen° wie
„Dynastie" (der „Denver Clan") und „General Hospital"(das ist so etwas wie die
TV series   „Schwarzwaldklinik" bei uns). Es gibt auch Fernsehserien° wie „Matt Houston"
oder „Mike Hammer", die bei uns in Deutschland bekannt sind, obwohl sie hier
schon veraltet sind. „Mike Hammer" ist wahrscheinlich die dümmste Serie, die   15
ich je gesehen habe!

Weißt Du, daß es hier viel mehr Programme gibt als bei uns: vierundvierzig,
um ganz genau zu sein. Wenn man mit einem nicht zufrieden ist, kann man also
switch   leicht auf ein anderes umschalten°. Was hältst Du davon?

Also nachmittags laufen diese Fernsehserien, die genauso dumm sind wie   20
bei uns. Aber es gibt auch einige Programme, die immer sehr lehrreich sind. Ich
sehe mir oft die Dokumentarfilme des vierundzwanzigsten Programms an, weil
ich sie am interessantesten finde.

Was mir aber am amerikanischen Fernsehen nicht gefällt, ist die Tatsache,
commercials   daß die Sendungen immer durch Werbespots° unterbrochen werden. Deren gibt   25
es mehr als bei uns, obwohl ich weiß, daß sie auch in Deutschland immer
zahlreicher werden. Manchmal gibt es Werbespots alle zehn Minuten, und das
annoying/exciting   ist so ärgerlich°, wenn man sich einen spannenden° Film ansieht! Das Schlimmste
used   ist, daß die Amerikaner daran so gewöhnt° sind, daß sie das ganz normal finden.
Viele schalten währenddessen auf ein anderes, interessanteres Programm um,   30
oder sie nützen die Zeit, um sich ein kaltes Bier oder Popcorn zu holen.
news programs   Unsere Tagesschauen° in Deutschland halte ich für besser und informativer
als hier, aber auf der anderen Seite gibt es hier ein sehr gutes Programm, das
„Discovery Channel" heißt. In diesem Programm kann man sich den ganzen Tag
excellent   ausgezeichnete° Dokumentarfilme und auch Sendungen über alle Länder der   35
great   Welt ansehen. Das finde ich geil°!

Du weißt, daß ich so kritisch wie Du bist, aber alles in allem gefällt mir
das amerikansische Fernsehen ganz gut. Kennst Du das Programm, das „MTV"
heißt? Das ist ein Programm, das die besten Schlager° rund um die Uhr
hits   überträgt°. Ich schwärme dafür° und ich weiß, daß es wie übrigens das Programm   40
broadcasts/Ich . . .: I'm   CNN über Kabelfernsehen in Deutschland gezeigt wird. Du solltest es Dir
crazy about it

ansehen. Ach! Du mußt mich ja besuchen! Ich bin sicher, daß Du Dich für das amerikanische Fernsehen auch ganz begeistern würdest.

plot   Gestern bin ich ins Kino gegangen. Ich habe mir „E.T." zum vierten Mal angesehen. Für mich ist die Handlung° dieses Filmes viel interessanter und auch 45
"Star Wars"   spannender als die Handlung des Filmes „der Krieg der Sterne"°. Die Schauspieler spielen auch besser, finde ich. Ich glaube, Steven Spielberg ist auch erfolgreicher als Regisseur.

     Ein anderer Film hat mir auch ganz gut gefallen. Das ist ein deutscher
"Wings of Desire"   Film, der „der Himmel über Berlin"° heißt. Es ist ein sehr poetischer Film, in 50
dem Bruno Ganz, der deutsche Schauspieler, und Peter Falk, der der berühmte Colombo in der amerikanischen Fernsehserie war, gespielt haben. Hast du diese drei Filme gesehen? Was hältst du davon?
Schreibe mir bald.
Viele liebe Grüße, 55

Heike

Fragen

1. Was macht Heike, wenn sie wirklich müde ist?
2. Was gefällt ihr am amerikanischen Fernsehen? Was gefällt ihr nicht?
3. Inwiefern ist das deutsche Fernsehen sehr verschieden?
4. Was für Sendungen sieht sich Heike am liebsten an?
5. Sehen Sie oft fern? Haben Sie eine Lieblingssendung? Welche? Warum?
6. Wie finden Sie MTV? Welche Sänger/Sängerinnen und Gruppen sehen Sie sich am liebsten im MTV an? Was für Musik wird im MTV gespielt? Was ziehen Sie vor: sich MTV anzusehen oder Radio zu hören? Warum?
7. Was machen Sie, wenn ein Werbespot kommt? Schalten Sie auf ein anderes Programm um oder sehen Sie sich den Werbespot an? Tun Sie etwas anderes?

„Ich möchte mir diesen Film gern ansehen"

||||||■ Wortschatz

Sinnverwande Wörter

der **Dokumentarfilm** (–e)
der **Film** (–e)
das **Filmfestival** (–s)
die **Filmmusik** (–en)
der **Filmstar** (–s)
das **Forum** (**Fora**) = die **Debatte** (–n)
der **Horrorfilm** (–e)
die **Kamera** (–s)
der **Kriminalfilm** (–e)
das **Medium** (–ien) / die **Massenmedien**
der **Produzent** (–en, –en)
das **Quiz** (–)
die **Serie** (–n)
der **Stuntman** (–men)
die **Szene** (–n)
die **Talkshow** (–s)
der **Trickfilm** (–e)
das **Video** (–s)
der **Video-Rekorder** (–) = der **VCR**

brutal
dramatisch
informativ
kulturell
psychologisch
talentiert

filmen

Fernsehen

der **Bericht** (–e) report
die **Fernbedienung** (–en) remote control
der **Fernsehansager** (–) / die **Fernsehansagerin** (–nen) announcer
das **Fernsehen** (*no pl.*) television
der **Fernseher** (–) television set
die **Nachrichten** (*pl.*) news
der **Nachrichtensprecher** (–) / die **Nachrichtensprecherin** (–nen)
  anchorman / anchorwoman
das **Programm** (–e) channel
das **Publikum** (*no pl.*) audience

die **Seifenoper (–n)** soap opera
die **Sendung (–en)** program
die **Tagesschau (–en)** news program (on TV)
der **Werbespot (–s)** commercial
die **Werbung (–en)** advertising
der **Zuschauer (–)** / die **Zuschauerin (–nen)** spectator

Film

der **Abenteuerfilm (–e)** adventure film
die **Besetzung (–en)** cast
das **Drehbuch (∸er)** film script
der **Filmbesucher (–)** / die **Filmbesucherin (–nen)** moviegoer
die **Geschichte (–n)** story
die **Handlung (–en)** plot
der **Handlungsfilm** / der **Actionfilm (–e)** action movie
das **Kino (–s)** movie theater
die **Liebesgeschichte (–n)** love story
die **Originalfassung (–en)** original version
der **Regisseur (–e)** / die **Regisseurin (–nen)** director
die **Rolle (–n)** part
der **Schauspieler (–)** / die **Schauspielerin (–nen)** actor / actress
die **Untertiteln** (*pl.*) subtitles

Adjektive

bekannt = berühmt famous ≠ **unbekannt**
blutig bloody
dumm stupid
erfolgreich successful ≠ **erfolglos**
geschichtlich historical
lehrreich instructive
lustig funny ≠ **traurig** sad
mittelmäßig mediocre
spannend exciting
unterhaltend = zerstreuend entertaining

Verben

an•sagen to announce (a program)
an•schalten to turn on ≠ **aus•schalten**
sich etwas an•sehen (ie, a, e) to watch something
auf•zeichnen to record
drehen to shoot (a film)
sich entspannen to relax
handeln von (+ *dat.*) to be about

laufen (ä, ie, au) to be on, be showing
lauter (leiser) stellen to turn up (down)
sich einen Film (aus) leihen (ie, ie) to rent a movie
übertragen (ä, u, a) to broadcast
um•schalten to change channels
vor•führen to show (a film)

Ausdrücke

Im ersten Programm kommt die Tagesschau um acht.
The news is on at eight on channel one.

Der Fernseher läuft von morgens bis abends.
The TV is on from morning to night.

Im Fernsehen ist heute abend nichts Gutes.
There is nothing good on TV tonight.

Er hat in diesem Film gespielt.
He played in this movie.

Was wird heute abend im Kino gegeben?
What's on at the movies tonight?

Wie geht der Film aus?
How does the movie end?

Dieser Film war ein großer Erfolg.
This movie was a big success.

Sie verbringt ihre Zeit vor dem Fernsehapparat.
She spends her time in front of the television.

||||||| Wir sind dran!

A. Ergänzen Sie den folgenden Text mit geeigneten Wörtern aus der Liste.

die Tagesschau   der Dokumentarfilm   der Trickfilm   der Horrorfilm
die Seifenoper   die Fernbedienung   der Fernseher   unterhaltend
die Talkshow

Mein kleiner Bruder verbringt seine Zeit vor dem _____. Was ihn

am meisten interessiert, sind die _____ und die _____.

Meine fünfzehnjährige Schwester, die sich alle zwei Wochen in einen

anderen Jungen verliebt, sieht sich jeden Nachmittag die _____

an. Wenn mein Vater von der Arbeit zurückkommt, nimmt er die

_____ und schaltet auf ein anderes Programm um, um sich die

_____ um acht Uhr ansehen zu können. Meine Mutter mag nur

die _____, weil sie sehr _____ sind. Meinerseits ziehe

ich die _____ vor, weil das lehrreiche Sendungen sind.

*B. Welche Wörter und Ausdrücke können auf diese Weise definiert
werden? Benutzen Sie die folgende Liste:*

die Filmbesucher (*pl.*)   das Drehbuch   der Schauspieler
das Publikum   der Regisseur   die Fernsehansagerin

1. Das ist die Totalität aller Zuschauer.
2. Das ist eine Frau, die ein Programm im Fernsehen ansagt.
3. Das ist ein Mann, der in einem Film oder in einem Theaterstück spielt.
4. Das sind Leute, die oft ins Kino gehen.
5. Das ist ein Buch, in das alle Szenen eines Filmes eingetragen werden.
6. Das ist ein Mann, der die Regie eines Filmes führt.

*C. Welche logische Beziehung haben die folgenden Wörter zueinander?
Bilden Sie Sätze im Präsens damit.*

Beispiel: Ein Filmstar ist eine berühmte Person, die in Filmen spielt.
Ein Fernsehansager sagt die Nachrichten an.

1. **der Filmstar**	informativ	die Nachrichten (pl.)
2. der Werbespot	ansagen	das Video (–s)
3. der Video-Rekorder	sich ansehen	**der Film (–e)**
4. der Dokumentarfilm	unterhaltend	das Fernsehspiel (–e)
5. das Quiz	**berühmt**	umschalten
6. der Fernsehansager	kommen	die Sendung (–en)

D. *Finden Sie einen Partner/eine Partnerin und interviewen Sie ihn/sie. Tauschen Sie dann die Rollen.*

1. Was für Sendungen siehst du dir gern im Fernsehen an? Warum?
2. Was für Fernsehprogramme hast du gern? Welche magst du nicht? Erkläre deine Antworten.
3. Welchen guten Film hast du neulich gesehen? Was hat dir am Film gefallen?
4. Wie oft gehst du ins Kino? Was für Filme ziehst du vor? Warum?
5. Was ziehst du vor: ins Kino zu gehen oder ein Video zu leihen? Erkläre.

Grammatik

The Comparative (Der Komparativ)

> Für mich ist die Handlung dieses Filmes viel *interessanter* und auch *spannender* als die Handlung des Filmes der „Krieg der Sterne". Die Schauspieler spielen auch *besser*, finde ich. Ich glaube, Steven Spielberg ist auch *erfolgreicher* als Regisseur.

Adjectives in the comparative are in italics, e.g., *interessanter*.

In German, as in English, adjectives and adverbs have three degrees of comparison: the positive, the comparative, and the superlative.

Adjective		
Positive	Sendung A ist interessant.	Program A is interesting.
Comparative	Sendung B ist interessanter.	Program B is more interesting.
Superlative	Sendung C ist am interessantesten.	Program C is the most interesting.
Adverb		
Positive	Mel Gibson spielt gut.	Mel Gibson acts well.
Comparative	Michael Douglas spielt besser.	Michael Douglas acts better.
Superlative	De Niro spielt am besten.	De Niro acts the best.

||||||| Predicate Adjectives and Adverbs (Prädikative Adjektive und Adverbien)

•| Regular Forms

Most predicate adjectives and adverbs form the comparative by adding (**–e)r**. They are indeclinable.

Adjective		
Positive	Dieser Film ist lustig.	This film is funny.
Comparative	Jener Film ist lustig**er**.	That film is funni**er**.
Adverb		
Positive	Diese Schauspielerin singt schön.	This actress sings beautifully.
Comparative	Jene Schauspielerin singt schön**er**.	That actress sings more beautifully.

•| Irregular Forms

Except for a few adjectives like **froh** (*happy*), **klar**, (*clear*), and **stolz** (*proud*), most monosyllabic adjectives and adverbs with an **–a**, **–o**, or **–u** in the stem take an umlaut in the comparative.

Stem Vowel	Positive	Comparative
a	alt (*old*) schwach (*weak*) stark (*strong*) warm (*warm*)	älter (*older*) schwächer (*weaker*) stärker (*stronger*) wärmer (*warmer*)
o	groß (*tall*) oft (*often*)	größer (*taller*) öfter (*more often*)
u	dumm (*dumb*) jung (*young*) kurz (*short*)	dümmer (*dumber*) jünger (*younger*) kürzer (*shorter*)

Die Handlung dieses Films ist **schwächer**.	*This film's plot is weaker.*
War die Sendung heute nicht **kürzer**?	*Wasn't the program shorter today?*

The comparative of the following adjectives is irregular:

Positive	Comparative
bald (*soon*)	eher (*sooner*)
gern (*gladly*)	lieber (*more gladly; rather*)
gut (*good*)	besser (*better*)
hoch (*high*)	höher (*higher*)
viel (*much, a lot*)	mehr (*more*)

Dieser Film ist **besser**. Darin gibt es **mehr** gute Schauspieler.	*This film is better. There are more good actors in it.*

•▌ *Adjectives ending in –el, –en, and –er*

These adjectives drop the **–e** of the stem in the comparative.

Positive	Comparative
dunk<u>e</u>l (*dark*)	dunkler (*darker*)
trock<u>e</u>n (*dry*)	trockner (*dryer*)
teu<u>e</u>r (*expensive*)	teurer (*more expensive*)

Dieser Fernsehapparat ist **teurer**.	*This television set is more expensive.*

||||||▌ Übung

Setzen Sie die Adjektive in den Komparativ.

Beispiel: Sendung A ist interessant.
Sendung B ist interessanter.

1. Kevin Costner ist groß.

   Arnold Schwarzenegger ist _____.

2. Dieser Film ist dumm.

   Diese Fernsehserie ist _____.

3. Seine Dokumentarfilme sind gut.

   Ihre Dokumentarfilme sind _____.

4. Olivia Newton John singt schön.

   Pavarotti singt _____.

5. Dieser Video-Rekorder ist teuer.

   Jener ist _____.

6. Diese junge Schauspielerin hat viel Erfolg.

   Diese alte Schauspielerin hat _____ Erfolg.

7. Dieser Trickfilm ist kurz.

   Jener ist _____.

8. Ein Werbespot ist zerstreuend.

   Ein Fernsehquiz ist _____.

•▌ *Types of Comparison*

Comparison describes similarity or dissimilarity between two entities.

Similarity

In comparisons of people, things, or ideas, similarity is expressed using **so** + *the positive form of the adjective or adverb* + **wie** (*as . . . as*).

Adjective	Debatten sind **so** informativ **wie** Dokumentarfilme.	Debates are *as* informative *as* documentary films.
Adverb	Er singt **so** schön **wie** sie.	He sings *as* nicely *as* she (does).

To emphasize equality, **so . . . wie** (*as . . . as*) can be replaced by **ebenso . . . wie** (*just as . . . as*).

Debatten sind **ebenso** interessant **wie** Dokumentarfilme.

Debates are just as interesting as documentary films.

Dissimilarity

Dissimilarity is expressed using either *a comparative form of the adjective or adverb* + **als**, or **nicht so** + *the positive form of adjective* + **wie**.

Adjective	Debatten sind informativ**er als** Dokumentarfilme.	Debates are *more* informative *than* documentary films.
Adverb	Er singt schön**er als** sie.	He sings *more* beautifully *than* she (does).
Adjective	Debatten sind **nicht so** informativ **wie** Dokumentarfilme.	Debates are *not as* informative *as* documentary films.
Adverb	Er singt **nicht so** schön **wie** sie.	He does *not* sing *as* beautifully *as* she (does).

To emphasize inequality, **etwas** (*somewhat, a little*) or **viel** (*much, a lot*) can be used.

Debatten sind **etwas/viel** interessanter als Dokumentarfilme.

Debates are somewhat/much more interesting than documentary films.

‖‖‖‖‖■ Übungen

A. *Vergleichen Sie! Bilden Sie jeweils drei Sätze mit Komparativformen. Benutzen Sie die folgenden Adjektive:*

hübsch (*pretty*) groß klein jung alt spannend interessant dumm lehrreich berühmt langweilig unterhaltend

Beispiel: Tom Hanks und Eddie Murphy
  a) Tom Hanks ist so bekannt wie Eddie Murphy. (*similarity*)
  b) Eddie Murphy spielt besser als Tom Hanks. (*dissimilarity*)
  c) Eddie Murphy ist nicht so lustig wie Tom Hanks. (*dissimilarity*)

1. Madonna und Marlene Dietrich
2. Michael Douglas und Kirk Douglas
3. Dokumentarfilme und Horrorfilme
4. amerikanische Filme und deutsche Filme
5. die Nachrichten und die Werbespots

B. Ergänzen Sie die Sätze wie Sie wollen. Benutzen Sie den Komparativ und die folgenden Adjektive und Adverbien:

zerstreuend   intelligent   informativ   kurz   gut   lang   dumm   klug   viel
reich   arm   interessant

1. Ich finde, daß dieser Horrorfilm _____ _____

   dieser Abenteuerfilm ist.

2. Glauben Sie, daß diese Schauspielerin _____

   _____ dieser Schauspieler spielt?

3. Anita möchte wissen, ob diese Talkshow _____

   _____ _____ diese Debatte sein wird.

4. Er mag die Handlung dieses Filmes nicht, weil sie _____

   _____ _____ ist.

5. Im zweiten Programm sind die Tagesschauen _____

   _____ _____ im dritten.

6. Es ist _____, sich einen Film in der Originalfassung

   anzusehen.

7. Ihr wißt, daß es dieses Jahr _____ Filmbesucher gibt

   _____ letztes Jahr.

8. Die Filmstars sind _____ _____ die Stuntmen.

⦀▮ Attributive Adjectives (Attributive Adjektive)

In the comparative, attributive adjectives take the same strong, weak, and mixed adjective endings as other adjectives. (Review the adjective declensions in Chapter 8, page 000). These endings are added to the comparative form ending in **–er**.

„Der Krieg der Sterne" war ein guter Film, aber „E.T." war ein **besserer** Film.

"Star Wars" *was a good movie, but "E.T." was a better movie.*

Liv Ullman ist eine schöne Schauspielerin, aber Ingrid Bergmann war eine **schönere** Schauspielerin.

Liv Ullman is a beautiful actress, but Ingrid Bergmann was a more beautiful actress.

Heute abend gibt es zwei Debatten im Fernsehen. Die **kürzere** dauert eine Stunde.	*Tonight there are two debates on television. The shorter one lasts an hour.*
Wir haben nie **talentiertere** Stuntmen gesehen.	*We have never seen more talented stuntmen.*
Diese Fernsehserie handelt von einer **interessanteren** Geschichte.	*This TV series is about a more interesting story.*

Liv Ullmann, die berühmte
deutsche Schauspielerin

Erweiterung

‖‖‖‖ **Other expressions of comparison**

•▊ *The Construction* Immer + Comparative

This construction is used to express a progressive increase; it has the sense of *more and more*.

Die Werbespots werden **immer origineller**.	*Commercials are becoming more and more original.*
Dieser Schauspieler spielt **immer besser**.	*This actor acts better and better.*

•▌ *The Construction* je . . . desto/umso

The construction **je** + comparative + **desto** (or **umso**) expresses proportionality; its English equivalent is *the more . . . the . . .* . **Je**, which functions as a subordinating conjunction, begins the dependent clause and is followed by an adjective in the comparative form. The verb appears at the end of the clause. In the **desto–** clause, **desto** is followed by the comparative, then the verb. The subject comes last.

Je mehr ich fernsehe, **desto (umso)** mehr Kopfschmerzen kriege ich.	*The more I watch television, the more headaches I get.*
Je berühmter die Schauspieler sind, **desto (umso)** reicher sind sie.	*The more famous actors are, the richer they are.*

||||||▌ Übungen

A. Ergänzen Sie mit Komparativformen.

1. Ich habe nie einen (romantisch) Film gesehen.
2. Kennst du eine (gut) Sendung?
3. Gibt es (lang) Dokumentarfilme?
4. Er hat von (lustig) Trickfilmen gesprochen.
5. Warum machen Sie nicht (originell) Werbespots?
6. Kann er (romantisch) Szenen spielen?
7. Warum will Hermann einen (billig) Fernseher kaufen?
8. Das ist eine (groß) Besetzung.
9. Der Minister hat sich für (lehrreich) Sendungen ausgesprochen.
10. Ich möchte mir gern eine (kurz) Talkshow ansehen.

B. Bilden Sie Sätze aus den angegebenen Satzteilen. Benutzen Sie den Komparativ und das Perfekt.

1. wir / sehen / nie / eine / dumm / Sendung
2. ihr / kaufen / nie / ein / gut / Fernsehapparat
3. er / werden / ein / lustig / Schauspieler
4. es / geben / keine / interessant / Debatte
5. sie (*pl.*) / übertragen / ein / lang / Fernsehquiz
6. diese Regisseurin / drehen / ein / kurz / Film
7. du / aufzeichnen / nie / eine / spannend / Talkshow
8. ich / hören / nie / von / eine / dramatisch / Fernsehserie

C. Spiel. *Die Klasse teilt sich in zwei Gruppen ein. In beiden Gruppen sollen die Studenten Komparativformen benutzen wie im Beispiel.*

Beispiel: Gruppe 1: Nenne einen guten Schauspieler!
Gruppe 2: Robert De Niro ist ein guter Schauspieler.
Gruppe 2: gewinnt einen Punkt.

Gruppe 2: Nenne einen besseren!
Gruppe 1: Michael Douglas ist ein besserer Schauspieler.
Gruppe 1: gewinnt einen Punkt.

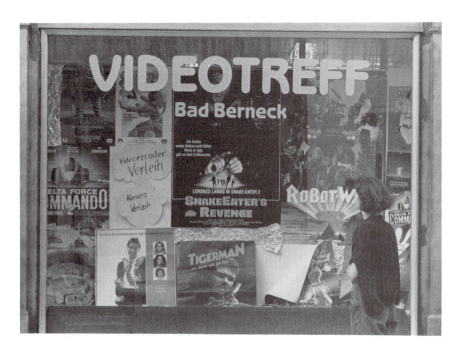

Ein Videothek

The Superlative (Der Superlativ)

Ich habe Freunde, die die Seifenopern täglich verfolgen. *Die meisten* dieser Sendungen sind wirklich dumm. Diejenigen, die mir *am besten* gefallen, sind „Dynastie" und „General Hospital". Es gibt auch Fernsehserien wie „Matt Houston" oder „Mike Hammer". Diese ist wahrscheinlich *die dümmste* Serie, die ich je gesehen habe!

Adjectives in the superlative are in italics, e.g., *die meisten.*

The superlative is used to compare the qualities of beings, things, or concepts with the qualities of more than two other beings, things, or concepts.

She is *the best* actress in the world.
Of the three films I have seen, this one is *the most* dramatic.

||||||| Predicate Adjectives and Adverbs (Prädikative Adjektive und Adverbien)

•| *Regular Forms*

All adverbs and most predicate adjectives form the superlative with **am** and the ending **–sten**.

Adjective		
Positive	Diese Sendung ist interessant.	This program is interesting.
Superlative	Diese Sendung ist **am** interessant**esten.**	This program is *the most* interesting.
Adverb		
Positive	Anton singt schön.	Anton sings beauti-fully.
Superlative	Anton singt **am** schön**sten.**	Anton sings *the most* beautifully.

•| *Irregular Forms*

The monosyllabic adjectives and adverbs that have an umlaut in the comparative also have an umlaut in the superlative.

Von diesen drei Schauspielerinnen war Marlene Dietrich **die jüngste.**
Dieser Regisseur hat mit Hanna Schygulla **am längsten** gearbeitet.

Of these three actresses, Marlene Dietrich was the youngest.
This director has worked the longest with Hanna Schygulla.

The superlative of the following adjectives and adverbs is irregular:

Positive	Superlative
bald	ehest > am ehesten (*the soonest*)
gern	liebst > am liebsten (*the most favorite*)
gut	best > am besten (*the best*)
hoch	höchst > am höchsten (*the highest*)
viel	meist > am meisten (*the most*)

Diesen Film sehe ich mir **am liebsten** an.	*I like to watch this film best of all.*
Dieser Fernsehansager hat **am meister** gearbeitet.	*This television announcer worked the most.*

NOTES:

a. Adjectives ending in **–d**, **–t**, or an **–s** sound add an **–e** before the **–stem** ending in the superlative form.

Diese Sendung war am interessantesten.	*This program was the most interesting.*
In diesem spanischen Film war die Musik am heißesten.	*This Spanish movie had the hottest music.*
Dieser Dokumentarfilm ist am kürzesten.	*This documentary film is the shortest.*

Exception: **groß > größt > am größten.**

b. The superlative of **oft (am öftesten)** is rarely used. It is usually replaced by **am häufigsten**.

Ich gehe **am häufigsten** ins Kino.	*I go to the movies the most often.*

c. As a form of emphasis, the prefix **aller–** (*of all*) may be added to the superlative form of the adjective.

Sie singt am **aller**besten.	*She sings best of all.*
Thomas arbeitet am **aller**schwersten.	*Thomas works the hardest of all.*

|||||| ▌ Übung

Ergänzen Sie mit den richtigen Superlativformen.

Beispiel: Dieser deutsche Film ist _____ (schön).
Dieser deutsche Film ist am schönsten.

1. Johann ist _____. (jung, dumm, intelligent, bekannt)

2. Diese Schauspielerinnen spielen _____. (gut, schlecht, riskant, hervorragend)

3. Der Regisseur arbeitet _____. (viel, oft, schwer, unermüdlich)

4. Du warst wahrscheinlich _____. (kritisch, erfolgreich, schwach, krank)

5. Die Handlung des Filmes ist _____. (kompliziert, alltäglich, interessant, blutig)

||||||■ Attributive Adjectives (Attributive Adjektive)

In the superlative, attributive adjectives take the same strong, weak, and mixed adjective endings as other adjectives.

Das ist wahrscheinlich der **originellste** Regisseur seiner Generation.	*He is probably the most original director of his generation.*
Diese Fernsehansagerin ist die Frau meines **besten** Freundes.	*This anchorwoman is my best friend's wife.*

This construction may also be used for predicate adjectives.

Dieser Regisseur ist der originellste. (or) Dieser Regisseur ist am originellsten.

▌ Erweiterung

|||||||▌ The Absolute Superlative (Der absolute Superlativ)

The absolute superlative indicates the highest degree in the quality expressed by the adjective or adverb.

When used as an adjective, the absolute superlative is not preceded by an article.

Liebste Zuschauer!	*Dearest spectators!*
Beste Grüße!	*Best regards!*

When used as an adverb, the absolute superlative may be preceded by an article and declined, or it can stand alone undeclined.

Sie sangen **am besten**.	*They sang the best.*
Der Film war **höchst** dramatisch.	*The film was extremely dramatic.*
Wir haben uns eine **äußerst** interessante Debatte angehört.	*We listened to a highly interesting debate.*

‖‖‖‖‖‖▌ Übungen

A. *Antworten Sie auf die folgenden Fragen. Benutzen Sie den Superlativ. Passen Sie darauf auf, daß der letzte Teil jedes Satzes im Genitiv sein muß.*

Beispiel: Was ist der Nil? (der Fluß / lang / die Welt)
          Das ist der längste Fluß der Welt.

1. Was hast du gesehen? (die Sendung / gut / die Saison)
2. Wen hast du getroffen? (der Fernsehansager / attraktiv / das Land)
3. Mit wem bist du ausgegangen? (die Schauspielerin / erfolgreich / ihre Generation)
4. Wo hast du ihn kennengelernt? (bei / das Filmfestival / groß / die Vereinigten Staaten)
5. Wofür haben sich die Filmbesucher begeistert? (für / der Film / romantisch / das Jahr)
6. Was für einen Trickfilm hat sie gedreht? (der Trickfilm / lustig / ihre Karriere)

B. *Interviewen Sie Ihren Partner/Ihre Partnerin. Tauschen Sie dann die Rollen. Beantworten Sie alle Fragen mit dem Superlativ.*

1. Was hältst du von Mel Gibson? Sharon Stone? Michael Douglas? Elizabeth Taylor?
2. Welches ist die beste amerikanische Schauspielerin deiner Meinung nach? In was für Filmen spielt sie?
3. Welches ist die dümmste Fernsehsendung? Welches ist die lehrreichste?
4. Wer ist der attraktivste Fernsehansager im amerikanischen Fernsehen? die intelligenteste Fernsehansagerin? die älteste und reichste Journalistin?
5. Wer ist der schlechteste amerikanische Schauspieler deiner Meinung nach? Warum? Was für Rollen spielt er gern?
6. Welches ist die zerstreuendste Fernsehserie deiner Meinung nach? Welches ist die langweiligste?

C. Sehen Sie sich die folgenden Programme an und beantworten Sie die Fragen.

Mo. 9.11.

1. Programm	2. Programm	SAT.1	RTL plus
14.30 **Janoschs Traumstunde** Der Wettlauf zwischen Hase und Igel	14.50 **Matlock**	13.35 **Unter der Sonne Kaliforniens**	12.30 **Jung und leidenschaftlich**
15.00 **Tagesschau**	15.35 **Echt tierisch!**	14.30 **Nachbarn** anschl. **SAT.1 NEWS**	13.20 **California Clan**
15.03 **Ein aufsässiges Mädchen** US-Spielfilm von 1936	16.00 **heute**	15.05 **Hotel**	14.15 **Die Springfield Story**
16.30 **Die Campbells**	16.03 **Der herzlose Riese**	16.00 **MacGyver** anschl. **SAT.1 NEWS**	15.00 **Quincy**
17.00 **punkt 5 - Länderreport**	16.25 **logo**	17.05 **Geh aufs Ganze!**	16.00 **Hans Meiser**
17.15 **Tagesschau**	16.35 **Querkopf**	17.45 **Regionalprogramme**	17.00 **Riskant!**
17.25 **Regionalprogramme**	17.00 **heute**	18.15 **Bingo**	17.30 **Der Preis ist heiß**
20.00 **Tagesschau**	17.10 **Sport heute**	18.45 **SAT.1 NEWS**	18.00 **Elf 99**
20.15 **Nur keine Hemmungen** mit Michael Schanze	17.15 **länderjournal**	19.00 **ran** **SAT.1-SPORT**	18.45 **RTL aktuell**
20.59 **Tagesthemen-Telegramm**	17.40 **Ein Fall für zwei**	19.20 **Glücksrad** anschl. **WetterNEWS**	19.15 **Explosiv – Das Magazin**
21.00 **Report**	19.00 **heute**	20.15 **Der Bergdoktor** Kolibri im Schafstall Dt. Fam.-Serie von 1992	19.45 **Gute Zeiten, schlechte Zeiten**
21.45 **In der Hitze der Nacht** Mit harten Fäusten	19.20 **Tod der Engel** Kindsmord vor Gericht	21.15 **Die goldene Schlager-parade**	20.15 **Columbo:** Mord mit der linken Hand US-Thriller von 1971
22.30 **Tagesthemen**	21.00 **auslandsjournal**	22.00 **Phantastische Phänomene**	21.45 **Auf Leben und Tod**
23.00 **Schwarz Rot Gold:** Schmutziges Gold	21.45 **heute-journal**	23.00 **SAT.1 NEWS**	22.45 **10 vor 11**
0.45 **Tagesschau**	22.15 **The King of Comedy** US-Spielfilm von 1982	23.05 **News & Stories**	23.15 **Gottschalk**
0.50 **Die Roboter kommen** US-Spielfilm von 1986	0.00 **Die stillen Stars**		0.00 **Tropical Heat**
2.20 **Zuschauen – Entspan-nen – Nachdenken**	0.30 **heute**		1.00 **Eine schrecklich nette Familie**
	0.35 **Ohara** Heiße Steine		

1. Wie oft kommt die Tagesschau im ersten Programm?
2. Welche Sendungen möchten Sie sich im zweiten Programm ansehen? Warum?
3. Wieviele amerikanische Sendungen bietet Sat.1 an? Welche? Was halten Sie von diesen Sendungen?
4. Welches Fernsehspiel gibt es auf RTL plus?

Da- and *wo-*compounds (Pronominaladverbien)

Wofür interessieren sich die meisten amerikanischen Fernsehzuschauer? **Worüber** denken sie nach, wenn sie sich Werbespots im Fernsehen ansehen? Das sind Fragen, die ich interessant finde. Meistens gibt es so viele Werbespots im Fernsehen, daß die Amerikaner *darauf* nicht mehr aufpassen. Viele schalten währenddessen auf ein anderes, interessanteres Programm um. Wenn ich *daran* denke, daß wir bei uns immer mehr Werbespots im Fernsehen haben, macht es mich nervös!

wo-compounds are in boldface type, e.g., **wofür**.
da-compounds are in italics, e.g., *darauf*.

Like adverbs, **da-** and **wo**-compounds are indeclinable. These compounds are formed with the adverbs **da** and **wo** attached as prefixes to most prepositions. If the preposition begins with a vowel, **dar–** and **wor–** are used instead.
Following is a list of commonly used **da–** and **wo–** compounds:

Da– and wo– compounds

dabei / wobei	danach / wonach	da<u>r</u>in / wo<u>r</u>in
dadurch / wodurch	davon / wovon	da<u>r</u>an / wo<u>r</u>an
dafür / wofür	davor / wovor	darauf / wo<u>r</u>auf
dagegen / wogegen	dazu / wozu	da<u>r</u>aus / wo<u>r</u>aus
damit / womit		da<u>r</u>über / wo<u>r</u>über

NOTE:

The following prepositions are never used in compounds: **außer, ohne, seit, statt, trotz, wegen**, and **während**.

‖‖‖‖‖ The *da*-compounds

Da-compounds refer to a thing or things mentioned in the preceding sentence or clause. They cannot be used to refer to persons. To refer to persons, personal pronouns must be used. Compare the following sentences:

Referring to things

—Denkst du noch an den Film?

—Ja, ich denke noch **daran**.

—Spricht Anton oft von dem Filmfestival?

—Ja, er spricht oft **davon**.

—Are you still thinking about the movie?

—Yes, I am still thinking *about it*.

—Does Anton often talk about the film festival?

—Yes, he often talks *about it*.

Referring to persons

—Denkst du noch an Erika?

—Nein, ich denke nicht mehr **an sie**.

—Spricht der Regisseur oft von seinen Stuntmen?

—Ja, er spricht oft **von ihnen**.

—Are you still thinking about Erika?

—No, I am no longer thinking *about her*.

—Does the director often talk about his stuntmen?

—Yes, he often talks *about them*.

‖‖‖‖‖‖‖ Übungen

A. Sagen Sie, auf welche Bezugswörter sich die unterstrichenen Prono-minaladverbien beziehen und übersetzen Sie die Sätze.

Beispiel: —Handelt der Film von einer tragischen Liebe? —Ja, er handelt <u>davon</u>.
Bezugswörter: **eine tragische Liebe.**
— Is the movie about a tragic love? —Yes, it's about that.

1. —Habt ihr über eure Probleme gelacht? —Ja, wir haben <u>darüber</u> gelacht.
2. —Was machen die Filmstars mit all ihrem Geld? —Ich weiß nicht, was sie <u>damit</u> machen.
3. —Weißt du, ob die Fernsehansagerin von der Situation im Mittleren Osten gesprochen hat? —Ja, ich glaube, daß sie <u>davon</u> gesprochen hat.
4. —Hat Eva-Maria Angst vor Horrorfilmen? —Ja, sie soll <u>davor</u> Angst haben.
5. —Liegt das Drehbuch auf dem Stuhl der Regisseurin? —Nein, es liegt nicht <u>darauf</u>.

B. Antworten Sie auf die folgenden Fragen. Benutzen Sie Prono-minaladverbien, um die unterstrichenen Wörter zu ersetzen.

Beispiel: Erinnern Sie sich an <u>diese alte Fernsehserie</u>?
Ja, ich erinnere mich daran. (oder)
Nein, ich erinnere mich nicht daran.

1. Glauben Sie an <u>das Gute im Menschen</u>?
2. Denkst du oft über <u>dieses Problem</u> nach?
3. Haben sich die Zuschauer auf <u>das Fernsehquiz</u> gefreut?
4. Werden sich deine Eltern für <u>diesen Dokumentarfilm</u> interessieren?
5. Hat Hans von <u>seinen Problemen</u> erzählt?

C. Ersetzen Sie die unterstrichenen Wörter durch Personalpronomen oder Pronominaladverbien.

Beispiele: Sie haben viel über <u>den Film</u> gesprochen.
Sie haben viel darüber gesprochen.

Die Journalistin möchte mit <u>Hanna Schygulla</u> sprechen.
Die Journalistin möchte mit ihr sprechen.

1. Die Zuschauer haben lange auf <u>den Film</u> gewartet.
2. Wir sprachen mit <u>dem berühmten Filmstar</u> vor seinem Hotel.
3. Ich möchte an <u>dieser Talkshow</u> teilnehmen.

4. Stimmt es, daß Helmut jede Nacht von <u>Cindy Crawford</u> träumt?
5. Interessierst du dich für <u>seine Situation</u>?
6. Wir sind <u>zum Regisseur</u> gegangen, um ihn nach seiner Meinung zu fragen.

||||||■ The *wo*-compounds

Wo-compounds are used to ask questions. They refer to things, never to persons. In questions referring to persons, the accusative interrogative pronoun **Wen?** or the dative interrogative pronoun **Wem?** must be used. Compare the following sentences:

Referring to things

—**Woran** denken Sie?
—Ich denke an das Forum, das ich gestern im Fernsehen gesehen habe.

—*What* are you thinking about?
—I'm thinking of the forum I saw on TV yesterday.

—**Wofür** schwärmt sie?
—Sie schwärmt für italienische Filme.

—*What* is she crazy about?
—She's crazy about Italian films.

Referring to persons

—An **wen** denken Sie?
—Ich denke an die Hauptfigur des Filmes.

—*Whom* are you thinking about?
—I'm thinking about the main character of the movie.

—Mit **wem** spielt sie immer?
—Sie spielt immer mit bekannten Schauspielern.

—*With whom* does she always act?
—She always acts with famous actors.

||||||| ▌ Übungen

A. Stellen Sie Fragen über die unterstrichenen Wörter. Benutzen Sie Pronominaladverbien.

Beispiel: Ich denke an den Film.
                  Woran denkst du?

1. Kevin Costner hat auf meinen Liebesbrief nicht geantwortet.
2. Dieser Film handelt von dem Einfluß der Massenmedien auf das Individuum.
3. Dieser Werbespot wirbt für Waschpulver.
4. Wir waren mit der Situation zufrieden.
5. Am nächsten Tag lachten die Zuschauer noch über die Geschichte.

B. Ergänzen Sie die Sätze wie nach dem Beispiel.

Beispiel: — _____ (**Von wem**) träumt Erika manchmal? Träumt
                  sie von Tom Cruise?
                  —Ja, sie träumt _____ (**von ihm**).

                  — _____ (**Wovon**) träumt Erika manchmal? Träumt sie
                  von ihren Problemen?
                  —Nein, sie träumt nicht _____ (**davon**).

1. — _____ werden sich deine Eltern streiten? Über die

     Fernsehprogramme?

     —Ja, sie werden sich _____ streiten.

2. — _____ möchten Sie gern arbeiten? Mit diesem berühmten

     Regisseur?

     —Ja, ich möchte gern _____ arbeiten.

3. — _____ hat deine kleine Schwester Angst? Vor den

     Horrorfilmen?

     —Nein, sie hat keine Angst _____.

4. — _____ handelte es sich in dieser Serie? Um eine

     romantische Liebesgeschichte?

     —Nein, es handelte sich nicht _____.

5. — _____ habt ihr oft gedacht? An eure Mutter?

     —Ja, wir haben oft _____ gedacht.

Interaktionen und Situationen

A. Interviewen Sie einen Partner/eine Partnerin. Tauschen Sie dann die Rollen. Beantworten Sie die Fragen mit Pronominaladverbien oder Personalpronomen.

1. Woran denkst du jetzt? An deine Probleme? An den letzten Film, den du gesehen hast?
2. An wen denkst du jetzt? An deinen Freund/deine Freundin? An den Professor/die Professorin?
3. Wofür schwärmst du? Für psychologische Filme? Für romantische Liebesgeschichten? Für spannende Abenteuerfilme?
4. Für wen schwärmst du? Für muskulöse Schauspieler/attraktive Schauspielerinnen? Für humorvolle Männer/Frauen?
5. Wovor hast du Angst? Vor brutalen Horrorfilmen? Vor Kriegsfilmen?
6. Vor wem hast du Angst? Vor bizzaren Leuten? Vor Mördern?
7. Wovon sprichst du oft? Von den Fernsehsendungen, die du magst? Von der Deutschstunde?
8. Von wem sprichst du oft? Von deiner Zimmergenossin/deinem Zimmergenossen? Von deiner Familie?
9. Worauf wartest du oft? Auf den Bus? Auf das Flugzeug? Auf einen Brief?
10. Auf wen wartest du oft? Auf deine Freunde? Auf den Professor/die Professorin?

B. Sprechen Sie mit einem Partner/einer Partnerin von dem letzten Film, den Sie sich angesehen haben. Benutzen Sie den Wortschatz des Kapitels und so viele Pronominaladverbien, Personalpronomen und Komparativformen wie möglich.

Nützliche Verben und Ausdrücke:

sprechen von + *dat.*	to talk about
denken an + *acc.*	to think of
schwärmen für + *acc.*	to be crazy about
sich interessieren für + *acc.*	to be interested in
handeln von + *dat.*	to be about
Angst haben vor + *dat*	to be afraid of
sich freuen auf + *acc.*	to look forward to

Kapitel 10

Sprache und Literatur

|||||||||||||||||||||||||||||| **Auf den ersten Blick**

Numbers, dates, and time

Relative clauses (Part 1)

Relative clauses (Part 2)

|||||||||||||||||||||||||||||| **Ans Ziel**

Numbering people and things

Expressing exact time

Giving further information about people, things, and concepts

Clockwise from left: Patrick Süskind, Anna Seghers, Heinrich Boell, Monika Maron.

Kulturelles

Heike, die im ersten Semester Kurse in englischer Literatur, Spanisch und Journalistik belegt hat, erzählt ihrer Freundin Ursula, was ihr an ihrem Literaturkurs gut gefallen hat.

Liebe Ursula!

Ich hoffe, es geht Dir gut und Du langweilst Dich nicht in Deinen Kursen! Was   5
für Zensuren hast Du im ersten Semester bekommen? Meine waren soso, aber
im zweiten Semester werde ich bestimmt bessere Noten kriegen! Letztes
Semester habe ich meinen Kurs in englischer Literatur wirklich gemocht.
Unsere Professorin, die übrigens ein Jahr in Deutschland verbracht hat, hatte
parts den ganzen Kurs in drei Teile° aufgeteilt. Mir hat der dritte Teil, in dem wir   10
mehr moderne Autoren studiert haben, am besten gefallen. Da haben wir ein
short novels/novels paar Novellen° und Romane° lesen müssen, um später in der Klasse darüber zu
fairy tales diskutieren. Wir haben auch von den Symbolen, die sich in vielen Märchen°
selected befinden, gesprochen. Die Novellen, die die Professorin ausgewählt° hatte,
devoured at a stretch waren so interessant, daß ich sie in einem Zug verschlungen habe°. Der Titel   15
Wem . . . : For Whom the eines der Romane, die wir haben lesen müssen, war „Wem die Stunde schlägt"°
Bell Tolls von Ernest Hemingway, dem berühmten amerikanischen Autor. Hast Du ihn
schon gelesen? Die Sprache war manchmal ein bißchen schwer für mich zu
civil war verstehen, aber die Geschichte, die während des spanischen Bürgerkriegs° im
Jahre 1936 stattfand, war sehr interessant. In diesem Kurs haben wir wirklich   20
vieles gelernt. Jetzt weiß ich besser, wie ich ein Gedicht oder irgendeinen
explain/writer literarischen Text erläutern° kann. Ich kann die Gedanken eines Schriftstellers°
besser analysieren und vor allem habe ich gelernt, wie ich meine Meinung
express/justify äußern° und mich rechtfertigen° kann.
enthusiastic   Nun! Ich bin immer so begeistert°, wenn es um Literatur geht! Übrigens   25
loaned hast Du den Kriminalroman, den ich Dir geliehen° hatte, zu Ende gelesen? Hat
judge/hangman er Dir gefallen? Was hältst du von dem Titel „der Richter° und sein Henker°"
main character und von der Hauptgestalt°? Findest Du nicht, daß Friedrich Dürrenmatt ein
talented besonders begabter° Autor war? Ich glaube, ich werde mir alle seine Bücher
lesen.   30
      Noch eines. Ich habe völlig vergessen, wann Anton Geburtstag hat. Ist es
confuse am 10. September oder am 9. Oktober? Ich verwechsle° immer diese beiden
Daten.
      Weißt Du, daß meine Eltern mich bald besuchen werden? Eigentlich
werden sie am 20. Juli ankommen und werden bis zum 5. August bleiben. Ich   35
freue mich darauf, sie wiederzusehen.
      Nun! Ich muß jetzt aufhören! Es ist schon halb neun und um neun Uhr
fängt ein guter Film, den ich übrigens schon gesehen habe, im Fernsehen an.
Viele liebe Grüße,

Heike

Fragen

1. Welchen Kurs hat Heike letztes Semester wirklich gemocht?
2. Was hat sie im dritten Teil dieses Kurses studiert?
3. Warum hat Heike alle Novellen in einem Zug verschlungen?
4. In welchem Jahr fand die Geschichte des Romans von Hemingway statt?
5. Warum hat Heike dieser Literaturkurs besonders gefallen?
6. Was will Heike von ihrer Freundin wissen?
7. Wie lange werden Heikes Eltern in den USA bleiben?
8. An welchem Tag haben Sie Geburtstag? Und Ihre Eltern? Ihre Geschwister? Ihr bester Freund/Ihre beste Freundin?
9. Haben Sie schon einen Kurs in englischer Literatur belegt? Hat er Ihnen gefallen? Warum? Warum nicht? Was für Romane und Novellen haben Sie für diesen Kurs lesen müssen? Welche haben Ihnen gut/nicht gut gefallen?

||||||■ Wortschatz

Sinnverwandte Wörter

die **Antwort** (–en)	der **Reim** (–e)
das **Argument** (–e)	der **Romantiker** (–)
der **Autor** (–en) / die **Autorin** (–nen)	die **Satire** (–n)
der **Bestseller** (–)	der **Stil** (–e)
der **Comic** (–s) = der **Cartoon** (s)	das **Symbol** (–e)
die **Diskussion** (–en)	der **Text** (–e)
die **Fabel** (–n)	der **Titel** (–)
der **Klassiker** (–)	der **Vers** (–e)
die **Kritik** (–en)	das **Werk** (–e)
die **Literatur** (–en)	der **Wert** (–e)
die **Prosa** (*no pl.*)	

(auto)biographisch	**romantisch**
historisch	**satirisch**
klassisch	**stilistisch**
kritisch	**symbolisch**
literarisch	**wertlos ≠ wertvoll**
poetisch	

analysieren
diskutieren über (+ *acc.*)
sich mit jemandem / etwas identifizieren
kritisieren
meinen
sich reimen

Die Sprache

die **Bedeutung** (–en) = der **Sinn** (–e) meaning
die **Bemerkung** (–en) remark
die **Erklärung** (–en) explanation
die **Frage** (–n) question
das **Gegenteil** (–e) opposite
der **Grund** (⸚e) reason
die **Meinung** (–en) = die **Ansicht** (–en) opinion
die **Meinungsverschiedenheit** difference of opinion
die **Rechtfertigung** (–en) justification
die **Rezension** (–en) review (by a critic)
der **Standpunkt** (–e) point of view

das **Vorurteil** (–e) prejudice
der **Wert** (–e) value
der **Widerspruch** (ᵘe) contradiction

Die Literatur

der **Absatz** (ᵘe) = der **Abschnitt** (–e) paragraph
der **Antiheld** (–en, –en) antihero
der **Dichter** (–) / die **Dichterin** (–nen) poet
die **Dichtung** (*no pl.*) poetry
der **Erzähler** (–) / die **Erzählerin** (–nen) narrator
die **Erzählung** (–en) story, tale
das **Gedicht** (–e) poem
die **Hauptfigur** (–en) main character
der **Held** (–en, –en) / die **Heldin** (–nen) hero, heroine
das **Kapitel** (–) chapter
der **Kriminalroman** (–e) = der **Krimi** (–s) detective story
die **Kurzgeschichte** (–n) short story
der **Liebesroman** (–e) love story
die **Nebenfigur** (–en) secondary character
das **Märchen** (–) fairy tale
die **Novelle** (–n) short novel
der **Roman** (–e) novel
der **Schriftsteller** (–) / die **Schriftstellerin** (–nen) writer
die **Strophe** (–n) stanza
das **Wörterbuch** (ᵘer) dictionary
die **Zeile** (–n) line
der **Zukunftsroman** (–e) science-fiction novel

Adjektive

bedeutend = **wichtig** important ≠ **unbedeutend**
begabt talented
gepflegt refined
romanhaft fictitious ≠ **realistisch**
umstritten controversial

Verben

an•führen: ein Argument an•führen to bring forward an argument
äußern: seine Meinung äußern to give one's opinion
behaupten to claim
betonen to emphasize
bewundern to admire
erwähnen to mention
erzählen to tell

rechtfertigen to justify
rezensieren to review (a book)
verschlingen (a, u): einen Roman verschlingen to devour a book
widersprechen (i, a, o): jemandem widersprechen to contradict someone
zusammen•fassen to summarize

Ausdrücke

Wert legen auf (+ acc.)	to attach importance to
Ich habe das Buch schon zu Ende gelesen.	I have already finished the book.
Wovon handelt der Roman?	What is the novel about?
Es ist die Rede von ...	It is about ...
Schneewittchen	Snow White
Rotkäppchen	Little Red Riding Hood
Dornröschen	Sleeping Beauty
Aschenbrödel	Cinderella
Was hältst du davon?	What do you think about that?
Was meinst du damit?	What do you mean by that?

Rotkäppchen

Aschenbrödel   SchneeWittchen   Dormröschen

||||||▌ Wir sind dran!

A. Ergänzen Sie den folgenden Text mit geeigneten Wörtern aus der Liste.

der Stil   literarisch   der Dichter   analysieren   die Strophe
das Gedicht   der Roman   der Vers   die Novelle   das Märchen
sich reimen

Wenn man einen _____ Text _____, versucht man zuerst zu bestimmen, ob es sich um einen _____, eine _____, ein _____ oder auch ein _____ handelt. Wenn der Text ein Gedicht ist, dann kann man sehen, wieviele _____ und _____ es darin gibt und welche Wörter _____ _____. Dann kann man auch den _____ des _____ analysieren.

B. Welche Wörter und Ausdrücke können auf diese Weise definiert werden? Benutzen Sie die folgende Wortliste:

Rotkäppchen   die Prosa   die Ansicht   die Fabel   der Stil
autobiographisch

1. Das ist das, was man denkt und meint.
2. Das ist das Gegenteil der Dichtung.
3. Dieses Adjektiv bedeutet, daß der Autor sein eigenes Leben beschreibt.
4. Das ist der Titel eines berühmten Märchens, das von einem kleinem Mädchen und einem Wolf handelt.
5. Das ist das, was einen Dichter oder einen Schriftseller charakterisiert.
6. Das ist eine lehrhafte, oft satirische Erzählung, in der die Tiere so wie die Menschen handeln und in der der Autor eine allgemeine Moral oder Wahrheit ausdrückt.

C. Sagen Sie, ob die folgenden Aussagen richtig oder falsch sind.

1. Eine Dichterin ist eine Frau, die Gedichte schreibt.
2. Ein Märchen ist eine realistische Erzählung.
3. Eine Novelle ist ein sehr langer Roman.
4. Eine Strophe ist ein Abschnitt eines Gedichtes oder eines Liedes.
5. Die Hauptfigur eines Werkes ist die bedeutendste Figur dieses Werkes.
6. Dornröschen war der Titel eines Märchens und war auch ein Mädchen, das hundert Jahre lang in einem Schloß schlief.

D. Finden Sie einen Partner/eine Partnerin und interviewen Sie ihn/sie. Tauschen Sie dann die Rollen.

1. Wie heißt das letzte Buch, das du gelesen hast?
2. Welches war der Autor/die Autorin des Buches?
3. Was weißt du über ihn/sie?
4. Um was für ein Buch handelt es sich?
5. Hast du dich mit der Hauptfigur dieses Buches identifizieren können? Warum? Warum nicht?
6. Was hältst du vom Buch? Vom Autor/Von der Autorin? Kannst du mir dieses Buch empfehlen? Warum? Warum nicht?

Grammatik

Numbers, Dates, and Time
(Nummern, Daten und Zeit)

Ich habe völlig vergessen, wann Anton Geburtstag hat. Ist es *am 10. September* oder *am 9. Oktober*? Ich verwechsle immer diese beiden Daten. Weißt Du, daß meine Eltern mich bald besuchen werden? Eigentlich werden sie *am 20. Juli* ankommen und werden *bis zum 5. August* bleiben. Ich freue mich darauf, sie wiederzusehen. Mein Gott! Es ist schon *viertel vor neun* und *um neun* fängt meine Deutschklasse an. Ich muß jetzt aufhören, sonst werde ich noch *einmal* spät ankommen.

Günter Grass

||||||| Cardinal and Ordinal Numbers
(Die Kardinal- und Ordinalzahlen)

•| *Cardinal Numbers*

From 13 on, cardinal numbers are formed by combining at least two numbers: **dreizehn, dreiundzwanzig, hundertsechsundvierzig**. Note that between 21 and 29, 31 and 39, etc., the unit comes first: **ein**undzwanzig (21), **zwei**unddreißig (32).

20	zwanzig
30	dreißig
40	vierzig
50	fünfzig
60	**sech**zig
70	**sieb**zig
80	achtzig
80	neunzig
100	(ein) hundert
102	hundertzwei
110	hundertzehn
125	hundertfünfundzwanzig
145	hundertfünfundvierzig
200	zweihundert
1000	(ein) tausend
1756	ein tausendsiebenhundertsechsundfünzig
2500	zweitausendfünfhundert
10 020	zehntausendzwanzig
100 000	(ein) hundertausend
1 000 000	eine Million (*one million*)
1 000 000 000	eine Milliarde (*one billion*)
1 000 000 000 000	eine Billion (*one trillion*)

NOTES:

a. Note the spelling irregularities: **sechzig** (no **–s–**), **siebzig** (**–en–** is dropped), **einundzwanzig**, **einunddreißig** (no **–s–** at the end of **ein**), **dreißig** (**–ß–** instead of **–z–**).

b. Commas are not used to separate thousands in German. Instead there is a period or a space.

English   *German*

3,456   3.456 or 3 456

As a general rule, with German versus English numbers, commas are replaced by periods and periods by commas.

English   *German*

3.50 marks   DM 3,50

17.780 marks   DM 17, 780

c. **Eins** ends in **–s** only when it is not followed by a noun.

Er wird um **eins** kommen. (*or*)
Er wird um **ein Uhr** kommen.

d. All numbers are written with small letters except **eine Million (–en)**, **eine Milliarde (–n)**, and **eine Billion (–en)**.

When used as nouns, however, **tausend** and **hundert** take capital letters.

Ich habe gehört, daß **Hunderte** oder sogar **Tausende** von Menschen dieses Buch gelesen haben.

I heard that hundreds or even thousands of people have read this book.

e. German arithmetic symbols and terms are as follows:

+	plus	1 + 1 = 2	eins plus eins ist zwei
-	minus	14 - 3 = 11	vierzehn minus drei ist elf
x	mal	20 x 3 = 60	zwanzig mal drei ist sechzig
:	durch	100 : 5 = 20	ein hundert durch fünf ist zwanzig
=	ist		

f. When the suffix **–mal** (*times*) is added to a cardinal number, the resulting word is an indeclinable adverb.

einmal   *once (one time)*
zweimal   *twice (two times)*
dreimal   *three times*
vierzigmal   *forty times*

Ich habe das Gedicht **zweimal** vorgelesen.

I read the poem aloud twice.

g. Telephone numbers are read aloud as in English.

208-2432: zwei null acht – zwei vier drei zwei

Very often **zwei** is replaced by **zwo** on the telephone to differentiate **zwei** from **drei**.

Street numbers appear and are read as follows:

Goethestraße 167: Goethestraße hundertsiebenundsechzig

‖‖‖‖▌ Übungen

A. *Lesen Sie folgende Zahlen laut vor.*

1. 27	**4.** 54	**7.** 86	**10.** 245	**13.** 13542
2. 31	**5.** 67	**8.** 99	**11.** 1995	**14.** 250310
3. 43	**6.** 71	**9.** 121	**12.** 3759	**15.** 3487275

B. Schreiben Sie folgende Zahlen aus.

1. 35 441   **2.** 721 215   **3.** 31 245 698

C. Zählen Sie! Lesen Sie die Zahlen laut vor!

1. 25 - 12 = 13   **3.** 160 x 3 = 480   **5.** 2410 + 523 = 2933
2. 68 + 10 = 78   **4.** 750 : 2 = 375   **6.** 13215 - 320 = 12895

• ▌ *Ordinal Numbers*

Ordinal numbers indicate ranking in a succession. All ordinal numbers except for **der/die/das erste** (*the first*) are formed by adding the suffix **–te** or **–ste** to the cardinal number. The suffix **–te** is added to cardinal numbers up to and including 19 (**der/die/das neunzehnte**); after 19, the suffix **–ste** (**der/die das zwanzigste**) is added. These suffixes correspond to the English suffix *–th* (the fourteen*th*, the fiftie*th*). Ordinal numbers are declined like any other adjectives.

Ordinal Numbers up to 19: *–te*	
der/die/das	zweite (2.) = 2nd zehnte (10.) = 10th neunzehnte (19.) = 19th

|||||||||||||||||||||||||||||||||||||||||||||||||||||||||||||||

Ordinal Numbers 20 and Above: *-ste*

der/die/das	zwanzigste (20.) = 20th einundvierzigste (41.) = 41st hundertste (100.) = 100th

Hast du den zwei**ten Absatz** schon
   zu Ende gelesen?

Have you already finished reading
   the second paragraph?

Was bedeutet das er**ste** Wort?

What does the first word mean?

NOTES:

a. Note the spelling irregularities.

der/die/das {
  erste   *the first*
  dritte   *the third*
  siebte   *the seventh*
  achte   *the eighth*

b. A period is placed after the ordinal numbers when they are written as numerals.

Heute haben wir den 3. November.
(Read: Heute haben wir den **dritten** November.)

c. Adverbs can be formed by adding the suffix **–ens** to the ordinal numbers.

erst > **erstens** *first(ly)*
zweit > **zweitens** *second(ly)*
dritt > **drittens** *third(ly)*

Erstens habe ich keine Zeit zum
   Lesen, **zweitens** kein Interesse
   daran, **drittens** keine Lust dazu.

First, I don't have time to read,
   second it doesn't interest me,
   third I don't feel like it.

d. Names of fractions (**Brüche**) are formed with the suffix **–tel** added to the ordinal numbers. These nouns are neuter.

dritt > **ein Drittel** = 1/3
vier > **ein Viertel** 1/4
zehn > **ein Zehntel** 1/10

Ein Viertel der Studenten meiner
   Klasse kennt diesen Autor nicht.

One fourth of the students in my
   class doesn't know this author.

Exception: **die Hälfte** (*half*)

|||||||▌ Übungen

A. *Lesen Sie zuerst die folgenden Satzteile laut vor. Bilden Sie dann ganze Sätze damit.*

1. am 1. August
2. der 3. September
3. der 14. Juli

4. am 24. Dezember
5. der 31. Januar
6. im 56. Stock

B. *Schreiben Sie die folgenden Brüche auf deutsch.*

1. Ich habe schon 3/4 des Buches gelesen.
2. Erklären Sie die zweite 1/2 des Gedichtes!
3. Nur 1/3 seiner Erzählungen ist von großer literarischer Bedeutung.
4. Gerd muß 1/5 des Textes übersetzen.
5. Diese Autorin hat nur 1/10 ihres Werkes auf deutsch geschrieben.

C. *Sagen Sie, was Sie heute nach der Deutschstunde machen werden. Benutzen Sie den folgenden Stundenplan, das Futur I und die Adverbien* erstens, zweitens *und* drittens.

	Montag	Dienstag	Mittwoch	Donnerstag	Freitag
8–9					
9–10	Deutsch			Biologie	Geschichte
10–11	Biologie		Deutsch	Biologie	
11–12	Geschichte		Geschichte		
12–13	Literatur	Tennis	Literatur		Tennis
13–14				Musik	
14–15				Musik	Deutsch
15–16					Literatur
16–17					
17–18					
18–19					

||||||■ Dates (Die Daten)

Both cardinal and ordinal numbers are used to express a date. Cardinal numbers are used to indicate the year, ordinal numbers to indicate the day.

Der wievielte (*nom.*) ist heute?
Den wievielten (*acc.*) haben wir heute? } *What's today's date?*
Welches Datum haben wir heute?

Heute ist der 1. (erste) April 1994.
Heute haben wir den 1. (ersten) April 1994. } *Today is the first of April, 1994.*

NOTES:

a. Dates in German *always* begin with the day and then the month.

10.02.90 = den 10. (zehnten) Februar 1990

b. In letterheads, a period always follows the ordinal number.

Düsseldorf, den 16. März 1994

c. German has two ways to express: *in* + year.

im Jahre 1989
1989 } *in 1989*

Im Jahre 1961 (*or* 1961) schrieb   *The famous German writer wrote*
   der berühmte deutsche   *this novel in 1961.*
   Schriftsteller diesen Roman.

d. The word **hundert** must be used when stating a year.

im Jahre 1994:   im Jahre neunzehn**hundert**vierundneunzig

|||||■ Übungen

A. *Geben Sie das Datum an.*

Beispiel: 10/03/1990
      Heute haben wir den 10. (zehnten) März neunzehnhundertneunzig.

1. 01/02/1995   **4.** 04/07/1776
2. 07/09/1850   **5.** 11/12/1941
3. 27/01/1973   **6.** 01/01/2000

B. *Finden Sie einen Partner/eine Partnerin. Stellen Sie ihm/ihr folgende Fragen und tauschen Sie dann die Rollen.*

1. Wann hast du Geburtstag?
2. Wann hat dein bester Freund/deine beste Freundin Geburtstag?

3. Den wievielten haben wir heute?
4. Den wievielten werden wir morgen haben?
5. Welches Datum hatten wir gestern?
6. Wann hat das Semester begonnen?
7. Wann werden die nächsten Ferien beginnen?

|||||||▊ Time (Die Zeit)

To tell time, German speakers commonly use two systems: the 12-hour system for everyday conversations and the 24-hour system for official schedules.

To learn what time it is, one can ask the following questions:

Wie spät ist es?
Wieviel Uhr ist es? } *What time is it?*

Wie spät ist es?

Es ist fünf (Uhr).	Es ist fünf **nach** fünf.	Es ist **Viertel nach** fünf.
Es ist siebzehn Uhr.	Es ist siebzehn Uhr fünf.	Es ist siebzehn Uhr fünfzehn.

Es ist **halb sechs**.	Es ist zwanzig **vor** sechs.	Es ist **Viertel vor** sechs.
Es ist siebzehn Uhr dreißig.	Es ist siebzehn Uhr vierzig.	Es ist siebzehn Uhr fünfundvierzig.

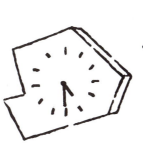  

NOTES:

a. It is one o'clock. = Es ist **eins.** (oder)
Es ist **ein Uhr.**

b. half past five = halb **sechs.** (half of the *next* hour)
half past six = halb **sieben**

c. To express a.m. and p.m. the following adverbs may be used: **morgens** (*early morning*), **vormittags** (*between 10 and 12 a.m.*), **mittags** (*at noon*), **nachmittags** (*between 1 and 5 p.m.*), **abends** (*after 5 p.m.*), **nachts** (*after 11 p.m.*).

Mitternacht is *midnight.*

Es ist vier Uhr nachmittags.   *It is 4 p.m.*
Es ist 9 Uhr morgens.   *It is 9 a.m.*

d. To express exact time, the preposition **um** is used. To express approximate time, the preposition **gegen** is used.

Um wieviel Uhr?   *At what time?*
Um 8 Uhr.   *At 8 o'clock.*
Um Viertel nach drei.   *At 3:15 (a quarter past three).*
Gegen sechs.   *Around six.*

e. The 24-hour system is used at airports, railroads, and bus stations, for course schedules and shows, and in the media. The word **Uhr** is always mentioned.

Um wieviel Uhr kommt der Zug an?
Um fünfzehn Uhr dreißig = 15.30 = 3:30 p.m.
Um wieviel Uhr fängt der Film an?
Um zwanzig Uhr vierzig = 20.40 = 8:40 p.m.

||||||■ Übungen

A. *Wieviel Uhr ist es?*

1. 5:30 p.m.
2. 4:15 p.m.
3. 1:20 a.m.
4. 7:25
5. 9:10
6. 12:00 (p.m.)
7. 12:00 (a.m.)
8. 6:45
9. 8:05
10. 2:00

B. *Antworten Sie auf die folgenden Fragen.*

1. Wie spät ist es jetzt?
2. Um wieviel Uhr stehst du auf?

3. Um wieviel Uhr gehst du zu Bett?
4. Um wieviel Uhr frühstückst du? Um wieviel Uhr ißt du zu Mittag? Und zu Abend?
5. Um wieviel Uhr beginnt die Deutschstunde? deine Lieblingsfernsehsendung? die Tagesschau?
6. Um wieviel Uhr endet die Deutschstunde? deine Lieblingsfernsehsendung? die Tagesschau?

C. Antworten Sie auf die folgenden Fragen.

Beispiel: Um wieviel Uhr beginnt die Konferenz? (8:15 p.m.)
           (8:15 p.m. = 20.15)
           Die Konferenz beginnt um zwanzig Uhr fünfzehn.

1. Um wieviel Uhr kommt der Zug an? (7:30 a.m.)
2. Um wieviel Uhr beginnt der Film? (3:20 p.m.)
3. Um wieviel Uhr fängt die Fernsehserie an? (4:40 p.m.)
4. Um wieviel Uhr endet die Kunstklasse? (6:50 p.m.)
5. Um wieviel Uhr wird das Flugzeug ankommen? (8:10 p.m.)
6. Um wieviel Uhr hat das Fernsehquiz begonnen? (9:05 a.m.)
7. Um wieviel Uhr war der Bus weggefahren? (11:25 p.m.)
8. Um wieviel Uhr endet diese Sendung? (12:00 p.m.)
9. Um wieviel Uhr soll der Präsident sprechen? (7:45 a.m.)
10. Um wieviel Uhr kam die Tagesschau im ersten Programm? (5:15 a.m.)

Relative Clauses (Relativsätze)
(Part 1: Nominative and Accusative)

Unsere Professorin, *die übrigens ein Jahr in Deutschland verbracht hat*, hatte den ganzen Kurs in drei Teile aufgeteilt. Im dritten Teil des Kurses haben wir die Symbole, *die sich in vielen Märchen befinden*, analysiert. Der Titel des Romans, **den wir haben lesen müssen**, war „Wem die Stunde schlägt" von Ernest Hemingway. Wir haben auch von einer interessanten Novelle gesprochen, **die ich wirklich verschlungen habe**.

Relative clauses in the nominative case are in italics, e.g., *die übrigens ein Jahr in Deutschland verbracht hat*.
Relative clauses in the accusative case are in boldface type, e.g., **den wir haben lesen müssen**.

Relative clauses are dependent clauses that modify nouns and give further information. They begin with a relative pronoun and end with the conjugated verb. In English, there are four relative pronouns: *who/whom* (referring to animate antecedents), *which* (referring to inanimate antecedents), and *that* and *whose* (referring to either animate or inanimate antecedents).

The <u>author</u> *who* gave the conference is well known. (author = person: animate antecedent)
<u>His books</u>, *which* are all best-sellers, are great. (books = objects: inanimate antecedent)
<u>The characters and plots</u> *that* he develops are intriguing. (characters = persons, plots = things: animate + inanimate antecedent)
<u>His wife</u>, whose short stories are famous, is also a well-known biologist. (wife = person: animate antecedent)

In German, the relative pronouns **der, die, das**, agree in *number* and *gender* with their antecedents; their *case* is determined by their function in the relative clause. They follow the same declension as the definite articles, except in the dative plural and in the genitive singular and plural.

The Relative Pronouns

	Masc.	Fem.	Neut.	Pl.
Nom.	der	die	das	die
Acc.	den	die	das	die
Dat.	dem	der	dem	**denen**
Gen.	**dessen**	**deren**	**dessen**	**deren**

Relative Clauses in the Nominative Case

	Masc.	Fem.	Neut.	Pl.
Nom.	der	die	das	die

Dieser Roman, **der** die Geschichte eines armen Mädchens erzählt, hat viel Erfolg gehabt.

Kennst du die Frau, **die** hier wohnt?

Das Wörterbuch, **das** auf dem Tisch liegt, gehört mir.

Alle Gedichte, **die** in diesem Buch sind, gefallen mir.

This novel, which tells the story of a poor girl, had a lot of success.

Do you know the woman who lives here?

The dictionary that is on the table belongs to me.

I like all the poems that are in this book.

Relative Clauses in the Accusative Case

	Masc.	Fem.	Neut.	Pl.
Acc.	den	die	das	die

Der Roman, **den** du gelesen hast, ist genial.	*The novel (that) you read is great.*
Wieviele Figuren gibt es in der Novelle, **die** Sie gerade geschrieben haben?	*How many characters are there in the story (that) you just wrote?*
Das Symbol, an **das** du denkst, ist sehr bedeutend.	*The symbol (that) you are thinking about is very important.*
Die Autoren, für **die** sie sich interessiert, lebten alle im achtzehnten Jahrhundert.	*The authors (that) she is interested in all lived in the eighteenth century.*

NOTES:

a. When a relative pronoun is the subject of a relative clause, it is in the nominative case.

b. When a relative pronoun is a direct object or the object of a preposition or verbal expression that requires the accusative, it is in the accusative case.

c. Relative pronouns cannot be omitted in German.

Der Roman, **den** du magst, heißt „die Blechtrommel".	*The novel (that) you like is called* The Tin Drum.

d. When a relative pronoun is the object of a preposition, the preposition begins the relative clause.

e. Relative clauses are always set off by commas in German.

||||||▌ Übungen

A. *Ergänzen Sie die folgenden Sätze mit den richtigen Relativpronomen im Nominativ.*

1. Wo ist der Mann, _____ gestern gekommen ist?

2. Weißt du, daß diese Autorin, _____ weltberühmt ist, aus Kanada kommt?

3. Ich hatte vergessen, daß das Mädchen, _____ die Hauptfigur der Novelle ist, Erika heißt.

4. Was machen die Leute, _____ jetzt bei dir wohnen?

5. Die Schriftstellerin, _____ diese Novelle geschrieben hat, ist im Jahre 1975 gestorben.

6. Die Geschichten, _____ dir gefallen, sind immer sehr lustig.

7. Sind das die Bücher, _____ sich am besten verkaufen lassen?

8. Hast du den Roman, _____ hier liegt, zu Ende gelesen?

B. *Bilden Sie Sätze wie nach dem Beispiel. Achten Sie auf die Wortstellung!*

Beispiel: Das Buch liegt hier. Das Buch ist gut.
　　　　　 Das Buch, **das** hier liegt, ist gut.

1. Dieser Roman heißt „Effi Briest". Dieser Roman ist sehr berühmt.
2. Meine Professorin schwärmt für die Klassiker. Sie hat alle Werke Goethes gelesen.
3. Die Literaturkurse sind langweilig. Sie gefallen mir nicht.
4. Dieses Märchen bezaubert alle Kinder. Es heißt "Schneewittchen".
5. Ich mag die Professorin. Sie hat mir sehr geholfen.

C. *Ergänzen Sie die Sätze mit den richtigen Relativpronomen im Akkusativ.*

1. Der Mann, _____ du siehst, ist mein Literaturprofessor.

2. Die Dame, _____ er eingeladen hat, heißt Frau Eckert.

3. Kennen Sie das Märchen, _____ dieser bekannte Autor geschrieben hat?

4. Die Verse, _____ du vorgelesen hast, sind so schön!

5. Der Deutschkurs, _____ Thomas belegt hat, hat ihm gut gefallen.

6. Wo sind die Bücher, _____ ich mir gekauft habe?

7. Der Roman, _____ Birgit in zwei Tagen verschlungen hat, war äußerst interessant.

8. Die Autorin, _____ du meinst, ist bestimmt Marie-Luise Kaschnitz.

9. Wo befindet sich der Artikel, _____ Sie erwähnt haben?

10. Was haltet ihr von dem Argument, _____ er angeführt hat?

D. *Bilden Sie Sätze wie nach dem Beispiel.*

Beispiel: Der Mann ist sehr bekannt. Ich kenne den Mann.
　　　　　 Der Mann, den ich kenne, ist sehr bekannt.

1. Das Buch gefällt mir nicht. Du liest dieses Buch.
2. Der Kriminalroman ist spannend. Ich habe den Kriminalroman gekauft.
3. Die Strophen sind sehr poetisch. Er hat die Strophen geschrieben.
4. Die Erklärung scheint mir absurd zu sein. Ihr habt die Erklärung gegeben.
5. Die Bemerkungen waren gemein. Er hatte diese Bemerkungen gemacht.

Angelika Mechtel

Relative Clauses (Relativsätze)
(Part 2: Dative and Genitive)

Mir hat der dritte Teil des Kurses, *in dem wir die modernen Autoren studiert haben*, am besten gefallen. Die Novellen, *von denen die Professorin gesprochen hat*, waren sehr interessant. Ich mag die Schriftsteller, **deren Stil nicht zu kompliziert ist.** Übrigens hast du den Roman gelesen, **dessen Titel „Wem die Stunde schlägt" lautet?**

Relative clauses in the dative case are in italics, e.g., *in dem wir die modernen Autoren studiert haben.*

Relative clauses in the genitive case are in boldface type, e.g., **deren Stil nicht zu kompliziert ist.**

Relative Clauses in the Dative Case

	Masc.	Fem.	Neut.	Pl.
Dat.	dem	der	dem	**denen**

Der Mann, **dem** du die Zeitung gebracht hast, ist mein Großvater.

The man to whom you brought the newspaper is my grandfather.

Die Autorin, **der** er geschrieben hat, hat auf seinen Brief geantwortet.

The author to whom he wrote answered his letter.

Kennst du das Märchen, von **dem** der Professor gesprochen hat?

Do you know the tale about which the professor spoke (the professor spoke about)?

Die Konferenzen, zu **denen** Mathias gegangen ist, waren sehr interessant.

The conferences to which Mathias went (that Mathias went to) were very interesting.

Relative Clauses in the Genitive Case

	Masc.	Fem.	Neut.	Pl.
Gen.	dessen	deren	dessen	deren

Das ist der Mann, **dessen** Manuskript ich gelesen habe.

That's the man whose manuscript I read.

Kennen Sie die Schriftstellerin, **deren** Bücher immer Bestseller werden?

Do you know the writer whose books always become best-sellers?

Das Mädchen, **dessen** Briefe ihr gefunden habt, war meine Brieffreundin.

The girl whose letters you found was my pen pal.

Denkst du nicht, daß Autoren, **deren** Stil zu gepflegt ist, manchmal schwer zu verstehen sind?

Don't you think that authors whose style is too refined are sometimes difficult to understand?

NOTES:

a. Relative pronouns are in the dative case when they are indirect objects or objects of prepositions or verbal expressions that require the dative. (Review dative verbs in Chapter 2 and dative prepositions in Chapter 6.)

b. Relative pronouns are in the genitive case when they show possession. The relative pronoun **dessen** is used when the antecedent is masculine or neuter. The relative pronoun **deren** is used when the antecedent is feminine or plural.

|||||| Übungen

A. Ergänzen Sie die Sätze mit den richtigen Relativpronomen im Dativ.

1. Das Kind, _____ du einen Comic gegeben hast, freut sich.

2. Wer ist der Mann, _____ Birgit den Brief gebracht hat?

3. Die Frau, _____ Bernd gedankt hat, heißt Frau Behre.

4. Wo wohnen die Leute, _____ du geschrieben hast?

5. Das Mädchen, _____ Willi gefolgt ist, wohnt in der Frankfurterstraße.

6. Der Journalist, _____ der Autor freundlich antwortete, kam aus der Schweiz.

7. Weißt du, daß die Frau, _____ er Blumen geschickt hat, meine Tante ist?

8. Die vielen Leser, _____ der Schriftsteller sein Manuskript gezeigt hat, waren begeistert.

B. Bilden Sie Sätze wie nach dem Beispiel

Beispiel: Die Person freut sich. Man sagt der Person die Wahrheit.
Die Person, der man die Wahrheit sagt, freut sich.

1. Die Leute wohnen in Österreich. Du hast den Leuten geschrieben.
2. Mein Bruder war sehr traurig. Andrea hatte ihm „nein" geantwortet.
3. Die Leserin hat viele Bücher gekauft. Die Bücher von Thomas Mann gefallen ihr sehr.
4. Das Kind freute sich. Du hast dem Kind ein Märchen vorgelesen.
5. Der Kritiker war begeistert. Der Schriftsteller hat dem Kritiker sein Manuskript geschickt.

C. Ergänzen Sie die Sätze mit den richtigen Relativpronomen im Genitiv.

1. Kennen Sie den Mann, _____ Frau Petra heißt?

2. Die Dame, _____ Pullover rot ist, ist eine bekannte Journalistin.

3. Magst du die Schriftsteller, _____ Stil sehr bildreich ist?

4. Dieser Dichter schrieb ein Gedicht, _____ Titel „die Lorelei" ist.

5. Meiner Nachbarin gefallen nur die Bücher, _____ Ende glücklich ist.

6. Ist das nicht der Journalist, _____ Artikel immer so kritisch sind?

7. Ist das das Buch, _____ Thema so umstritten ist?

8. Es handelt sich um eine Fabel, _____ Hauptfiguren Tiere sind.

9. Das sind die Leute, _____ Sohn so begabt ist.

10. Ich bewundere den Autor, _____ Werk Sie gerade erwähnt haben.

D. Bilden Sie Sätze wie nach dem Beispiel.

Beispiel: Die Zeitung heißt „Die Welt". Du hast den Titel dieser Zeitung vergessen.
　　　　　Die Zeitung, deren Titel du vergessen hast, heißt „Die Welt".

1. Das Buch ist eine Liebesgeschichte. Du hast das erste Kapitel schon gelesen.
2. Der Mann ist mein Deutschlehrer. Sie werden seine Tochter nächste Woche kennenlernen.
3. Was haltet ihr von der Novelle? Die Hauptfigur der Novelle ist ein amerikanischer Diplomat.
4. Die Eltern sind stolz. Die Kinder der Eltern schreiben Gedichte.
5. Das ist ein Roman. Die Geschichte des Romans ist kompliziert.

E. Ergänzen Sie mit den richtigen Relativpronomen.

1. Wo ist das Buch, _____ ich vor zwei Tagen gekauft habe?

2. Haben Sie die Novelle, _____ auf dem Tisch liegt, schon gelesen?

3. Magst du die Romane, _____ Ende tragisch ist?

4. Die Autorin, mit _____ wir gesprochen haben, ist sehr nett.

5. Gib mir die Tasche, _____ ich auf den Stuhl gelegt habe.

6. Die Leute, _____ Erika gerade schreibt, wohnen in Österreich.

7. Kennst du den Mann, _____ Hemd blau ist?

8. Der Titel, an _____ ich denke, ist „Im Westen nichts Neues".

9. Ist das die Frau, _____ Tochter schon phantastische Novellen schreibt?

10. Das Haus, in _____ ich wohne, gehört meinen Großeltern.

▌ Erweiterung

‖‖‖‖‖▌ The Indefinite Relative Pronouns: _wer_ and _was_

As indefinite relative pronouns, **wer** (_who, whoever_) and **was** (_what, whatever_) can introduce a clause that functions as a subject or as an object.

Subject
[**Was** du getan hast], ist nicht gut.   _What you did was not good._

Subject
[**Wer** das sagt], lügt.   _Whoever says that is lying._

Object
Ich verstehe, [**was** du sagst].   _I understand what you are saying._

NOTE:

a. The main clause, which precedes or follows a relative clause introduced by **wer** or **was**, can include a demonstrative pronoun.

Main Clause
[Nimm (**das**,)] was ich habe.   _Take what I have._

Main Clause
Wer das sagt, [(**der**) lügt].   _Whoever says that is lying._

Main Clause
Wer will, [(**der**) kann].   _Whoever tries, succeeds._

b. **Was** must be used in the relative clause when it refers to **alles**, **etwas**, or **nichts** in the main clause or when it refers to the whole main clause.

Ich verstehe nicht <u>alles</u>, **was** er sagt.   _I don't understand everything he says._

Er hat <u>etwas</u> gesagt, **was** dir nicht gefallen hat.   _He said something that you did not like._

Haben Sie <u>nichts</u> geschrieben, **was** Sie dem Kritiker zeigen könnten?   _Haven't you written anything that you could show to the critic?_

Whole Clause

Am Ende stirbt der Held immer, [**was** ich nicht verstehe].
At the end the hero always dies, which I don't understand.

Compare the following sentences:

Der Autor hat über sein Buch gesprochen, **was** ich wirklich interessant gefunden habe.	*The author spoke about his book, which I found very interesting.* (That is, the fact that he spoke was interesting, not necessarily the book itself.)
Der Autor hat über sein Buch gesprochen, **das** ich wirklich interessant gefunden habe.	*The author spoke about his book that I found very interesting.* (It is the book, not the talk, that was of interest.)

‖‖‖‖‖▮ Übungen

Ergänzen Sie mit **wer** *oder* **was** *und übersetzen Sie die Sätze.*

1. _____ er erzählt, ist die Geschichte eines jungen Soldaten.

2. _____ dieses Gedicht geschrieben hat, ist wirklich begabt.

3. Er hat etwas für mich getan, _____ ich nie vergessen werde.

4. Alles, _____ du meinst, ist wertlos.

5. _____ einmal in seinem Leben „Aschenbrödel" gelesen hat,

    erinnert sich daran auf immer.

6. _____ ich nicht gut finde, ist sein Stil.

7. _____ zuletzt lacht, lacht am besten.

8. Das ist alles, _____ ich habe.

▮ Interaktionen und Situationen

A. *Stellen Sie einem Partner/einer Partnerin die folgenden Fragen. Tauschen Sie dann die Rollen.*

1. Wieviele Seiten hat dieses Buch?
2. Wie heißt das erste Kapitel dieses Buches? Wie heißt das dritte? das fünfte? das letzte?
3. Wann hast du deine erste Deutschprüfung geschrieben?
4. An welchen Tagen hast du eine Deutschstunde?

5. Was für Bücher liest du gern? Wie heißt der letzte Roman, den du gelesen hast? Wie heißt die beste Novelle, die du gelesen hast? Kennst du den Namen des Autors, der sie geschrieben hat?

6. Kennst du ein deutsches Gedicht? Welches? Magst du es? Warum? Warum nicht? Mit welchen Versen fängt es an?

7. Identifizierst du dich oft mit den Hauptfiguren der Romane, die du liest? Warum? Warum nicht? Mit welchen?

8. Nenne drei amerikanische Schriftsteller, die dir gut gefallen. Erkläre, warum du sie gern hast.

B. Lesen Sie sich die beiden Rezensionen durch.

NEUE BÜCHER

Humoristisches Nachschlagewerk in Reimen für die ganze Familie

Hinreißend komisch ist Eugen Roths sehr persönliche Betrachtungsweise der Tierwelt. In seinem „Großen Tierleben" (Hanser, 448 Seiten, mit vielen farbigen Illustrationen von Eleonore Gerhaher, 39,80 DM) befaßt sich der Humorist liebevoll-ironisch mit den verschiedenen Tierarten, von denen einige in freier Wildbahn bestimmt nicht vorkommen. So zum Beispiel der Pleitegeier oder der Brüllaffe. Das geistreiche Buch, das übrigens auch sehr jungen Leserinnen und Lesern zu empfehlen ist, entwirrt auf humorvolle Weise die Vielfalt der Tierwelt. Zum Vergnügen der ganzen Familie zeichnet Roth ein eindrucksvolles Bild der putzigen Nager (es gibt über 2000 verschiedene!), fabuliert über Fische, Fliegen und andere Insekten und bringt es fertig, daß dem Leser nach der Lektüre dieses Buches sogar der Sauerwurm ans Herz gewachsen ist.

das **Nachschlagewerk** *reference book*
die **Betrachtungsweise** *vision*
die **Tierart** *species of animals*
in freier Wildbahn *in the wild*
der **Pleitegeier** *vulture*
der **Brüllaffe** *howling monkey*
geistreich *witty, clever*
entwirrt *disentangles*
die **Vielfalt** *variety*
eindrucksvoll *impressive*
putzig *funny*
der **Nager** *rodent*

Spektakulärer Gerichtsroman für die Freunde subtiler Kriminalgeschichten

Eine spannungsgeladene Gerichtsverhandlung steht im Mittelpunkt des neuen Kriminalromans von Christine Grän. „Die kleine Schwester der Wahrheit" (Econ, 304 Seiten, 36 DM) ist die Geschichte einer Journalistin, die zwei Kollegen der Vergewaltigung anklagt. Leicht hat es sich die Autorin nicht gemacht, den Schicksalsweg der Hauptfigur Kirsten Bergmann und die Verwicklungen im Zusammenhang mit diesem spektakulären Prozeß nachzuzeichnen. Aber es gelang ihr, einen Krimi zu schreiben, der abweicht von gängigen Klischees und der mit Vorurteilen und Vorverurteilungen aufräumt. Mitreißend geschrieben, gelingt es diesem Roman, eine geradezu atemlose Spannung aufzubauen. So intensiv, daß man das Buch am liebsten in einem Zug durchliest.

Fliegen *flies*

spannungsgeladen *loaded with suspense*

die **Gerichtsverhandlung** *court proceedings*

die **Vergewaltigung** *rape*

anklagt *accuses*

der **Schicksalsweg** *path of destiny*

Verwicklungen *complications*

aufräumt *clears away*

mitreißend *thrillingly*

abweicht *departs, differs*

Vorverurteilungen *preconvictions*

1. Besprechen Sie mit einem Partner/einer Partnerin, welches dieser beiden Bücher Sie lieber lesen möchten. Versuchen Sie, Ihren Standpunkt zu rechtfertigen.

2. In den folgenden Sätzen, die den beiden Rezensionen entnommen sind, sind alle Relativsätze fettgedruckt. Sagen Sie, in welchem Kasus die unterstrichenen Relativpronomen sind.

   a) In seinem „Großen Tierleben" befaßt sich der Humorist liebevoll-ironisch mit den verschiedenen Tierarten, **von denen einige in freier Wildbahn bestimmt nicht vorkommen.**

   b) Das geistreiche Buch, **das übrigens auch sehr jungen Leserinnen und Lesern zu empfehlen ist,** entwirrt auf humorvolle Weise die Vielfalt der Tierwelt.

   c) „Die kleine Schwester der Wahrheit" ist die Geschichte einer Journalistin, **die zwei Kollegen der Vergewaltigung anklagt.**

   d) Aber es gelang ihr, einen Krimi zu schreiben, **der abweicht von gängigen Klischees und der mit Vorurteilen und Vorverurteilungen aufräumt.**

C. *Sprechen Sie mit einem Partner/einer Partnerin von einem Roman, den Sie beide schon gelesen haben. Erzählen Sie, was Sie von der Handlung, von den Hauptfiguren und von dem Autor des Romans halten. Sagen Sie, ob Ihnen dieses Buch gut/nicht gut gefallen hat. Rechtfertigen Sie Ihren Standpunkt, wenn Sie Meinungsverschiedenheiten haben.*

D. *Fassen Sie die Geschichte eines berühmten Märchens mit einem Partner/einer Partnerin zusammen. Benutzen Sie so viele Relativsätze wie möglich. (100 Wörter)*

Heutige Probleme

||||||||||||||||||||||||| Auf den ersten Blick

||||||||||||||||||||||||| Ans Ziel

Außerhalb des Gefängnisses in Berlin

Kulturelles

In diesem Brief schreibt Heike an ihre Freundin Ursula über das Drogenproblem an ihrer Universität.

Liebe Ursula!

Wenn ich nur mehr Zeit hätte, könnte ich Dir häufiger schreiben, aber leider hat es mir in den letzten Wochen wirklich an Zeit gefehlt. Aber bald haben wir Sommerferien! Ach, ich wollte, ich wäre schon in Urlaub. Wie geht es Dir? Ich habe Deinen letzten Brief gut erhalten und war wirklich total überrascht, als ich *treatment for drug addiction* erfahren habe, daß Dein Bruder Matthias gerade eine Entziehungskur° macht. *addicted to drugs* Ich wußte nicht, daß er drogensüchtig° wäre. Als ich ihn das letzte Mal gesehen habe, hat er mir gesagt, er habe irgendwelche Probleme in der Schule und er habe Krach mit seinen Eltern bekommen. Aber er wolle nicht weiter darüber reden. Er tat, als hätte er es eilig.

Jetzt verstehe ich warum. Ach, wenn ich daran denke, daß er noch *underage* minderjährig° ist. Kinder und Jugendliche haben es so schwer in der heutigen *society* Gesellschaft°. Ich weiß nicht, was ich tun würde, wenn er mein Bruder wäre. Wie würde ich mit ihm über sein Drogenproblem sprechen? Was könnte ich für ihn tun? Das sind alle Fragen, die ich mir ab und zu stelle.

Mit einer amerikanischen Freundin bin ich vor ein paar Tagen zu einer Versammlung gegangen, deren Ziel es war, den Jugendlichen das Drogenproblem zum Bewußtsein zu bringen. Meine Freundin hat mir gesagt, das sei die beste Versammlung gewesen, zu der sie je gegangen sei. Ähnliche Versammlungen finden oft an amerikanischen Universitäten statt. Der Drogen- und *Konsum: consumption* Alkoholkonsum° ist nämlich ein großes Problem hier, und wie in Europa übrigens versucht man, die Studenten darüber zu informieren und Lösungen zu *drug addicts* finden. Das Hauptproblem ist, daß viele Drogenabhängige° glauben, daß sie *under control* nicht in Gefahr sind und tun, als ob sie alles im Griff° hätten. Wenn sie nur wüßten, daß sie sich nur Illusionen machen.

Hier auf dem Campus wie bei uns in Deutschland werden Broschüren und Prospekte über Drogen und AIDS verteilt. Manchmal verteilen sie auch Kondome. Ich habe nichts dagegen, aber ich frage mich, ob es das Problem wirklich lösen wird. Einige Leute denken, daß der Drogenkonsum legal werden sollte, so daß *drug addicts* es eigentlich weniger Rauschgiftsüchtige° geben würde. Was hältst Du davon? Glaubst Du, daß es etwas ändern würde?

Ach, ich wünschte, wir lebten in einer anderen Welt, wo man niemals von *crime/incurable* Kriminalität°, Drogen, und unheilbaren° Krankheiten sprechen würde, weil sie ganz einfach nicht existieren würden. Wäre das nicht wunderschön?! Also, ich *infect* muß jetzt aufhören, sonst wird mein Pessimismus Dich anstecken°!

Heike

Fragen

1. Was würde Heike gern tun, wenn sie mehr Zeit hätte?
2. Was hat sie über Ursulas Bruder erfahren?
3. Warum tat er, als ob er es eilig gehabt hätte?
4. Was für Fragen stellt sich Heike ab und zu?
5. Warum denkt Heike, daß viele Drogenabhängige sich Illusionen machen?
6. Wie versucht man, das Drogenproblem an amerikanischen und deutschen Universitäten zu lösen?
7. Was wünschte Heike?
8. Sind Sie schon zu ähnlichen Versammlungen gegangen? Worüber war die Versammlung, zu der Sie gegangen sind? Was haben Sie gelernt? Haben Sie die Versammlung interessant gefunden? Warum? Warum nicht?
9. Inwiefern helfen solche Versammlungen den Jugendlichen? Wie können sie ihre Probleme lösen?
10. Denken Sie, daß der Drogenkonsum legal werden sollte? Was halten Sie davon?

Mitglieder der deutschen AIDS-Hilfe (DAH) entwerfen Plakate für eine neue Kampagne.

||||||■ Wortschatz

Sinnverwandte Wörter

AIDS

die **Bluttransfusion** (–en)
die **Epidemie** (–n)
der/die **Heterosexuelle** (*adj. noun*)
der/die **Homosexuelle** (*adj. noun*)
das **Immunsystem** (–e)
das **Kondom** (–e)

aidsinfiziert

Drogen

der **Dealer** (–)   das **Kokain** (*no pl.*)
die **Droge** (–en)   das **Marihuana** (*no pl.*)
der **Drogenkonsum** (*no pl.*)   die **Überdosis** (**Überdosen**)
das **Heroin** (*no pl.*)

brutal
hart = *illegal*
kriminell
ein•schmuggeln
schmuggeln

Gefängnis

die **Kriminalität** (*no pl.*)
der **Mörder** (–) / die **Mörderin** (–nen)
die **Polizei** (*no pl.*)

Andere Probleme

der **Terrorismus**
der **Terrorist** (–en, –en) / die **Terroristin** (–nen)

AIDS

die **Plage** (–n) scourge, plague, calamity
die **Reihenuntersuchung** (–en) random screening
die **Seuche** (–n) epidemic

Drogen

der/die **Drogenabhängige** (*adj. noun*) drug addict
der **Drogenhandel** (*no pl.*) drug traffic
der **Drogenhändler** (–) / die **Drogenhändlerin** (–nen) drug dealer
die **Entziehungskur** (–en) treatment for drug addiction
der/die **Minderjährige** (*adj. noun*) minor
das **Rauschgift** (–e) drug, narcotic

Gefängnis

der **Außenseiter** (–) / die **Außenseiterin** (–nen) outsider
das **Gefängnis** (sse) = der **Knast** (–e) (*colloq.*) prison
die **Gewalt** (*no pl.*) violence
der **Häftling** (–e) inmate, prisoner
der **Halbstarke** (*adj. noun*) juvenile delinquent
der **Straftäter** (–) / die **Straftäterin** (–nen) delinquent
die **Straftat** (–en) criminal act
der **Verbrecher** (–) / die **Verbrecherin** (–nen) criminal

Andere Probleme

der **Krieg** (–e) war
die **sozialen Unruhen** (*pl.*) social unrest
die **Überbevölkerung** overpopulation

Adjektive

ansteckend contagious
drogenabhängig = **rauschgiftsüchtig** drug addicted
gewalttätig violent
heilbar ≠ **unheilbar** incurable
verbrecherisch criminal

Verben

beeinflußen to influence
bekämpfen to combat
büßen für etwas to atone (for something)
lösen to solve
verkehren mit jemandem to associate with, hang around with someone
stehlen (ie, a, o) to steal
töten to kill
verhaften to arrest

Ausdrücke

Sie nimmt Rauschgift/Drogen.	She's on drugs.
Wo beschafft sie sich diese Drogen?	Where does she get these drugs?
Dieser Mann betreibt Drogenhandel.	This man traffics in drugs.
Anton will eine Entziehungskur machen.	Anton wants to undergo treatment for drug addiction.
Wie lange sitzt er schon im Gefängnis/Knast?	How long has he been in prison?
Sie leben am Rande der Gesellschaft.	They live on the fringe of society.

|||||||▮ Wir sind dran!

A. *Ergänzen Sie den folgenden Text mit geeigneten Wörtern aus der Liste.*

der Verbrecher   der Drogenkonsum   töten   der Mörder
die Kriminalität   der Außenseiter   der/die Minderjährige
der Straftäter   der Drogenhändler   die Gesellschaft   büßen

In unserer modernen Welt ist die _____ ein furchtbares Problem, das nicht

nur die Erwachsenen, sondern auch die _____ angeht. Der _____ hat in der

ganzen Welt zugenommen und es gibt auch immer mehr junge _____ und

_____, die am Rande der _____ leben. Eine neue Krankheit, AIDS, _____ jedes Jahr Tausende von Menschen. Die Gefängnisse sind voll von _____, _____ und _____, die für ihre Fehler _____ müssen.

B. _Sagen Sie, ob die folgenden Aussagen richtig oder falsch sind._

1. Der Drogenhandel ist illegal.
2. Jemand, der über achtzehn ist, ist minderjährig.
3. AIDS ist eine ansteckende Krankheit, die man noch nicht heilen kann.
4. Jemand, der am Rande der Gesellschaft lebt, ist ein Außenseiter.
5. Ein Mann, der brutal und undiszipliniert ist und oft verbrecherische Taten begeht, ist ein Halbstarker.
6. Das Kokain ist keine harte Droge.
7. Ein Krieg ist ein kleiner Konflikt.
8. Die Überbevölkerung ist eines der größten Probleme unserer Zeit.

C. _Bilden Sie Sätze aus den angegebenen Satzteilen._

1. ein Drogenhändler / betreiben / Drogenhandel (Präsens)
2. diese Frau / sein / eine Drogensüchtige / die / kaufen / hart / Rauschgifte (Präteritum)
3. dieser Mörder / töten / viel / Leute (Perfekt)
4. wenn / man / nehmen / zuviel / Rauschgift / auf einmal / es / sein / eine Überdosis (Präsens)
5. um / nicht mehr / sein / drogenabhängig / er / eine Entziehungskur / machen (Futur)
6. er / sollen / kein / illegal / Drogen / in / die USA / einschmuggeln (Präteritum)

D. _Finden Sie einen Partner/eine Partnerin und interviewen Sie ihn/sie. Tauschen Sie dann die Rollen. Benutzen Sie die Wortschatzliste des Kapitels._

1. Welches ist die schlimmste Plage unserer Gesellschaft deiner Meinung nach?
2. Was hältst du vom Verteilen von Kondomen an gewissen Universitäten?
3. Aus welchen Gründen wird man ein Außenseiter/eine Außenseiterin? Kennst du welche?
4. Wie kann man einem/einer Drogenabhängigen helfen?
5. Bist du eher pessimistisch oder optimistisch, wenn du an die Zukunft unserer Gesellschaft denkst? Warum?

Grammatik

Subjunctive I and Subjunctive II: Forms (Konjunktiv I und Konjunktiv II: Deklination)

Ich wußte nicht, daß Matthias drogensüchtig **wäre**. Als ich ihn das letzte Mal gesehen habe, hat er mir gesagt, er *habe* Krach mit seinen Eltern *bekommen*. Aber er *wolle* nicht weiter darüber reden. Mit einer amerikanischen Freundin bin ich vor ein paar Tagen zu einer Versammlung gegangen, deren Ziel es war, den Jugendlichen das Drogenproblem zum Bewußtsein zu bringen. Meine Freundin hat mir gesagt, das *sei* die beste Versammlung *gewesen*, zu der sie je *gegangen sei*. Ach! Ich **wünschte,** wir **lebten** in einer anderen Welt! **Wäre** es nicht schön, wenn es kein Drogenproblem **gäbe**!

Verbs in subjunctive I are in italics, e.g., *habe*.
Verbs in subjunctive II are in boldface type, e.g., **wäre**.

Both English and German have three moods: the indicative, the imperative, and the subjunctive. The indicative mood is used to express facts, and the imperative mood to order or command. In German, the subjunctive mood is used to report someone else's statements or questions (**Konjunktiv I**) and to express wishes, make requests, or talk about unreal, unlikely, or hypothetical situations (**Konjunktiv II**).

Er hat mir gesagt, er *habe* Probleme. (Konjunktiv I)
Wäre es nicht schön, wenn es kein Drogenproblem **gäbe**! (Konjunktiv II)

‖‖‖‖▮ Subjunctive I: Forms

▮ *The Present Tense of Subjunctive I (Das Präsens des Konjunktiv I)*

The present tense of subjunctive I is formed by adding the subjunctive endings **–e, –est, –e, –en, –et, –en** to the infinitive stem of the main verb. This rule applies to all regular and irregular verbs except **sein** which is irregular in subjunctive I.

Subjunctive I Present Tense			
Weak Verb: machen	**Strong Verb: fahren**	**Irregular Weak Verb: bringen**	**Modal Verb: wollen**
ich mache	ich fahre	ich bringe	ich wolle
du machest	du fahrest	du bringest	du wollest
er ⎫ sie ⎬ mache es ⎭	er ⎫ sie ⎬ fahre es ⎭	er ⎫ sie ⎬ bringe es ⎭	er ⎫ sie ⎬ wolle es ⎭
wir machen	wir fahren	wir bringen	wir wollen
ihr machet	ihr fahret	ihr bringet	ihr wollet
sie machen	sie fahren	sie bringen	sie wollen
Sie machen	Sie fahren	Sie bringen	Sie wollen

Verb haben	Verb sein
ich habe	ich **sei**
du habest	du seiest
er ⎫ sie ⎬ habe es ⎭	er ⎫ sie ⎬ **sei** es ⎭
wir haben	wir seien
ihr habet	ihr seiet
sie haben	sie seien
Sie haben	Sie seien

||||||▮ Übungen

A. *Setzen Sie die Verben in Klammern in den Konjunktiv I.*

1. ich (fahren)
2. du (wollen)
3. er (gehen)
4. wir (lesen)
5. ihr (stehlen)
6. sie *pl.* (nehmen)
7. er (töten)
8. Sie (verhaften)
9. du (dürfen)
10. ihr (betreiben)

B. *Die folgenden Verbformen sind im Konjunktiv I. Ersetzen Sie die Pronomen.*

Sie sagt, . . .

1. ihr habet viele Drogenprobleme. (sie *sg.*, wir, ich)
2. sie sei aidsinfiziert. (wir, ihr, sie *pl.*)
3. er verhafte den Halbstarken. (du, sie *sg.*, ihr)
4. du sitzest im Gefängnis. (sie *sg.*, wir, sie *pl.*)
5. ich solle nicht brutal sein. (er, wir, du)

▮ The Past Tense of Subjunctive I (Das Perfekt des Konjunktiv I)

The past tense of subjunctive I is formed with the subjunctive I of **haben** or **sein** and the past participle of the main verb. (Review the formation of the past participle in Chapter 4.)

Subjunctive I Past Tense	
Weak Verb: machen	**Weak Verb: reisen**
ich habe gemacht	ich sei gereist
du habest gemacht	du seiest gereist
er sie es } habe gemacht	er sie es } sei gereist
wir haben gemacht	wir seien gereist
ihr habet gemacht	ihr seiet gereist
sie haben gemacht	sie seien gereist
Sie haben gemacht	Sie seien gereist

Strong Verb: schlafen	Strong Verb: gehen
ich habe geschlafen	ich sei gegangen
du habest geschlafen	du seiest gegangen
er ⎫	er ⎫
sie ⎬ habe geschlafen	sie ⎬ sei gegangen
es ⎭	es ⎭
wir haben geschlafen	wir seien gegangen
ihr habet geschlafen	ihr seiet gegangen
sie haben geschlafen	sie seien gegangen
Sie haben geschlafen	Sie seien gegangen

ⅠⅠⅠⅠⅠⅠ▌ Übung

Die folgenden Verbformen sind im Präsens des Konjunktiv I. Setzen Sie sie ins Perfekt des Konjunktivs I.

Beispiel: Bernd sagte, er kenne einen Drogenabhängigen.

Bernd sagte, er habe einen Drogenabhängigen gekannt.

Bernd sagte, . . .

1. sie beschaffe sich Heroin.
2. du lebest wie eine Außenseiterin.
3. der Mörder töte einen alten Mann.
4. es gebe eine Epidemie hier.
5. ihr habet ein schwaches Immunsystem.
6. der Polizist wolle die Verbrecherin finden.
7. das löse das Problem.
8. ihr seiet brutal.
9. du machest eine Entziehungskur.
10. er trinke zu viel.

‖‖‖‖‖▌ Subjunktiv II: Forms

•▌ *The Present Tense of Subjunctive II*

1. Weak verbs (die schwachen Verben)

With weak (or regular) verbs the simple past of the indicative and the present of subjunctive II are identical.

Subjunctive II Present Tense of Weak Verbs	
machen	lösen
ich machtest	ich löste
du machtest	du löstest
er ⎫ sie ⎬ machte es ⎭	er ⎫ sie ⎬ löste es ⎭
wir machten	wir lösten
ihr machtet	ihr löstet
sie machten	sie lösten
Sie machten	Sie lösten

2. Strong verbs (die starken Verben)

Strong (or irregular) verbs form the present tense of subjunctive II by adding the subjunctive endings **–e, –est, –e, –en, –et, –en** to the simple past stem. An umlaut is added when the stem vowel is **–a–, –o–,** or **–u–.**

Subjunctive II Present Tense of Strong Verbs		
	geben	**schließen**
Simple Past Stem	gab–	schloß–
Subjunctive II Present	ich gäbe ich gäbest er sie } gäbe es wir gäben ihr gäbet sie gäben Sie gäben	ich schlöße du schlößest er sie } schlöße es wir schlößen ihr schlößet sie schlößen Sie schlößen
	fahren	**gehen**
Simple Past Stem	fuhr–	ging–
Subjunctive II Present	ich führe du führest er sie } führe es wir führen ihr führet sie führen Sie führen	ich ginge du gingest er sie } ginge es wir gingen ihr ginget sie gingen Sie gingen

	sein	haben	werden
Simple Past Stem	war–	hatte–	wurd–
Subjunctive II Present	ich wäre du wärst er sie } wäre es wir wären ihr wäret sie wären Sie wären	ich hätte du hättest er sie } hätte es wir hätten ihr hättet sie hätten Sie hätten	ich würde du würdest er sie } würde es wir würden ihr würdet sie würden Sie würden

ⅠⅠⅠⅠⅠⅠ▮ Übungen

A. *Setzen Sie die folgenden schwachen Verben ins Präsens des Konjunktiv II.*

1. ich (lernen) **6.** sie *pl.* (bekämpfen)
2. du (lösen) **7.** er (verhaften)
3. er (studieren) **8.** du (legen)
4. wir (hoffen) **9.** Sie (stellen)
5. ihr (glauben) **10.** ich (sagen)

B. *Setzen Sie die folgenden starken Verben ins Präsens des Konjunktiv II.*

1. ich (schlafen) **6.** Sie (kommen)
2. du (sehen) **7.** er (helfen)
3. er (essen) **8.** du (laufen)
4. wir (trinken) **9.** wir (fallen)
5. ihr (nehmen) **10.** ich (bleiben)

3. Modals (die Modalverben)

The modals form the present tense of subjunctive II as they form the simple past of the indicative. (Review the simple past of modals in Chapter 4.) However, the modals **dürfen**, **können**, **mögen**, and **müssen** add an umlaut.

Subjunctive II Present Tense of the Modals	
sollen	**müssen**
ich sollte	ich müßte
du solltest	du müßtest
er \\ sie } sollte \\ es	er \\ sie } müßte \\ es
wir sollten	wir müßten
ihr solltet	ihr müßtet
sie sollten	sie müßten
Sie sollten	Sie müßten

‖‖‖‖‖▮ Übungen

A. *Setzen Sie die folgenden Modalverben ins Präsens des Konjuntiv II.*

1. Ich (wollen) nach Hause zurückgehen.
2. Du (können) deinem Freund helfen.
3. Wir (müssen) die Epidemie bekämpfen.
4. Er (mögen) das Problem lösen.
5. Ihr (dürfen) den Häftling nicht besuchen.

B. *Ersetzen Sie die Pronomen. Die folgenden Verbformen sind im Konjunktiv II.*

1. Ich hätte Probleme zu Hause. (er, du, wir)
2. Du wärest nicht minderjährig. (ich, er, ihr)
3. Er wollte den Häftling besuchen (du, sie *pl.*, ich)
4. Wir wüßten, was zu tun. (ich, er, du)
5. Ihr kämet dann ins Gefängnis. (du, wir, sie)

•❙ *The Past Tense of Subjunctive II*

The past tense of subjunctive II comprises the subjunctive II form of **haben** or **sein** and the past participle of the main verb.

Subjunctive II Past Tense	
Weak Verb: lernen	**Weak Verb: folgen**
ich hätte gelernt	ich wäre gefolgt
du hättest gelernt	du wärest gefolgt
er ⎫ sie ⎬ hätte gelernt es ⎭	er ⎫ sie ⎬ wäre gefolgt es ⎭
wir hätten gelernt	wir wären gefolgt
ihr hättet gelernt	ihr wäret gefolgt
sie hätten gelernt	sie wären gefolgt
Sie hätten gelernt	Sie wären gefolgt
Strong Verb: sehen	**Strong Verb: fahren**
ich hätte gesehen	ich wäre gefahren
du hättest gesehen	du wärest gefahren
er ⎫ sie ⎬ hätte gesehen es ⎭	er ⎫ sie ⎬ wäre gefahren es ⎭
wir hätten gesehen	wir wären gefahren
ihr hättet gesehen	ihr wäret gefahren
sie hätten gesehen	sie wären gefahren
Sie hätten gesehen	Sie wären gefahren

|||||| ■ Übungen

A. Sagen Sie, ob die folgenden Verbformen im Konjunktiv I oder im Konjunktiv II sind.

1. Er führe Krieg.
2. Sie schmuggelten Drogen.
3. Er beschaffe sich Rauschgift.
4. Ihr beeinflußtet eure Freunde.
5. Du seiest an AIDS erkrankt.
6. Sie hätte lange im Gefängnis gesessen.
7. Du wärest gewalttätig gewesen.
8. Er habe zehn Jahre lang gefixt.
9. Sein Immunsystem sei zu schwach.
10. Der Drogenabhängige hätte am Rande der Gesellschaft gelebt.

B. Die folgenden Verbformen sind im Konjunktiv Präsens. Setzen Sie sie ins Perfekt des Konjunktivs II.

Beispiel: Marion hat gesagt, Markus führe oft nach Deutschland.
Marion hat gesagt, Markus wäre oft nach Deutschland gefahren.

Marion hat gesagt . . .

1. ich wäre krank.
2. du bekämest eine Bluttransfusion.
3. er ginge in den Knast.
4. wir verständen diesen Konflikt nicht.
5. ihr läset Bücher über die Kriminalität in den USA.

Subjunctive I: Uses (Der Konjunktiv I: Gebrauch)

Subjunctive I is mostly used in indirect speech (**indirekte Rede**). Indirect speech is someone's report of what someone else said.

||||||■ Reporting Someone's Statements

Compare the following sentences:

Direkte Rede	John sagt „Paul ist krank."	John says: "Paul is sick."
Indirekte Rede	John sagt, daß Paul krank **sei**.	John says that Paul is sick.

1. In indirect speech, it is possible to omit the subordinating conjunction **daß**. In that case, normal word order is used.

    John sagt, Paul sei krank.   *John says Paul is sick.*

2. In indirect speech, pronouns and possessive adjectives must be changed accordingly.

Direkte Rede	John sagt: „Meine Schwester lebt in Berlin."	John says: "My sister lives in Berlin."
	Paul sagt: „Ich bin nicht drogensüchtig."	Paul says: "I am not a drug addict."
Indirekte Rede	John sagt, daß **seine** Schwester in Berlin lebe.	John says that **his** sister lives in Berlin.
	Paul sagt, daß **er** nicht drogensüchtig sei.	Paul says that **he** is not a drug addict.

3. When reporting someone's statements, German speakers often use subjunctive II instead of subjunctive I to indicate that they doubt the accuracy of what they are reporting.

Direkte Rede	Thomas sagte zu mir: „Hans ist drogenabhängig."	Thomas said to me: "Hans is a drug addict."
Indirekte Rede	Thomas sagte zu mir, daß Hans drogenabhängig **wäre**.	Thomas said to me that Hans was a drug addict (but I doubt it).

4. When the forms of subjunctive I look exactly like their indicative forms, subjunctive I is replaced by subjuntive II to avoid ambiguity. This occurs only in the **wir–** and **sie–** (*pl.*) / **Sie**-forms, because these forms are identical in both the indicative and the subjunctive.

Direkte Rede	Paul sagte: „Meine Freunde haben Angst vor AIDS." Anja sagte: „Wir lesen gern Bücher über die Kriminalität."	Paul said: "My friends are scared of AIDS." Anja said: "We like to read books on crime."
Indirekte Rede	Paul sagte, daß seine Freunde Angst vor AIDS **hätten**.[a] Anja sagte, daß sie gern Bücher über die Kriminalität **läsen**.[b]	Paul said that his friends were scared of AIDS. Anja said that they liked to read books on crime.

NOTES:

a. **Hätten** (subj. II) is used in this sentence because **haben** (subj. I) is identical to **haben** (indicative present).

b. **Läsen** (subj. II) is used in this example because **lesen** (subj. I) is identical to **lesen** (indicative present).

|||||||■ Übungen

A. *Setzen Sie die folgenden Sätze in die indirekte Rede. Benutzen Sie das Präsens des Konjunktiv I.*

Beispiel: Birgit sagte: „Thomas hat Probleme."
 Birgit sagte, daß Thomas Probleme habe.

1. Andrea sagte: „Meine Freundin kennt viele Außenseiter."
2. Helmut sagte: „Ich bin nicht brutal."
3. Herr Meier erklärte: „Meine Frau hat Angst vor diesen Halbstarken."
4. Er behauptete: „Ursula lebt am Rande der Gesellschaft."
5. Frau Haltmann sagte: „Das löst das Problem nicht."

B. *Schreiben Sie die Sätze in Übung A ohne* **daß** *wieder.*

Beispiel: Birgit sagte: „Thomas hat Probleme."
 Birgit sagte, Thomas habe Probleme.

C. *Berichten Sie einem Partner/einer Partnerin das, was die folgenden Leute gesagt haben. Setzen Sie die Sätze in die indirekte Rede.*

Beispiel: Paul sagte: „Wir haben Angst vor ihnen."
 Paul sagte, daß sie Angst vor ihnen hätten.
 (**Hätten** [subj. II] is used instead of **haben** [subj.I])

1. Thomas sagte: „Sie nehmen keine Drogen."
2. Ursula behauptete: „Wir lesen gern solche Bücher."
3. Herr Meier erklärte: „Diese Jugendlichen leben am Rande der Gesellschaft."
4. Er sagte: „Die Polizisten suchen den Mörder."
5. Frau Decker sagte: „Wir verstehen sie nicht."
6. Sie erklärte: „Diese Drogenabhängigen müssen eine Entziehungskur machen."
7. Er meinte: „Sie betreiben Drogenhandel."
8. Andrea sagte: „Wir fahren oft in die Schweiz."
9. Helmut erklärte: „Diese Leute sollen nach Hause gehen."
10. Er sagte: „Sie können dieses Problem nicht lösen."

||||||■ Reporting Someone's Questions

When questions are reported in German, dependent word order is used.

Compare the following sentences:

Direkte Rede	John fragt: „Wo wohnt Paul?"	John asks: "Where does Paul live?"
Indirekte Rede	John fragt, wo Paul wohne.	John asks where Paul lives.

If a question requires a yes-or-no answer, the subordinating conjunction **ob** is used.

Direkte Rede	John fragt: „Schmuggelt er Drogen?"	John asks: "Does he smuggle drugs?"
Indirekte Rede	John fragt, **ob** er Drogen schmuggle.	John asks whether he smuggles drugs.

|||||||■ Übung

Setzen Sie die folgenden Fragen in die indirekte Rede.

Beispiel: Johann fragte: „Wo arbeitet Paul?"
          Johann fragte, wo Paul arbeite.

1. Ursula fragte: „Wer ist diese Frau?"
2. Bernd fragte: „Wann kommt Ursula?"
3. Herr Griesbach fragte: „Hat Paul Angst vor ihnen?"
4. Frau Müller fragte: „Können sie etwas dagegen machen?"
5. Er fragte: „Warum ist die Gesellschaft so korrupt?"
6. Thomas fragte: „Kennst du dieses Mädchen?"
7. Er fragte Johann: „Sind sie deine Freunde?"
8. Brigitte fragte Heike: „Verstehst du das?"

||||||■ Reporting Someone's Commands

When reporting someone's commands, German speakers use the modal **sollen**.

Compare the following sentences:

Direkte Rede	John sagte zu Paul: „Nimm kein Rauschgift!"	John said to Paul: "Don't take drugs!"
	John sagte zu Herrn Schmitt: „Lesen Sie dieses Buch über AIDS!"	John said to Mr. Schmitt: "Read this book on AIDS."
Indirekte Rede	John sagte zu Paul, daß er kein Rauschgift nehmen **solle/sollte**.	John said to Paul that he shouldn't take drugs. (told Paul not to take drugs).
	John sagte zu Herrn Schmitt, daß er dieses Buch über AIDS lesen **solle/sollte**.	John said to Mr. Schmitt that he should read this book on AIDS (told him to read this book on AIDS).

||||||| Übung

Setzen Sie die folgenden Sätze in die indirekte Rede.

Beispiel: John sagte zu Paul: „Sei nicht so brutal!"
John sagte zu Paul, daß er nicht so brutal sein solle/sollte.

1. Claudia sagte zu Bernd: „Komm um zwei Uhr!"
2. Paul sagte zu Thomas: „Antworte auf meine Frage!"
3. Er sagte zu mir: „Besuche mich oft!"
4. Sie sagte zu den Kindern: „Nehmt kein Rauschgift!"
5. Du sagtest zu ihm: „Lies dieses Buch!"
6. Sie sagte zu Frau Müller: „Helfen Sie Matthias!"
7. Peter sagte zu Herrn Meier: „Sprechen Sie mit Hans darüber!"
8. Ihr sagtet zu Paul und Heike: „Macht keine Dummheiten!"

||||||| Sequence of Tenses in Indirect Speech (Die Zeitenfolge in der indirekten Rede)

The tense that is used in indirect speech depends upon the tense used in the speech that is reported. The tense of the introductory verb (**sagen, fragen, erklären,** etc.) makes no difference.

Sequence of Tenses in Indirect Speech		
	Direkte Rede	**Indirekte Rede**
Present	Er sagte: „Ich bin müde."	Er sagte, daß er müde sei.
Simple Past	Er sagte: „Ich war müde."	Er sagte, daß er müde gewesen sei.
Present Perfect	Er sagte: „Ich bin müde gewesen."	Er sagte, daß er müde gewesen sei.
Past Perfect	Er sagte: „Ich war müde gewesen."	Er sagte, daß er müde gewesen sei.
Future	Er sagte: „Ich werde müde sein."	Er sagte, daß er müde sein werde.

∥∥∥∥∥∎ Übung

Sie sind Journalist/Journalistin und haben verschiedene Leute
interviewt. Berichten Sie einem Partner/einer Partnerin über das, was
diese Leute gesagt haben. Setzen Sie die folgenden Sätze in die
indirekte Rede.

Beispiel: Thomas sagte: „Bernd ist krank gewesen."
              „Bernd war krank."
              „Bernd war krank gewesen."
      Thomas sagte, daß Bernd krank gewesen sei.

1. Er sagte: „Paul hat Angst gehabt."
2. Frau Meier sagte: „Die Polizei hat ihn verhaftet."
3. Herr Schmidt sagte: „Das war illegal."
4. Sie sagte: „Sie sind ins Gefängnis gekommen."
5. Johann sagte: „Sie hat die Epidemie bekämpft."
6. Er sagte: „Sie haben das nicht gesehen."
7. Paul fragte: „Wann ist er gekommen?"
8. Anja antwortete: „Ich weiß nicht."
9. Sie fragten: „War er drogenabhängig?"
10. Er erklärte: „Ich kannte ihn nicht."

Erweiterung

∥∥∥∥∥∎ Other Uses of Subjunctive I

•∎ *Idiomatic Expressions*

Subjunctive I is used in some idiomatic expressions.

Es lebe der König!	*Long live the king!*
Gott sei Dank!	*Thank God!*
Er ruhe in Frieden!	*May he rest in peace!*
Möge sie lange leben!	*May she live a long time!*

•∎ *Directions for Recipes*

Subjunctive I is frequently used to give directions for recipes. It is usually
preceded by the pronoun **man**.

Man koche die Kartoffeln in salzigem Wasser.	*Cook the potatoes in salted water.*
Man nehme zwei Eier.	*Take two eggs.*

||||||| Indicative Versus Subjunctive I in Conversational German

In conversation, the indicative often replaces the subjunctive in an indirect speech clause introduced by **daß** when the verb in the main clause expresses certainty (**sagen, behaupten, meinen, erklären, schreiben**). However, subjunctive I should be used to express indirect speech in writing and in formal German.

Direkte Rede	Indirekte Rede: Conversational Informal German	Indirekte Rede: Written Formal German
Johann sagte: „Mein Freund ist minderjährig.“	Johann sagte, daß sein Freund minderjährig ist.	Johann sagte, daß sein Freund minderjährig sei.
Brigitte erklärte: „Die Polizei hat viele Halbstarke verhaftet.“	Brigitte erklärte, daß die Polizei viele Halbstarke verhaftet hat.	Brigitte erklärte, daß die Polizei viele Halbstarke verhaftet habe.
Thomas fragte: „Ist AIDS ansteckend?“	Thomas fragte, ob AIDS ansteckend ist.	Thomas fragte, ob AIDS ansteckend sei.
Bernd sagte zu Anja: „Besuch mich im Gefängnis!“	Bernd sagte zu Anja, daß sie ihn im Gefängnis besuchen soll.	Bernd sagte zu Anja, daß sie ihn im Gefängnis besuchen solle/sollte.

||||||| Übungen

A. *Setzen Sie die folgenden Sätze in die indirekte Rede. Benutzen Sie den Konjunktiv I.*

1. Paul sagt: „Er ist aidsinfiziert.“
2. Mein Freund fragte: „Wie lange hat er Drogen genommen?“
3. Veronika sagte: „Ich kenne viele Außenseiter.“
4. Seine Eltern sagten zu ihm: „Nimm kein Rauschgift.“
5. Du fragtest ihn: „Wann kommt dein Freund?“
6. Sie sagte zu ihm: „Töte ihn nicht.“

7. Wir fragten ihn: „Willst du mitkommen?"
8. Ihr fragtet Gabriele: „Warum lebst du wie eine Außenseiterin?"
9. Die Polizei fragte: „Hat er Selbstmord begangen?"
10. Die Mutter sagte zu Kurt: „Du darfst nicht in die Diskothek gehen."

B. *Schreiben Sie die folgenden Sätze ohne* daß *wieder. Achten Sie auf die Wortstellung.*

1. Er sagte, daß Thomas aidsinfiziert sei.
2. Wolf sagte, daß dieser Mann Drogenhandel betrieben habe.
3. Mein Nachbar hat mir gesagt, daß dieser Jugendliche viele Probleme habe.
4. Seine Mutter hat ihm gesagt, daß er nicht ins Kino gehen dürfe.
5. Sie haben gesagt, daß sie sich keine Drogen beschaffen wollen.

C. *Übersetzen Sie die Sätze in Übung B.*

D. *Setzen Sie die folgenden Sätze in die indirekte Rede. Benutzen Sie den Konjunktiv II, wenn die Verbformen im Konjunktiv I dieselben sind wie im Indikativ.*

1. Hans fragte: „Ist dieser Häftling gewalttätig?"
2. Peter fragte Gisela: „Hast du Angst vor AIDS?"
3. Meine Eltern fragten mich: „Wohin gehst du?"
4. Der Mann fragte: „Wann ist er gekommen?"
5. Kristiane fragte Detlev: „Was kann man gegen den Drogenkonsum machen?"
6. Der Mörder fragte sich: „Wie lange sitze ich noch im Gefängnis?"
7. Sie fragten: „Haben die Polizisten den Straftäter verhaftet?"
8. Er fragte: „Warum wollen sie keine Entziehungskur machen?"

E. **Dialog.** *Paul und Hans sprechen von Drogen. Lesen Sie ihr Gespräch.*

PAUL: Ich habe keine Lust, Rauschgift zu nehmen. Und du?
HANS: Ich auch nicht. Ich will daran nicht sterben. Und mit der Aidsepidemie wird es sowieso immer gefährlicher.
PAUL: Ja, du hast recht. Ich habe einen Freund, der drogenabhängig ist und jetzt ist er an AIDS erkrankt.
HANS: Schrecklich! Ich kenne auch ein Mädchen, das daran erkrankt ist. Sie ist sehr schwach. Sie soll bald sterben.
PAUL: Die Arme!

Erzählen Sie jetzt Herbert, was Paul und Hans gesagt haben. Setzen Sie den ganzen Dialog in die indirekte Rede.

Mit diesem Plakat lädt die sozialistische Jugend alle Interessierten zu einem Informationsabend über AIDS ein.

Subjunctive II: Uses (Konjunktiv II: Gebrauch)

▌ Subjunctive II in Conditional Sentences

In English, the subjunctive is used to talk about events that are unreal or hypothetical.

I would help my friend if he were a drug addict. (but he's not)
I would have helped my friend if he had been a drug addict. (but he wasn't)

Note that the preceding sentences consist of both a condition (*if he were/had been a drug addict*) and a conclusion (*[then] I would help/would have helped him*). The condition is expressed by the subjunctive (*were/had been*), and the conclusion is expressed by the conditional (*would* or *could*).

Likewise, in German the subjunctive is used to discuss unreal or hypothetical events; however, both the condition and the conclusion are in subjunctive II. In the present tense, the conclusion often uses the subjunctive II form of **werden** (**würde**) plus the main verb infinitive.

	Main Clause (Conclusion)	Dependent Clause (Condition)	English
Sequence of Tenses in Conditional Sentences			
Present Tense	Ich würde meinem Freund helfen,	wenn er drogensüchtig wäre.	I would help my friend / if he were addicted to drugs.
	Sie würde ins Gefängnis kommen,	wenn sie etwas stähle.	She would go to prison / if she stole something.
Past Tense	Ich hätte ihm geholfen,	wenn er drogensüchtig gewesen wäre.	I would have helped him / if he had been addicted to drugs.
	Sie wäre ins Gefängnis gekommen,	wenn sie etwas gestohlen hätte.	She would have gone to prison / if she had stolen something.

NOTES:

a. In German as in English, the dependent clause can precede the main clause.

Wenn mein Freund drogensüchtig wäre, würde ich ihm helfen.   *If my friend were a drug addict, I would help him.*

In that case, the main clause begins with the auxiliary verb (**werden, haben,** or **sein** in subjunctive II), which is immediately followed by the subject. (Review dependent clauses in Chapter 5.)

Wenn sie etwas gestohlen hätte, **wäre** sie ins Gefängnis gekommen.
Wenn mein Freund drogensüchtig gewesen wäre, **hätte** ich ihm geholfen.

b. The **würde**-construction (subjunctive II of **werden** + infinitive of the main verb) is avoided with the verbs **sein** and **haben** and with the modals. Instead, the subjunctive II present tense of these verbs is used.

Ich **wäre** froh, wenn du kämest.   *I would be happy if you came.*
Er **hätte** Angst, wenn er AIDS hätte.   *He would be frightened if he had AIDS.*
Wir **müßten** uns Drogen beschaffen, wenn wir drogensüchtig wären.   *We would have to get drugs if we were addicted.*

c. When conditional sentences begin with the dependent clause, it is possible to omit **wenn** (*if*) in the dependent clause without altering the meaning of the sentence. In that case, the dependent clause begins with the auxiliary verb or the main verb in subjunctive II, and the main clause is introduced by the adverb **so** or **dann.**

Wenn ich Geld hätte, würde ich ihnen helfen.   *If I had money, I would help them.*
Hätte ich Geld, **so** würde ich ihnen helfen.

Wenn er nach Österreich gefahren wäre, hätte ich ihn begleitet.   *If he had gone to Austria, I would have accompanied him.*
Wäre er nach Österreich gefahren, **so** hätte ich ihn begleitet.

||||||▌ Übungen

A. Sagen Sie auf Englisch.

1. Ich würde diesen Delinquenten helfen, wenn ich mehr Zeit hätte.
2. Die Polizei würde den Mann verhaften, wenn er jemand tötete.
3. Du würdest dir Drogen beschaffen, wenn du drogenabhängig wärest.

4. Wir würden am Rande der Gesellschaft leben, wenn wir Außenseiter wären.
5. Ihr würdet nicht stehlen, wenn ihr reich wäret.

B. *Was können Sie aus den folgenden Aussagen schließen?*

Beispiel: Wir hätten ihn gesehen, wenn er gekommen wäre.
Er ist nicht gekommen. Also haben wir ihn nicht gesehen. *(oder)*
Weil er nicht gekommen ist, haben wir ihn nicht gesehen.

1. Wenn AIDS eine heilbare Krankheit wäre, würden nicht so viele Leute daran sterben.
2. Hättest du mehr Zeit gehabt, so hättest du ihm geholfen.
3. Wir sollten uns besser über das Drogenproblem informieren.
4. Wenn ihr mir eine Broschüre über den Alkoholkonsum in Deutschland gäbet, würde ich sie lesen.
5. Er wäre ins Gefängnis gekommen, wenn die Polizei ihn verhaftet hätte.

C. *Sagen Sie auf Englisch.*

1. Ich hätte diesem Delinquenten geholfen, wenn ich mehr Zeit gehabt hätte.
2. Die Polizei hätte den Mann verhaftet, wenn er jemand getötet hätte.

3. Du wärest ins Gefängnis gekommen, wenn du etwas gestohlen hättest.
4. Wir hätten ihn gesehen, wenn er gekommen wäre.
5. Ihr wäret nicht drogensüchtig gewesen, wenn ihr keine Drogen gefunden hättet.

‖‖‖▮ Subjunctive II in Polite Requests

Like the conditional in English, subjunctive II in German is often used to express requests in a more polite way.

Compare the following sentences:

Können Sie die Tür aufmachen?　　*Can you open the door?*
Könnten Sie die Tür aufmachen?　　*Could you open the door?*

Willst du hier bleiben?　　*Do you want to stay hier?*
Möchtest du hier bleiben?　　*Would you like to stay here?*

Sprechen Sie mit Herrn Müller!　　*Talk to Mr. Müller!*
Würden Sie bitte mit Herrn Müller sprechen?　　*Would you please talk to Mr. Müller?*

‖‖‖▮ Übung

Bilden Sie Sätze wie nach dem Beispiel.

Beispiel: Können Sie mir sagen, ob Herr Schmidt da ist?
　　　　　Könnten Sie mir sagen, ob Herr Schmidt da ist?

1. Nimm kein Rauschgift!
2. Können Sie mir helfen?
3. Wollt ihr darüber reden?
4. Antworten Sie auf meine Frage!
5. Kannst du mir sagen, ob du das Problem versteht?
6. Lesen Sie dieses Buch!
7. Können Sie die Polizei anrufen?
8. Willst du zu mir kommen?

‖‖‖▮ Subjunctive II in Wishes

In German, subjunctive II is used to express present or past wishes. The verb forms **ich wollte** (or **ich wünschte**) are used to translate *I wish*. In the dependent clause, the **würde**-construction is used with most verbs except for **sein, haben, wissen,** and the modals.

Ich wollte, er **käme**.	*I wish he would come.*
Ich wollte, er **wäre gekommen**.	*I wish he had come.*
Ich wünschte, sie **würden** sie nicht **verhaften**.	*I wish they would not arrest her.*
Ich wünschte, sie **hätten** sie nicht **verhaftet**.	*I wish they hadn't arrested her.*

Ich wünschte, sie hätten sie nicht verhaftet.

||||||| Übung

Drücken Sie Wünsche aus. Bilden Sie Sätze nach dem folgenden Beispiel.

Beispiel: Mein Bruder ist brutal.
  Ich wollte/wünschte, mein Bruder wäre nicht brutal!

1. Brigitte ist minderjährig.
2. Thomas hat Probleme in der Schule.
3. Ursula schreibt uns nicht oft.
4. Du verkehrst mit Delinquenten.
5. Wir können dieses Problem nicht lösen.
6. Ich weiß es nicht.
7. Du verstehst mich nicht.
8. Ihr informiert euch darüber nicht.
9. Diese Krankheit ist ansteckend.
10. Es gibt viele Drogenhändler hier.

|||||| Subjunctive II in *als ob* (*as if*) Clauses

In dependent clauses introduced by **als ob** (*as if, as though*), the conjugated verb must be in subjunctive II.

Er tut, als ob er dumm wäre.   *He acts as if he were stupid.*
Sabine tat, als ob sie kein Geld   *Sabine acted as though she had*
  gehabt hätte.   *had no money.*

NOTE:

Als ob can be shortened to **als**. In that case, the inflected verb follows **als** immediately.

Er tut, als wäre er dumm.
Sabine tat, als hätte sie kein Geld gehabt.

|||||| Übungen

A. *Beginnen Sie die folgenden Sätze mit dem Nebensatz.*

Beispiel: Ich würde mit Ursula sprechen, wenn sie Probleme hätte.
       Wenn Ursula Probleme hätte, würde ich mit ihr sprechen.

1. Du müßtest dafür büßen, wenn du etwas Unmoralisches getan hättest.
2. Er könnte mir helfen, wenn er käme.
3. Ihr würdet bestimmt verstehen, wenn sie euch alles erzählte.
4. Wir würden das Problem des Drogenhandels lösen, wenn wir es könnten.
5. Ich würde die Polizei anrufen, wenn ich einen Verbrecher in meinem Haus sähe.

B. *Machen Sie Übung A noch einmal, diesmal ohne* wenn *zu benutzen.*

Beispiel: Hätte Ursula Probleme, so/dann würde ich mit ihr sprechen.

C. *Bilden Sie Sätze aus den angegebenen Satzteilen.*

1. er / tun / als ob / er / nicht / verstehen (He acts as if he didn't understand.)
2. sie / tun / als ob / sie / er / nicht / lieben (She acts as if she didn't love him.)
3. sie / aussehen / als ob / sie / krank / sein (She looked as if she had been sick.)

4. sie / aussehen / als ob / sie / etwas / verlieren (They looked as if they had lost something.)
5. du / tun / als ob / du / dumm / sein (You act as if you were stupid.)

D. *Beenden Sie die folgenden Fragen, wie Sie wollen. Benutzen Sie das Präsens oder das Präteritum des Konjunktivs II.*

1. Wenn ich reich wäre, . . .
2. Wenn ich reich gewesen wäre, . . .
3. Wenn Hans Probleme zu Hause hätte, . . .
4. Wenn Hans Probleme zu Hause gehabt hätte, . . .
5. Wenn ihr dieses Buch läset, . . .
6. Wenn ihr dieses Buch gelesen hättet, . . .
7. Wenn du mich im Gefängnis besuchtest, . . .
8. Wenn du mich im Gefängnis besucht hättest, . . .

▍Interaktionen und Situationen

A. *Machen Sie die folgende Übung mit einem Partner/einer Partnerin. Beenden Sie die folgenden Sätze wie Sie wollen. Benutzen Sie das Präsens oder das Perfekt des Konjunktivs II.*

1. Ich würde Paula anrufen, wenn . . .
2. Du würdest kein Rauschgift nehmen, wenn . . .
3. Hans würde ins Gefängnis kommen, wenn . . .
4. Wir würden froh sein, wenn . . .
5. Ihr würdet uns helfen, wenn . . .

B. *Finden Sie einen Partner/eine Partnerin und interviewen Sie ihn/sie. Tauschen Sie dann die Rollen.*

1. Was würdest du tun, wenn dein Freund/deine Freundin drogensüchtig wäre?
2. Was würdest du tun, wenn du mit Delinquenten verkehrtest?
3. Was hättest du getan, wenn du einen Mörder gesehen hättest?
4. Was hättest du getan, wenn dein Freund/deine Freundin deprimiert gewesen wäre?

C. *Stellen Sie sich vor, daß Ihr Freund/Ihre Freundin und Sie Journalisten sind und interviewen Sie Studenten und Professoren über das, was sie vom Drogen — und Alkoholkonsum an den amerikanischen Universitäten halten. Berichten Sie dann Ihren Mitstudenten über das, was sie gesagt haben. Benutzen Sie die indirekte Rede.*

D. *Schreiben Sie einen Paragraphen, in dem Sie erklären wie Ihre ideale Welt aussehen würde. Was würde es geben, nicht geben? Was wünschten Sie? Vergleichen Sie dann Ihren Paragraphen mit demjenigen Ihres Partners/Ihrer Partnerin.*

Kapitel 12

Die Zukunft unserer Umwelt

|||||||||||||||||||||||||||| **Auf den ersten Blick**

The passive voice

The passive voice with modals

Alternatives to the passive voice

|||||||||||||||||||||||||||| **Ans Ziel**

Focusing on the recipient of an action

Expressing the personal or impersonal agent of an
action in a passive sentence

Das Atomkraftwerk „Bergrheinfeld" in Deutschland

Kulturelles

In einem Brief an ihre Kusine Katja erklärt sich Heike über das Problem der
Umweltverschmutzung° und erzählt von ihren Tätigkeiten als Mitglied einer
Studentenorganisation für den Umweltschutz°.

environmental pollution
protection of the
environment

Liebe Katja!

Ich wünschte, ich hätte mehr Zeit, Dir öfter zu schreiben, aber wie Du es weißt,
belege ich viele Kurse hier und außerdem bin ich an Wochenenden in unserer   5
Umweltschutzorganisation sehr aktiv. Diese Arbeitsgruppe wurde vor fünf
Jahren von umweltbewußten° Studenten und Professoren gegründet, und ich
muß sagen, daß wir auf dem Campus immer populärer werden. Besonders am
Wochenende versammeln wir uns, um über verschiedene Projekte zu diskutieren.
Dann wird natürlich viel über Waldsterben, Smog, Wasserverseuchung° und   10
über die Zerstörung° der Natur im allgemeinen gesprochen. Täglich werden
Giftstoffe° aller Art in die Flüsse und in die Seen gekippt und die Luft wird auch
durch die Abgase° und andere Schadstoffe° total verpestet°. Natürlich wissen
wir, daß die Welt nur durch kleine Organisationen wie unsere nicht gerettet
werden kann, aber wenn sich keiner um die Umwelt kümmert, dann werden die   15
Probleme nie beseitigt° werden.

environmentally aware

Verseuchung:
contamination
destruction
toxic substances
exhaust/harmful substances/
polluted

eliminated

   In unserer Arbeitsgruppe macht es uns Spaß, der Natur zu helfen. Jeden
Samstag kommen wir alle zusammen, und da werden Bäume und Blumen ohne
Kunstdünger° oder Chemikalien gepflanzt. Das machen wir, um unseren Cam-
pus zu verschönern.   20

artificial fertilizers

   Ab und zu versuchen wir, kleine Seminare über das Thema Umweltschutz
zu organisieren. Die meisten Leute wissen z.B., daß jedes Jahr Millionen von
nutzlosen°, umweltfeindlichen° Plastiktüten° hergestellt werden und daß diese
Plastiktüten durch andere umweltfreundlichere° Tüten aus Recycling-Papier
ersetzt werden können, aber zu viele geben sich nicht einmal die Mühe, ihren   25
Müll° zu sortieren. Andere Leute sind erstaunt°, wenn man ihnen sagt, daß
Dosen° kaum wieder verwendet° werden, während Pfandflaschen° im
Durchschnitt fünfundfünfzigmal benutzt werden können. Dasselbe gilt für viele
andere Produkte, die täglich von uns allen benutzt werden und die Umwelt
schwer belasten°: Unsere Haare müssen gestylt werden, dann wird ein bißchen   30
Spray benutzt; wir sind durstig, Milch oder Cola aus irgendwelcher
Einwegverpackung wird gekauft; wir müssen dreihundert Meter laufen, dann
wird das Auto am liebsten benutzt und so kann die Liste verlängert werden.

useless/ecologically
harmful/Tüten: bags
environmentally safer

trash/amazed
cans/wieder: reused/
returnable bottles

damage

   Es freut mich sehr, mich für den Umwelt- und Naturschutz zu engagieren°.
Hoffentlich werden überall in der Welt immer mehr solche Arbeitsgruppen   35
organisiert werden, so daß die Erde° gerettet werden kann! Wenn ich daran
denke, daß die Bäume des Schwarzwaldes und vieler anderen einst schönen

mich ... engagieren:
commit myself

Earth

lead/Danube deserves

Wälder Osteuropas zu Tausenden sterben, weil die Luft verpestet ist und zu viel Blei° enthält, und daß die „schöne blaue Donau°" jetzt so verschmutzt ist, daß sie diesen Titel nicht mehr verdient°, macht es mich wirklich traurig. 40

   Was machst Du dort in Trier? Interessierst Du dich auch für diese Probleme? Schreibe mir bald.

Deine Heike

Fragen

1. Wann wurde Heikes Arbeitsgruppe gegründet?
2. Von wem wurde sie gegründet?
3. Was tun die Mitglieder dieser kleinen Umweltschutzorganisation am Wochenende?
4. Worüber wird oft gesprochen?
5. Wovon wird die Luft verpestet?
6. Was wird von den Mitgliedern der Arbeitsgruppe gepflanzt?
7. Wodurch können Plastiktüten ersetzt werden?
8. Was wird benutzt, um die Haare zu stylen?
9. Wie kann die Erde nach Heikes Meinung gerettet werden?
10. Sind Sie umweltbewußt? Sind Sie Mitglied einer Umweltschutzorganisation? Warum? Warum nicht? Was tun Sie für die Umwelt?

In Tübingen verteilen Mitglieder einer Umweltschutzorganisation Flugblätter und Broschüren für den Umweltschutz.

||||||█ Wortschatz

Sinnverwandte Wörter

das **Aerosol** (–e)
die **Chemikalien** (*pl.*)
das **Grundwasser**
der/die **Industrielle** (*adj. noun*)
das **Nitrat** (–e)
die **Ökologie** (*no pl.*)

das **Ozon** (*no pl.*)
der **Planet** (–en, –en)
der **Politiker** (–) / die
Politikerin (–nen)
das **Recycling** = die
Wiederverwertung

biologisch
ökologisch
radioaktiv

organisieren

Die Umweltverschmutzung

der **Abfall** (⁔e) waste
die **Abgase** (*pl.*) exhaust
der **Atommüll** (*no pl.*) nuclear waste
das **Benzin** (*no pl.*) gas
das **Blei** (*no pl.*) lead
die **Dose** (–n) can
die **Einwegverpackung** (–en) non-returnable packaging
die **Entwaldung** (*no pl.*) deforestation
der **Giftstoff** (–e) toxic substance
das **Kohlendioxid** (*no pl.*) carbon dioxide
die **Lagerung** (*no pl.*) storage
der **Müll** (*no pl.*) garbage, trash
die **Ölpest** (*no pl.*) oil spill
der **Regen** (*no pl.*) rain
der **saure Regen** acid rain
der **Schadstoff** (–e) harmful substance
der **Treibhauseffekt** the greenhouse effect
die **Umwelt** (*no pl.*) environment
der **Umweltverschmutzer** (–) / die **Umweltverschmutzerin** (–nen) polluter
die **Umweltverschmutzung** (*no pl.*) pollution of the environment
das **Waldsterben** (*no pl.*) loss of trees due to pollution
die **Zerstörung** (–en) destruction

Die Erde und der Umweltschutz

die **Erde** (*no pl.*) the earth
das **Gleichgewicht** (*no pl.*) balance

der/die **Grüne** (*adj. noun*) environmentalist
die **Maßnahme** (**–n**) measure
die **Menschheit** (*no pl.*) mankind
das **Naturreservat** (**–e**) = das **Naturschutzgebiet** (**–e**) national park
die **Ozonschicht** (**–en**) ozone layer
der **Protestmarsch** (**⸚e**) protest demonstration
der **Regenwald** (**⸚er**) tropical rain forest
die **Regierung** (**–en**) government
das **Umweltbewußtsein** (*no pl.*) consciousness of environmental issues
die **Umweltpolitik** environmental policies
der **Umweltschutz** conservation of the environment

Adjektive

bleifrei lead free
rein pure
sauber clean ≠ **schmutzig**
schädlich harmful
umweltbewußt conscious of the environment
umweltfreundlich environmentally safe ≠ **umweltfeindlich**
umweltverschmutzend polluting
verpestet = **verschmutzt** polluted
verseucht contaminated
wiederverwertbar reusable

Verben

ab•holzen to deforest
bekämpfen to fight against
beseitigen to eliminate
bewahren to preserve
gefährden to jeopardize
lagern to store
retten to save

schützen to protect
verschmutzen to pollute
verseuchen to contaminate
weg•werfen (**i, a, o**) to throw away
wieder verwerten to recycle
zerstören to destroy

Ausdrücke

Viele Länder kippen ihren Müll in die See.
Many countries dump their garbage into the sea.

Viele Industrien blasen Giftstoffe in die Luft.
Many industries release toxic substances into the air.

Die Regierungen müssen Maßnahmen gegen die Umweltverschmutzung treffen.
Governments must take action against the pollution of the environment.

Menschen sind nur ein Glied in der biologischen Kette.
People are only one link in the bioligical chain.

||||||▌ Wir sind dran!

A. Ergänzen Sie den folgenden Text mit geeigneten Wörtern aus der Liste.

der Umweltschutz   der Schadstoff   die Umweltpolitik   der Giftstoff
die Maßnahme   das Gleichgewicht   die Umwelt   das Umweltbewußtsein
der Müll   verseucht   gefährdet

Da der Mensch nur ein Glied in der biologischen Kette ist, muß er das

ökologische _____ bewahren. Das ist die Aufgabe des

_____. Leider wird unsere _____ durch vieles

_____: die Luft wird durch Kohlendioxid und andere

_____ und das Grundwasser durch Nitrate _____. Ins

Meer kippen viele Länder ihren _____ und zahlreiche Industrien

blasen _____ in die Luft. Um die gefährdete Umwelt zu schützen,

sollten die Regierungen aller Länder eine richtige _____

durchführen und drastische _____ treffen. Wenn das

_____ der Leute nicht größer wird, wird unser Planet an der

Umweltverschmutzung sterben.

**B. Welche Wörter und Ausdrücke können auf diese Weise definiert
werden? Benutzen Sie die folgende Liste:**

der saure Regen   der Protestmarsch   das Benzin   der/die Grüne   der
Treibhauseffekt   die Entwaldung   das Naturreservat   wieder verwerten

1. Das ist das, was ein Auto braucht, um funktionieren zu können.
2. Das ist ein Prozeß, der darin besteht, alle Bäume eines Waldes zu fällen.
3. Das ist die Tatsache, daß die Erde immer wärmer wird.
4. Das ist eine Demonstration, die man organisiert, um gegen etwas zu protestieren.
5. Das ist eine Person, die im Umweltschutz sehr aktiv ist.
6. Das ist ein Verb, das bedeutet, daß man ein Produkt nicht wegwirft, sondern wieder benutzt.
7. Das ist so etwas wie ein Naturpark, wo die Natur und die Tiere geschützt werden.
8. Das ist das, was die Bäume in Europa tötet.

C. Sagen Sie, ob die folgenden Aussagen richtig oder falsch sind.

1. Der Tropenwald ist ein berühmter Wald in Nordeuropa.
2. Die Abgase sind schädliche Gase, die aus den Autos herauskommen.
3. Die Ölpest findet man in Naturschutzgebieten.
4. Heutzutage weiß man noch nicht genau, wie man den Atommüll lagern sollte.
5. Bleifreies Benzin ist umweltfreundlicher als normales Benzin.

D. Finden Sie jetzt einen Partner/eine Partnerin und interviewen Sie ihn/ sie. Tauschen Sie dann die Rollen.

1. Was kann jedes Individuum für die Umwelt tun?
2. Was können die Politiker und der Staat dafür tun?
3. Glaubst du, daß du die Umwelt irgendwie gefährdest? Wie? Was könntest du dagegen tun?
4. Verwertest du Glas oder Papier wieder? Warum? Warum nicht?
5. Glaubst du, daß die Leute im allgemeinen umweltbewußter werden? Warum? Warum nicht?

Grammatik

 ## The Passive Voice (Das Passiv)

Wie in vielen Industrieländern *wird* die Luft in Deutschland durch allerlei Giftstoffe *belastet*. Da Flüsse und Seen stark *verseucht wurden*, *sind* viele Maßnahmen zur Sanierung von Seen und Gewässern *getroffen worden*. Ein neues Aktionsprogramm „Rettet den Wald" *wurde* auch *eingeführt*, um das Problem des Waldsterbens zu beseitigen. Außerdem *sind* zehn Gebiete in Deutschland zu Naturreservaten *erklärt worden*. Hoffentlich *wird* dadurch das Umweltbewußtsein der Deutschen *erweckt werden*!

Verbs in the passive voice are in italics, e.g., *wird . . . belastet.*

ⅠⅠⅠⅠⅠⅠ■ The Passive Voice

In order to understand the passive voice (**das Passiv**) it is helpful first to consider its counterpart, the active voice (**das Activ**). In the active voice the subject performs the action expressed by the verb. In the passive voice, the subject receives the action expressed by the verb. One uses the passive voice to emphasize the verb's action and deemphasize the agent of the action.

When an active sentence is transformed into a passive sentence, the subject of the active sentence becomes the agent of the passive sentence, and the direct object of the active sentence becomes the subject of the passive sentence.

Compare the following sentences:

Active	Subject Dir. Obj. *Toxic substances* pollute *the rivers*.
Passive	Subject Agent *The rivers* are polluted by *toxic substances*.

•■ *Formation of the Passive Voice*

The passive voice is formed with the auxiliary verb **werden** and the past participle of the main verb. If the agent of a passive sentence is a person or a living thing, it is usually introduced by **von**, which is followed by the dative case. If the agent is not a person or a living thing, it is introduced by **durch**, which is followed by the accusative case.

Active	Nom. Acc. <u>Wir</u> organisieren <u>Demonstrationen</u>.	We organize demonstrations.
Passive	Nom. Dat. <u>Demonstrationen</u> **werden** *von* <u>uns</u> **organisiert**.	Demonstrations *are organized* by us.
Active	Nom. Acc. <u>Schadstoffe</u> verschmutzen <u>die Flüsse</u>.	Harmful substances pollute the rivers.
Passive	Nom. Acc. <u>Die Flüsse</u> **werden** *durch* <u>Schadstoffe</u> **verschmutzt**.	The rivers *are polluted* by harmful substances.

The following diagram illustrates how case changes from active to passive voice.

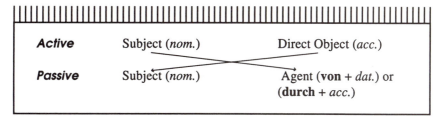

Active	Subject (*nom.*)	Direct Object (*acc.*)
Passive	Subject (*nom.*)	Agent (**von** + *dat.*) or (**durch** + *acc.*)

‖‖‖‖▊ The Tenses in the Passive Voice

The passive voice exists in all tenses and in the subjunctive.

Present	*Aktiv*	
	Der Junge wirft den Müll weg.	The boy throws away the garbage.
	Passiv	
	Der Müll **wird** von dem Jungen **weggeworfen**.	The garbage is thrown away by the boy.

Simple Past	*Aktiv*	
	Der Junge warf den Müll weg.	The boy threw away the garbage.
	Passiv	
	Der Müll **wurde** von dem Jungen **weggeworfen**.	The garbage was thrown away by the boy.
Present Perfect	*Aktiv*	
	Der Junge hat den Müll weggeworfen.	The boy threw away the garbage.
	Passiv	
	Der Müll **ist** von dem Jungen **weggeworfen worden**.	The garbage was thrown away by the boy.
Past Perfect	*Aktiv*	
	Der Junge hatte den Müll weggeworfen.	The boy had thrown away the garbage.
	Passiv	
	Der Müll **war** von dem Jungen **weggeworfen worden**.	The garbage had been thrown away by the boy.
Future I	*Aktiv*	
	Der Junge wird den Müll wegwerfen.	The boy will throw away the garbage.
	Passiv	
	Der Müll **wird** von dem Jungen **weggeworfen werden**.	The garbage will be thrown away by the boy.

Future II	*Aktiv*	
	Der Junge wird den Müll weggeworfen haben.	The boy will have thrown away the garbage.
	Passiv	
	Der Müll **wird** von dem Jungen **weggeworfen worden sein**.	The garbage will have been thrown away by the boy.
Subjunctive I	*Aktiv*	
	Der Junge werfe den Müll weg. (*indirect speech*)	The boy throws away the garbage.
	Passiv	
	Der Müll **werde** von dem Jungen **weggeworfen**.	The garbage is thrown away by the boy.
Subjunctive II	*Aktiv*	
	Der Junge würde den Müll wegwerfen. (*conditional*)	The boy would throw away the garbage.
	Passiv	
	Der Müll **würde** von dem Jungen **weggeworfen werden**.	The garbage would be thrown away by the boy.

The pattern can be shown as follows:

Passive Constructions	
Present	Present tense of **werden** + past participle of main verb
Simple Past	Simple past tense of **werden** + past participle of main verb

Present Perfect	Present tense of **sein** + past participle of main verb + **worden**
Past Perfect	Simple past tense of **sein** + past participle of main verb + **worden**
Future I	Present tense of **werden** + past participle of main verb + **werden**
Future II	Present tense of **werden** + past participle of main verb + **worden** + **sein**
Subj. I	Subj. I of **werden** + past participle of main verb
Subj. II	Subj. II of **werden** + past participle of main verb + **werden**

NOTE:

The use of the passive in many of these tenses is infrequent. It is most common in the simple past and present perfect tenses.

A. *Die folgenden Passivsätze sind im Präsens oder im Präteritum. Ersetzen Sie die Pronomen und übersetzen Sie die Sätze ins Englische.*

1. Ich werde von dem Journalisten interviewt. (du, er, ihr)
2. Du wirst vom Politiker beeinflußt. (Sie, wir, ich)
3. Ihr werdet von allen akzeptiert. (er, sie *pl.*, ich)
4. Sie wurde vor dieser Gefahr gewarnt. (wir, ihr, Sie)
5. Ich wurde von Helmut gefragt. (du, ihr, er)
6. Wir wurden von Ingrid eingeladen. (ihr, du, ich)

B. *Die folgenden Passivsätze sind im Perfekt. Setzen Sie sie ins Plusquamperfekt. Übersetzen Sie dann die Sätze ins Englische.*

1. Der Fluß ist von Schadstoffen verseucht worden.
2. Diese Konferenzen sind von den Grünen organisiert worden.
3. Diese Abfälle sind hier gelagert worden.
4. Du bist von Paul gerettet worden.
5. Die Grünen sind von den Industriellen bekämpft worden.

C. Was bedeuten die folgenden Passivsätze? Alle sind im Futur I.

1. Diese Bäume werden von uns gepflanzt werden.
2. Hoffentlich wird der Planet nicht von den Menschen zerstört werden!
3. Ein Protestmarsch wird nächste Woche organisiert werden.

Eine Demonstration gegen Atomkraftwerke in Bonn 1991

D. Setzen Sie die folgenden Aktivsätze ins Passiv. Achten Sie besonders auf das Tempus der Sätze und auf den Kasus der Wörter.

Beispiel: Sie werfen den Müll weg.
  Der Müll wird von ihnen weggeworfen.

1. Du schützt die Umwelt.
2. Der Mensch zerstörte den Planeten.
3. Die Politiker haben dieses Problem nicht gelöst.
4. Das Kohlendioxid verpestet die Luft.
5. Sie hatten den Atommüll in der See gelagert.
6. Alle Leute besprechen den Treibhauseffekt.
7. Sie holzen den Regenwald ab.
8. Du kauftest nur umweltfreundliche Produkte.
9. Dieser Autofahrer wird bleifreies Benzin benutzen.
10. Die Umweltverschmutzung verursacht den sauren Regen.

||||||■ The Impersonal Use of the Passive

Sometimes the passive voice is used in an impersonal construction in which the passive verb appears without a subject. Impersonal constructions express general situations where the agent is unknown or indefinite.

Hier wird nicht geraucht. *There is no smoking here.*
(≠ by anyone)

Hier wird Deutsch gesprochen. *German is spoken here.*
(≠ by someone)

Gestern wurde getanzt. *There was dancing yesterday.*
(≠ by some people)

NOTE:

These clauses can also begin with the impersonal subject **es.**

Es wird hier nicht geraucht.
Es wird Deutsch gesprochen.

||||||■ Übung

Was bedeuten die folgenden Sätze?

1. Hier wird nichts gelagert.
2. Hier wird schnell gefahren.
3. Es wurde spät gearbeitet.
4. Gestern wurde viel gegessen.
5. Es wird viel darüber gesprochen.

||||||■ The Statal Passive

Whereas the passive voice (formed with the auxiliary **werden**) expresses an action, the statal passive expresses a state or condition.
The statal passive is formed with the auxiliary **sein.**

Compare the following sentences:

Action	Der Müll **wird** hier gelagert.	The garbage is (being) stored here.
State	Der Müll **ist** hier gelagert.	The garbage is stored here. (result of an action)

Action	Die Donau **wird** durch dieses Fabriken verschmutzt.	The Danube is (being) polluted by these factories.
State	Die Donau **ist** verschmutzt.	The Danube is polluted. (result of an action)

‖‖‖‖‖▮ Übung

Was bedeuten die folgenden Sätze?

1. Der Wald wird durch die Maschinen abgeholzt.
2. Der Wald ist jetzt total abgeholzt.
3. Das ökologische Gleichgewicht wird von den Verschmutzern zerstört.
4. Das Gleichgewicht ist jetzt zerstört.
5. Die Flüsse wurden durch Pestizide verseucht.
6. Die Flüsse sind verseucht.
7. Das Problem wird beseitigt.
8. Das Problem ist beseitigt.
9. Die Region wird entwaldet.
10. Die Region ist jetzt entwaldet.

The Passive Voice with Modals
(Das Passiv mit Modalverben)

Hoffentlich werden überall in der Welt immer mehr solche Arbeitsgruppen organisiert werden, so daß die Erde *gerettet werden kann!* Drastische Maßnahmen müssen von den Regierungen *getroffen werden,* damit die Umweltverschmutzung bekämpft wird. Was *soll* von den Individuen *gemacht werden?* Sie müssen versuchen, umweltbewußt zu leben.

Modals in the passive voice are in italics, e.g., *gerettet werden kann.*

As a general rule, modals are used only in the present and simple past tenses in the passive voice.

Present	*Aktiv*	
	Wir müssen den Planeten retten.	We must save the planet.
	Passiv	
	Der Planet **muß** von uns **gerettet werden**.	The planet must be saved by us.
	Aktiv	
	Die Regierung soll neue Maßnahmen treffen.	The government is supposed to take new measures.
	Passiv	
	Neue Maßnahmen **sollen** von der Regierung **getroffen werden**.	New measures are supposed to be taken by the government.

Simple Past	*Aktiv* Wir mußten den Planeten retten.	We had to save the planet.
	Passiv Der Planet **mußte** von uns **gerettet werden**.	The planet had to be saved by us.
	Aktiv Die Regierung sollte neue Maßnahmen treffen.	The government should take new measures.
	Passiv Neue Maßnahmen **sollten** von der Regierung **getroffen werden**.	New measures should be taken by the government.

The pattern can be shown as follows:

Passive Constructions with Modals	
Present	Present tense of modal + past participle of main verb + **werden**
Simple Past	Simple past tense of modal + past participle of main verb + **werden**

NOTES:

a. The modal must agree with the subject.
b. The modal bears the tense marker.

||||||▌ Übungen

A. *Ersetzen Sie die Pronomen. Alle Sätze sind im Passiv. Übersetzen Sie dann die Sätze ins Englische.*

1. Er konnte nicht verstanden werden. (du, ich, wir)
2. Sie mußten von den Polizisten gerettet werden (ich, sie *sg.*, ihr)
3. Ich soll von Ihnen kontrolliert werden. (du, er, wir)
4. Es darf hier gelagert werden. (sie *sg.*, er, sie *pl.*)
5. Wir wollten nicht gefährdet werden. (du, er, ihr)

B. *Setzen Sie die folgenden Aktivsätze ins Passiv. Alle Sätze sind im Präsens.*

1. Du mußt dieses Problem beseitigen.
2. Die Gruppe soll eine Konferenz organisieren.
3. Sie dürfen diese Dosen hier nicht wegwerfen.
4. Wir wollen die Industriellen nicht kritisieren.
5. Der Mensch kann den Planeten zerstören.

C. *Setzen Sie die folgenden Aktivsätze ins Passiv. Alle Sätze sind im Präteritum.*

1. Er konnte das Problem lösen.
2. Die Leute mußten das Papier wieder verwerten.
3. Wir durften keine Fragen stellen.
4. Sie sollten die Ölpest besprechen.
5. Die Industriellen wollten uns nicht manipulieren.

D. *Die folgenden Fragen sind im Aktiv. Antworten Sie auf die Fragen mit Passivsätzen.*

Beispiel: Dürfen die Leute die Dosen wegwerfen?
  Nein, die Dosen dürfen von den Leuten nicht weggeworfen werden. (*oder*)
  Ja, die Dosen dürfen von den Leuten weggeworfen werden.

1. Können die Politiker diese Probleme lösen?
2. Müssen die Grünen unseren Planeten retten?
3. Sollen diese Industriellen die Umwelt verschmutzen?
4. Kannst du die Welt kontrollieren?
5. Darf dein Freund den Marsch organisieren?

In Deutschland wie in den meisten europäischen Ländern wird das Recycling immer populärer.

Alternatives to the Passive Voice (Die Varianten des Passivs)

Die meisten Leute wissen, daß *man* jedes Jahr Millionen von nutzlosen, umweltfeindlichen Plastiktüten herstellt. Da diese Plastiktüten *sich leicht durch andere umweltfreundlichere Tüten aus Recycling-Papier ersetzen lassen, ist* das Problem nicht schwer *zu lösen.*

Alternatives to the passive voice are in italics, e.g., *man.*

As in English, the passive voice is used infrequently in German. Approximately ninety-three percent of German sentences are in the active voice, whereas only seven percent are in the passive voice. For the most part the passive voice occurs in written German in journalistic and academic texts. In conversation, German speakers prefer the following alternatives.

||||||▌ The *man* Construction

The indefinite pronoun **man** (*one*) is often used to avoid a passive construction.

Das Problem wurde gelöst.	*The problem was solved.*
Man löste das Problem.	*Someone (one) solved the problem.*
Es wird viel darüber gesprochen.	*It is talked about a lot.*
Man spricht viel darüber.	*One talks a lot about it.*
Die Frage ist gestellt worden.	*The question was asked.*
Man hat die Frage gestellt.	*One (someone) asked the question.*

||||||▌ The *sein + zu* Infinitive Construction

This construction is often used to replace passive sentences in which the modals **können** or **müssen** occur.

Maßnahmen müssen getroffen werden.	*Measures must be taken.*
Maßnahmen **sind zu treffen**.	*Measures must be taken (are to be taken).*
Der Planet muß gerettet werden.	*The planet must be saved.*
Der Planet **ist zu retten**.	*The planet must be saved (is to be saved).*

Eine Veranstaltung zum Thema „Umweltschutz"

Das Problem konnte nicht gelöst werden.   *The problem couldn't be solved.*
Das Problem **war nicht zu lösen.**

Da kann nicht viel gemacht werden.   *Not much can be done.*
Da ist nicht viel **zu machen.**

||||||■ The *sich lassen* + Infinitive Construction

This construction is used to replace a passive sentence in which the modal **können** occurs.

Dieses Problem kann leicht gelöst werden.   *This problem can be solved*
Dieses Problem **läßt sich** leicht **lösen.**   *easily.*

Das Fenster kann nicht aufgemacht werden.   *The window cannot be*
Das Fenster **läßt sich** nicht **aufmachen.**   *opened.*

|||||||■ Übungen

A. *Ändern Sie die folgenden Passivsätze in Aktivsätze um. Benutzen Sie das Indefinitpronomen* man.

1. Hier wurde nicht geraucht.
2. Das Problem wird gelöst werden.
3. Die Umweltverschmutzer sind bestraft worden.
4. Viele Fragen wurden bei der Konferenz gestellt.
5. Maßnahmen müssen getroffen werden.
6. Der Müll darf nicht in die See gekippt werden.
7. Bleifreies Benzin wird hier verkauft.
8. Einwegverpackungen sollen nicht mehr produziert werden.

B. *Was bedeuten die folgenden Sätze?*

1. Das ökologische Gleichgewicht ist nicht zu zerstören.
2. Die Dosen sind nicht wegzuwerfen.
3. Diese Politik ist zu ändern.
4. Der Atommüll ist hier nicht zu lagern.
5. Die Abgase sind zu reduzieren.

C. *Ändern Sie die Sätze wie nach dem Beispiel.*

Beispiel: Das kann gemacht werden.
           Das läßt sich machen.

1. Der Müll kann hier gelagert werden.
2. Die Dose kann weggeworfen werden.
3. Die Erde kann nicht gerettet werden.

4. Dieses Produkt kann nicht wieder verwertet werden.
5. Das natürliche Gleichgewicht kann zerstört werden.

D. *Was bedeuten die folgenden Sätze?*

1. Diese Schadstoffe lassen sich nicht beseitigen.
2. Die Umweltverschmutzung läßt sich nicht einfach kontrollieren.
3. Die deutschen Flüsse lassen sich schnell verseuchen.

Interaktionen und Situationen

A. *Im folgenden Artikel aus „Scala", einem deutschen Jugendmagazin, sind die Sätze im Aktiv. Setzen Sie sie ins Passiv.*

EIN WALD WILL LEBEN

Die Vernichtung des tropischen Regenwaldes beschwört eine weltweite Klima-Katastrophe herauf. Das wissen auch die Industrienationen: Der Deutsche Bundestag hat eine Kommission beauftragt, die Lage der Tropenwälder zu untersuchen und ein Hilfsprogramm auszuarbeiten.

die **Vernichtung** *destruction*
beschwört ... herauf *to call up*
weltweit = international

der **Bundestag** *German parliament*
beauftragt *charged*
die **Lage** *situation*

Antworten Sie jetzt auf die folgenden Fragen:

1. Warum ist die Vernichtung des tropischen Regenwaldes ein akutes Problem?
2. Wie versucht die deutsche Regierung, dieses Problem zu lösen?
3. Wie werden die Tropenwälder Ihrer Meinung nach vernichtet?

B. Setzen Sie den folgenden Text ins Passiv.

Um leben zu können, muß der Mensch das ökologische Gleichgewicht bewahren. Leider gefährdet die Umweltverschmutzung die Zukunft unseres Planeten. Die Motorabgase der Autos verpesten die Luft und allerlei Chemikalien verschmutzen unsere Flüsse und Seen. Überall benutzen die Bauern Pestizide auf ihren Feldern und viele Länder lagern den radioaktiven Müll in der See.

Um die Umwelt zu schützen, soll man eine richtige Umweltpolitik durchführen. Die Regierungen sollten Maßnahmen treffen, um alle Umweltverschmutzer zu bestrafen. Außerdem muß man das Publikum zum Umweltschutz erziehen und die Mentalität der Leute ändern. Erst dann wird man die Erde retten!

C. Stellen Sie sich vor, daß Sie als Austauschstudent/Austauschstudentin ein Jahr in Deutschland verbringen. Ein deutscher Freund von Ihnen fragt Sie, welche akute Umweltprobleme es in der Gegend gibt, und woher Sie kommen. Inszenieren Sie dieses Gespräch.

Appendix

 ## Principal Parts of Strong and Irregular Weak Verbs

•▌ *Alphabetical Listing*

All forms given correspond to the third-person singular. The present tense is shown only if it is irregular. If a verb is conjugated with **sein** in the compound tenses, the past participle is preceded by **ist**. An * denotes irregular weak verbs.

Verbs are listed in their base form, without prefixes. For example, for **ausgehen**, see **gehen**; and for **bekommen**, see **kommen**.

Infinitive	Present	Simple Past	Past Participle
backen (*to bake*)	bäckt	backte	gebacken
befehlen (*to command*)	befiehlt	befahl	befohlen
beginnen (*to begin*)		begann	begonnen
beißen (*to bite*)		biß	gebissen
betrügen (*to deceive*)		betrog	betrogen
bieten (*to offer*)		bot	geboten
binden (*to bind*)		band	gebunden
bitten (*to ask*)		bat	gebeten
blasen (*to blow*)	bläst	blies	geblasen
bleiben (*to stay*)		blieb	ist geblieben
braten (*to roast*)	brät	briet	gebraten
brechen (*to break*)	bricht	brach	gebrochen
brennen* (*to burn*)		brannte	gebrannt
bringen* (*to bring*)		brachte	gebracht
denken* (*to think*)		dachte	gedacht
dringen (*to penetrate*)		drang	ist gedrungen
empfangen (*to receive*)	empfängt	empfing	empfangen
empfehlen (*to recommend*)	empfiehlt	empfahl	empfohlen
entscheiden (*to decide*)		entschied	entschieden
erscheinen (*to appear*)		erschien	ist erschienen
essen (*to eat*)	ißt	aß	gegessen
fahren (*to go; to drive*)	fährt	fuhr	ist gefahren
fallen (*to fall*)	fällt	fiel	ist gefallen
fangen (*to catch*)	fängt	fing	gefangen
finden (*to find*)		fand	gefunden
fliegen (*to fly*)		flog	ist geflogen
fliehen (*to flee*)		floh	ist geflohen

fließen (*to flow*)		floß	ist geflossen
frieren (*to freeze*)		fror	gefroren
geben (*to give*)	gibt	gab	gegeben
gefallen (*to please*)	gefällt	gefiel	gefallen
gehen (*to go*)		ging	ist gegangen
gelingen (*to succeed*)		gelang	ist gelungen
genießen (*to enjoy*)		genoß	genossen
geschehen (*to happen*)	geschieht	geschah	ist geschehen
gewinnen (*to win*)		gewann	gewonnen
greifen (*to seize*)		griff	gegriffen
haben (*to have*)	hat	hatte	gehabt
halten (*to hold*)	hält	hielt	gehalten
hängen (*to hang*; intr.)	hängt	hing	gehangen
heißen (*to be called*)		hieß	geheißen
helfen (*to help*)	hilft	half	geholfen
kennen* (*to know*)		kannte	gekannt
klingen (*to sound*)		klang	geklungen
kommen (*to come*)		kam	ist gekommen
laden (*to load*)	lädt	lud	geladen
lassen (*to let*)	läßt	ließ	gelassen
laufen (*to run*)	läuft	lief	ist gelaufen
leiden (*to suffer*)		litt	gelitten
leihen (*to lend*)		lieh	geliehen
lesen (*to read*)	liest	las	gelesen
liegen (*to be lying*)		lag	gelegen
lügen (*to tell a lie*)		log	gelogen
nehmen (*to take*)	nimmt	nahm	genommen
nennen* (*to name*)		nannte	genannt
raten (*to advise; to guess*)	rät	riet	geraten
reißen (*to tear*)		riß	gerissen
reiten (*to ride*)		ritt	ist geritten
rennen* (*to run*)		rannte	ist gerannt
riechen (*to smell*)		roch	gerochen
rufen (*to call*)		rief	gerufen
scheinen (*to shine; to seem*)		schien	geschienen
schießen (*to shoot*)		schoß	geschossen
schlafen (*to sleep*)	schläft	schlief	geschlafen
schlagen (*to hit, beat*)	schlägt	schlug	geschlagen
schließen (*to close*)		schloß	geschlossen
schmelzen (*to melt*)	schmilzt	schmolz	ist geschmolzen
schneiden (*to cut*)		schnitt	geschnitten
schreiben (*to write*)		schrieb	geschrieben
schreien (*to cry*)		schrie	geschrien
schweigen (*to be silent*)		schwieg	geschwiegen
schwimmen (*to swim*)		schwamm	ist geschwommen

sehen (*to see*)	sieht	sah	gesehen
sein (*to be*)	ist	war	ist gewesen
senden* (*to send*)		sandte	gesandt
		or sendete	*or* gesendet
singen (*to sing*)		sang	gesungen
sinken (*to sink*)		sank	ist gesunken
sitzen (*to sit*)		saß	gesessen
sprechen (*to speak*)	spricht	sprach	gesprochen
springen (*to spring*)		sprang	ist gesprungen
stehen (*to stand*)		stand	gestanden
stehlen (*to steal*)	stiehlt	stahl	gestohlen
steigen (*to climb*)		stieg	ist gestiegen
sterben (*to die*)	stirbt	starb	ist gestorben
stoßen (*to push*)	stößt	stieß	gestoßen
streiten (*to quarrel*)		stritt	gestritten
tragen (*to carry; to wear*)	trägt	trug	getragen
treffen (*to meet*)	trifft	traf	getroffen
treiben (*to drive*)		trieb	getrieben
treten (*to step*)	tritt	trat	ist getreten
trinken (*to drink*)		trank	getrunken
tun (*to do*)		tat	getan
verbergen (*to hide*)	verbirgt	verbarg	verborgen
verbieten (*to forbid*)		verbat	verboten
verderben (*to spoil*)	verdirbt	verdarb	verdorben
vergessen (*to forget*)	vergißt	vergaß	vergessen
vergleichen (*to compare*)		verglich	verglichen
verlieren (*to lose*)		verlor	verloren
vermeiden (*to avoid*)		vermied	vermieden
verschwinden (*to disappear*)		verschwand	ist verschwunden
verzeihen (*to excuse*)		verzieh	verziehen
wachsen (*to grow*)	wächst	wuchs	ist gewachsen
waschen (*to wash*)	wäscht	wusch	gewaschen
wenden* (*to turn*)		wandte	gewandt
		or wendete	*or* gewendet
werben (*to advertise*)	wirbt	warb	geworben
werden (*to become*)	wird	wurde	ist geworden
werfen (*to throw*)	wirft	warf	geworfen
wiegen (*to weigh*)		wog	gewogen
wissen* (*to know*)	weiß	wußte	gewußt
ziehen (*to pull*)		zog	gezogen
zwingen (*to force*)		zwang	gezwungen

•▌ *Listing by Category*

The following chart shows the different categories of strong verbs according to their vowel changes.

Category	infinitive: Main Vowel(s)	Past	Past Participle	Example	Other Common Verbs in this Category
1	ei	i	i	reiten ritt geritten	leiden, beißen pfeifen, streiten
2	ie	o	o	fließen floß geflossen	gießen, riechen schießen, schließen ziehen, bieten
3	i	a	u	finden fand gefunden	springen, gelingen klingen, singen
4	e	a	o	sprechen sprach gesprochen	brechen, helfen sterben, werfen
5	ei	ie	ie	bleiben blieb geblieben	steigen, scheiden scheinen, schreiben
6	e	o	o	weben wob gewoben	schwellen, melken
7	e	a	e	geben gab gegeben	essen, lesen sehen, treten
8	a	u	a	fahren fuhr gefahren	laden, schlagen, tragen
9	i	a	o	beginnen begann	gewinnen, spinnen
10	a	ie	a	fallen fiel gefallen	halten, lassen

The irregular weak verbs

Infinitive	Simple Past	Past Participle
brennen (*to burn*)	brannte	gebrannt
bringen[a] (*to bring*)	brachte	gebracht
denken[a] (*to think*)	dachte	gedacht
kennen (*to know*)	kannte	gekannt
nennen (*to name*)	nannte	genannt
rennen (*to run*)	rannte	ist gerannt
senden[b] (*to send*)	sandte *or* sendete	gesandt *or* gesendet
wenden (*to turn*)	wandte *or* wendete	gewandt *or* gewendet
wissen (*to know*)	wußte	gewußt

NOTES:

a. The verbs **bringen** and **denken** have a consonant change: denken > dach–; bringen > brach–.

b. The verb **senden** is conjugated as an irregular weak verb when it means *to send*, but as a regular weak verb when it means *to broadcast*.

Compare: Helke **sandte** mir einen Brief jeden Monat.
Helke sent me a letter every month.

Das Fernsehen **sendete** ein gutes Programm.
The television broadcast a good program.

 # The Modals

Infinitive	Simple Past	Past Participle
müssen	mußte	gemußt
sollen	sollte	gesollt
können	konnte	gekonnt
dürfen	durfte	gedurft
wollen	wollte	gewollt
mögen	mochte	gemocht

German-English Vocabulary

This vocabulary includes all the words from the **Wortschatz** of each chapter. Phrases are listed under their key word.

A

das **Abendessen** (–) supper
das **Abenteuer** (–) adventure
der **Abenteuerfilm** (–e) adventure film
abenteuerlich adventurous
der **Abfall** (–̈e) waste
die **Abgase** (*pl.*) exhaust
ab•holzen to deforest
ab•legen to take (*an exam*)
ab•nehmen (nimmt ab, nahm ab, abgenommen) to lose (*weight*)
der **Absatz** (–̈e) paragraph
der **Abschnitt** (–e) paragraph
absolvieren (seine Studien) to graduate
abwesend absent
achten auf (+ *acc.*) to watch, pay attention to
der **Actionfilm** (–e) action movie
das **Aerosol** (–e) aerosol
der **Ahn** (–en, –en) ancestor
aidsinfiziert infected with AIDS
aktiv active
der **Alkohol** (–e) alcohol
alkoholfrei non-alcoholic
die **Allergie** (–n) allergy
allergisch allergic
der **Amateur** (–e) amateur
analysieren to analyse
das **Andenken** (–) souvenir
ändern to change
an•führen to bring forward (*an argument*)
das **Angebot** (–e) offer; supply
an•gehören to belong to (*a club*)
Angenehme Reise! Have a good trip!
der/die **Angestellte** (*adj. noun*) employee, "white-collar" worker
an•kommen (kam an, [ist] o) to arrive
an•sagen to announce (*a program*)
an•schalten to turn on

an•sehen (ie, a, e): sich etwas ansehen to watch something
die **Ansicht** (–en) opinion
an•sprechen (i, a, o) to address, talk to
ansteckend contagious
die **Anthropologie** anthropology
das **Antibiotikum (Antibiotika)** antibiotic
der **Antiheld** (–en, –en) antihero
antik ancient, antique
die **Antwort** (–en) answer
der **Anwalt** (–̈e)/die **Anwältin** (–nen) lawyer
anziehend attractive
die **Apotheke** (–n) pharmacy
der **Apotheker** (–)/die **Apothekerin** (–nen) pharmacist
der **Arbeiter** (–)/die **Arbeiterin** (–nen) "blue-collar" worker, laborer
der **Arbeitgeber** (–)/die **Arbeitgeberin** (–nen) employer
das **Arbeitsamt** (–̈er) employment agency
arbeitslos unemployed
der/die **Arbeitslose** (*adj. noun*) unemployed person
die **Arbeitslosigkeit** (*no pl.*) unemployment
der **Ärger: Ich habe familiären Ärger.** I have family problems.
das **Argument** (–e) argument
der **Arzt** (–̈e)/die **Ärztin** (–nen) doctor
Aschenbrödel Cinderella
das **Aspirin (Aspirintabletten)** aspirin
der **Athlet** (–en, –en) athlete
athletisch athletic
der **Atommüll** (*no pl.*) nuclear waste
das **Auditorium (Auditorien)** auditorium
auf•bauen to set up (*a business*)
aufgeschlossen open-minded
auf•passen auf (+ *acc.*) to look after, watch
aufrichtig sincere
die **Aufrichtigkeit** (*no pl.*) sincerity

auf•zeichnen to record (*a program*)

die **Ausbildung** (*no pl.*) training, education

aus•gehen (**ging aus, ist ausgegangen**) to go out; **mit jemandem ausgehen** to date someone

ausgewogen balanced

das **Ausland** (*no pl.*): **ins Ausland fahren** to travel abroad

aus•leihen (**ie, ie**): **sich einen Film (aus) leihen** to rent a movie

aus•schalten to turn off

sich aus•ruhen (*no pl.*) to rest

das **Aussehen** (*no pl.*) physical appearance

der **Außenseiter** (**–**)/die **Außenseiterin** (**–nen**) outsider

das **Äußere** (*no pl.*) physical appearance

äußern to express; **seine Meinung äußern** to give one's opinion

autobiographisch autobiographical

der **Autor** (**–en**)/die **Autorin** (**–nen**) author

B

das **Baby** (**–s**) baby

babysitten to babysit

der **Babysitter** (**–**) babysitter

backen (**ä, u, a**) to bake

der **Badeanzug** (**ᵘe**) swim suit

der **Ball** (**ᵘe**) ball

der **Ballaststoff** (**–e**) fiber

der **Bankier** (**–s**) banker

Bankrott machen to go bankrupt

der **Basar** (**–e**) bazaar

der **Basketball** basketball

der **Beamte** (**–n, –n**)/die **Beamtin** (**–nen**) government employee

bedeuten to mean

bedeutend important, meaningful

die **Bedeutung** (**–en**) meaning

die **Bedienung** (*no pl.*) service

beeinflußen to influence

befördern to promote

die **Beförderung** (**–en**) promotion

begabt talented

behandeln to treat

behaupten to claim

das **Bein** (**–e**) leg

bekämpfen to fight

bekannt famous

belegen to take (a course); **sich ein Brot belegen** to make oneself a sandwich

das **belegte Brot** (**–e**) sandwich

die **Bemerkung** (**–en**) remark

das **Benzin** (*no pl.*) gas

der **Berg** (**–e**) mountain; **in die Berge fahren** to go to the mountains

der **Bericht** (**–e**) report

der **Beruf** (**–e**) profession

berühmt famous

beschaffen to procure; **sich Drogen beschaffen** to get drugs

beschäftigt busy; employed

beseitigen to eliminate

die **Besetzung** (**–en**) cast (*of a movie or play*)

besiegen to defeat

bestehen (**bestand, bestanden**) to pass (*an exam*)

der **Bestseller** (**–**) best-seller

besuchen to visit

betonen to emphasize

der **Betrieb** (**–e**) firm, company

das **Bett hüten** to stay in bed

bevorzugen to prefer

bewahren to preserve

sich bewerben (**i, a, o**) **um** (+ *acc.*) to apply for

der **Bewerber** (**–**)/die **Bewerberin** (**–nen**) candidate

das **Bewerbungsschreiben** (**–**) résumé

bewundern to admire

die **Beziehung** (**–en**) relationship

die **Bibliothek** (**–en**) library

das **Bier** (**–e**) beer

der **Bioladen** (**ᵘe**) alternative health food store

die **Biologie** biology

biologisch biological

blasen (**ä, ie, a**) to blow; **Trübsal blasen** to have the blues

das **Blei** (*no pl.*) lead

bleifrei lead free

blutig bloody; rare (*meat*)

die **Bluttransfusion** (**–en**) blood transfusion

der **Börsenmakler** (**–**)/die **Börsenmaklerin** (**–nen**) stock broker

der **Boß** (Bosse) boss
das **Boxen** (*no pl.*) boxing
die **Braut** (⍩e) bride
der **Bräutigam** (–e) groom
brechen (i, a, o) to break
die **Bronzemedaille** (–n) bronze medal
die **Broschüre** (–n) brochure
das **Brot** (–e) bread
das **Brötchen** (–) roll
der **Bruder** (⍩) brother
brutal brutal
buchen to book
die **Büchse** (–n) can
büffeln (*colloq.*) to cram
bummeln (ist) to stroll
das **Büro** (–s) office
die **Burschenschaft** (–en) fraternity
büßen (für + *acc.*) to atone (for)
die **Butter** (*no pl.*) butter

C

die **Cafeteria** (–rien) cafeteria
campen to camp
der **Campingbus** (–se) camping van
der **Campingplatz** (⍩e) campground
der **Campus** (–pi) campus
der **Cartoon** (–s) cartoon
der **Charakter** (–e) character, personality
der **Check-up** (–s) check-up
der **Chef** (–s) boss
die **Chemie** (*no pl.*) chemistry
die **Chemikalien** (*pl.*) chemicals
der **Chirurg** (–en, –en)/die **Chirurgin** (–nen) surgeon
die **Clique** (–n) clique
der **Comic** (–s) cartoon
der **Computer** (–) computer
der **Cousin** (–s)/die **Cousine** (–n) cousin

D

der **Dealer** (–) dealer
die **Debatte** (–n) debate, discussion
die **Depression** (–nen) depression
deprimiert depressed

die **Diät** (–en) diet; **Diät halten** to be on a diet
der **Dichter** (–)/die **Dichterin** (–nen) poet
die **Dichtung** (*no pl.*) poetry
dick fat
das **Diplom** (–e) degree
die **Diskussion** (–en) discussion
diskutieren über (+ *acc.*) to discuss
der **Doktor** (–en) doctor
der **Dokumentarfilm** (–e) documentary film
doof dumb, stupid
sich dopen to take drugs
das **Dorf** (⍩er) village
Dornröschen Sleeping Beauty
die **Dose** (–n) can
dramatisch dramatic
dreckig filthy
das **Drehbuch** (⍩er) film script
drehen to turn; to shoot (*a film*)
die **Droge** (–en) drug; **sich Drogen beschaffen** to get drugs
drogenabhängig addicted to drugs
der/die **Drogenabhängige** (*adj. noun*) drug addict
der **Drogenhandel** (*no pl.*) drug traffic; **Drogenhandel betreiben** to deal in drugs
der **Drogenhändler** (–)/die **Drogenhändlerin** (–nen) drug dealer, pusher
der **Drogenkonsum** (*no pl.*) drug consumption
dumm stupid, dumb
die **Dummheit** (–en) stupidity; blunder, stupid mistake
durch•fallen (ä, fiel durch, [ist] durchgefallen) to fail (*an exam*)
durchgebraten well-done (*meat*)
die **Durchuntersuchung** (–en) check-up
der **Durst** (*no pl.*) thirst; **Durst haben** to be thirsty
das **Dutzend** (–e) dozen
dynamisch dynamic

E

der **EDV-Fachmann** (Fachleute)/die **EDV-Fachfrau** (–en) computer specialist
die **Ehe** (–n) marriage
ehrgeizig ambitious
ehrlich honest

die **Ehrlichkeit** (*no pl.*) honesty
die **Eifersucht** (*no pl.*) jealously
eifersüchtig jealous
die **Eigenschaft** (**–en**) quality
einfach easy
einsam lonely, lonesome
ein•schmuggeln to smuggle in
ein•stellen to hire
**einverstanden: mit jemandem einverstanden
sein** to be in agreement with someone
die **Einwegverpackung** (**–en**) non-returnable
packaging
das **Einzelkind** (**–er**) only child
das **Eis** (*no pl.*) ice; ice cream
das **Eishockey** (*no pl.*) ice hockey
das **Eislaufen** (*no pl.*) ice skating
das **Eisstadion** (**Eisstadien**) ice rink
eitel vain
die **Eitelkeit** (*no pl.*) vanity
das **Eiweiß** (*no pl.*) protein; white of an egg
ekelhaft disgusting
empfehlen (**ie, a, o**) to recommend
engagiert committed
der **Enkel** (**–**)/die **Enkelin** (**–nen**) grandson/
granddaughter
entfernt distant
enthalten (**ä, ie, a**) to contain
entlassen (**ä, ie, a**) to lay off
die **Entlassung** (**–en**) dismissal
sich entspannen to relax
die **Entspannung** (*no pl.*) relaxation
enttäuscht disappointed
die **Entwaldung** (*no pl.*) deforestation
die **Entziehungskur** (**–en**) treatment for drug
addiction
die **Epidemie** (**–n**) epidemic
die **Erde** (*no pl.*) the Earth
erfahren experienced
die **Erfahrung** (**–en**) experience
der **Erfolg** (**–e**) success
erfolglos unsuccessful
erfolgreich successful
sich erholen to rest, to recuperate
sich erkälten to catch a cold
die **Erkältung** (**–en**) a cold
die **Erklärung** (**–en**) explanation

sich (**richtig/falsch**) **ernähren** to eat (well/
poorly)
die **Ernährung** (**–en**) nutrition
die **Ernährungsweise** (*no pl.*) diet
erringen (**a, u**) to gain, win
der/die **Erwachsene** (*adj. noun*) adult
erwähnen to mention
erzählen to tell
der **Erzähler** (**–**)/die **Erzählerin** (**–nen**) narrator
die **Erzählung** (**–en**) story, tale
erziehen (**erzog, erzogen**) to raise
die **Eßgewohnheiten** (*pl.*) eating habits
der **Essig** (**–e**) vinegar
das **Examen** (**Examina**) examination
exotisch exotic

F

die **Fabel** (**–n**) fable
die **Fabrik** (**–en**) factory
fahren (**ä, u, [ist] a**) to go; to drive
die **Fahrradtour** (**–en**) bike trip
die **Fahrt** (**–en**) trip, journey; **Gute Fahrt!**
Have a good trip!
die **Familie** (**–n**) family
der **Familienname** (**–ns, –n**) family name
der **Farbstoff** (**–e**) artificial color
faszinieren to fascinate
faszinierend fascinating
faul lazy
faulenzen to take it easy
fehlen to be absent
der **Fehler** (**–**) defect; mistake
die **Feier** (**–n**) ceremony
der **Feierabend** end of work, after work
feig(e) coward
der **Feigheit** (*no pl.*) cowardice
die **Ferien** (*pl.*) vacation
die **Fernbedienung** (**–en**) remote control
die **Fernreise** (**–n**) long distance travel
der **Fernsehansager** (**–**)/die **Fernsehansagerin**
(**–nen**) announcer
der **Fernsehapparat** (**–e**) television set
fern•sehen (**ie, a, e**) to watch television
das **Fernsehen** (*no pl.*) television
der **Fernseher** (**–**) television set

das **Fertiggericht** (**–e**) ready-to-serve meal
das **Festessen** (**–**) banquet
das **Fett** (*no pl.*) fat
fettarm low-fat
fettreich high in fat
das **Fieber** (**–**) fever
der **Film** (**–e**) film
der **Filmbesucher** (**–**)/die **Filmbesucherin**
  (**–nen**) moviegoer
filmen to film
das **Filmfestival** (**–s**) film festival
der **Filmfex** (**–e**) (*no fem.*) film fanatic
die **Filmmusik** (**–en**) film music
der **Filmstar** (**–s**) film star
der **Finger** (**–**) finger
die **Firma** (**Firmen**) firm
der **Fisch** (**–e**) fish
fit fit; **sich fit halten** to keep fit
das **Fitneßzentrum** (**–en**) fitness center
die **Flasche** (**–n**) bottle
das **Fleisch** (*no pl.*) meat
fleißig diligent, hard-working
das **Fließband: am Fließband arbeiten** to work
  on the assembly line
die **Folklore** (**–en**) folklore
die **Frage** (**–n**) question
der **Frauenarzt** (**–e**)/die **Frauenärztin** (**–nen**)
  gynecologist
der **Frauenheld** (**–en, –en**) womanizer
die **Frauenverbindung** (**–en**) sorority
der **Freiraum** (*no pl.*) freedom
freiwillig voluntarily
fremd foreign; strange
die **Fremdsprache** (**–n**) foreign language
freuen: sich freuen auf (+ *acc.*) to look forward
  to; **sich freuen über** (+ *acc.*) to be pleased
  about
der **Freund** (**–e**)/die **Freundin** (**–nen**) friend
freundlich friendly
frisch fresh
fritieren to deep-fry
fritiert fried
das **Frühstück** (**–e**) breakfast
sich fühlen to feel
furchtbar terrible, awful
fürchterlich awful

der **Fuß** (**Füße**) foot
der **Fußball** (**–e**) soccer; football

G

der **Gastarbeiter** (**–**)/die **Gastarbeiterin** (**–nen**)
  guest worker
der **Gasthörer** (**–**)/die **Gasthörerin** (**–nen**) auditor
die **Gaststätte** (**–n**) restaurant
geboren werden (**i, u** [**ist**] **o**) to be born
der **Geburtstag** (**–e**) birthday
das **Gedicht** (**–e**) poem
gefährden to jeopardize
das **Gefängnis** (**–se**) prison; **im Gefängnis**
  sitzen to be in prison
das **Gefühl** (**–e**) feeling
gefühllos insensitive
die **Gefühllosigkeit** insensitivity
das **Gegenteil** (**–e**) opposite
der **Gegner** (**–**)/die **Gegnerin** (**–nen**) opponent
gegrillt grilled
der **Geiz** miserliness, stinginess
geizig miserly, stingy
der/die **Geliebte** (*adj. noun*) lover
das **Gemüse** (*no pl.*) vegetables
gemütlich cozy, comfortable
der **Generaldirektor** (**–en**)/die
  Generaldirektorin (**–nen**) CEO
die **Geographie** geography
gepflegt refined
das **Geschäft** (**–e**) business
die **Geschichte** (**–n**) history; story
geschichtlich historical
geschieden divorced
die **Geschwister** (*pl.*) siblings
die **Gesellschaft** society; **am Rande der**
  Gesellschaft on the fringe of society
gestreßt stressed
gesund healthy, healthful
die **Gesundheit** (*no pl.*) health
gesundheitsbewußt health-conscious
das **Getränk** (**–e**) drink
das **Getreide** (*no pl.*) cereal; grain
getrennt separated
die **Gewalt** (*no pl.*) violence
gewalttätig violent

gewinnen (a, o) to win

der **Gewinner (–)**/die **Gewinnerin (–nen)** winner

der **Giftstoff (–e)** toxic substance

der **Gips (–e)** cast

das **Glas (¨er)** glass

das **Gleichgewicht** (*no pl.*) balance

das **Glied (–er)** member; link

die **Goldmedaille (–n)** gold medal

das **Golf** (*no pl.*) golf

der **Golfplatz (¨e)** golf course

das **Gramm (–)** gram

griechisch Greek

die **Grippe (–n)** the flu

grob rude

die **Grobheit (–en)** rudeness, coarseness

die **Großmutter (¨)** grandmother

der **Großvater (¨)** grandfather

großzügig generous

die **Großzügigkeit** (*no pl.*) generosity

der **Grund (¨e)** reason

gründen to start, found

das **Grundwasser (–)** ground water

der/die **Grüne** (*adj. noun*) environmentalist

gutaussehend good-looking

Gute Fahrt! Have a good trip!

Guten Appetit! Enjoy your meal!

H

der **Häftling (–e)** inmate, prisoner

das **Hähnchen (–)** chicken

der **Halbbruder (¨)** half brother

halbgar medium (meat)

die **Halbschwester (–n)** half sister

der/die **Halbstarke** (*adj. noun*) juvenile delinquent

halbtags part-time

der/das **Halsbonbon (–s)** throat lozenge

die **Halsschmerzen** (*pl.*) a sore throat

halten von (+ *dat.*) to think about

die **Hand (¨e)** hand

der **Handball (¨e)** handball

der **Handel** (*no pl.*) business

handeln von (+ *dat.*) to be about

der **Handelsvertreter (–)**/die **Handelsvertreterin (–nen)** sales representative

die **Handlung (–en)** plot

der **Handlungsfilm (–e)** action movie

hart hard

häßlich ugly

das **Hauptfach (¨er)** major

die **Hauptfigur (–en)** main character

der **Hausarzt (¨e)**/die **Hausärztin (–nen)** family doctor

der **Hautarzt (¨e)**/die **Hautärztin (–nen)** dermatologist

heilbar curable

heilen to cure

das **Heilmittel (–)** remedy

die **Heirat (–en)** wedding

heiraten to marry, get married

die **Heiratsanzeige (–n)** wedding announcement

der **Held (–en, –en)**/die **Heldin (–nen)** hero/heroine

die **Hepatitis** (*no pl.*) hepatitis

das **Heroin** (*no pl.*) heroin

herrlich gorgeous, wonderful

hervorragend excellent

der **Herzanfall (¨e)** heart attack

Herzlichen Glückwunsch! Congratulations!

der/die **Heterosexuelle** (*adj. noun*) heterosexual

historisch historic(al)

das **Hobby (–s)** hobby

hochqualifiziert highly qualified

die **Hochschule (–n)** university

der **Hochschullehrer (–)**/die **Hochschullehrerin (–nen)** professor

die **Hochzeit (–en)** wedding

das **Hochzeitsessen (–)** wedding banquet

das **Hochzeitsfest (–e)** wedding reception

das **Hochzeitsgeschenk (–e)** wedding present

das **Hochzeitskleid (–er)** wedding gown

das **Hochzeitspaar (–e)** newlyweds

die **Hochzeitsreise (–n)** honeymoon

der **Hochzeitstag (–e)** wedding day, anniversary

höflich polite

die **Höflichkeit** (*no pl.*) politeness

der/die **Homosexuelle** (*adj. noun*) homosexual

der **Honig (–e)** honey

der **Horrorfilm (–e)** horror film

der **Hörsal (¨e)** auditorium

das **Hotel (–s)** hotel

hübsch pretty

der **Humor** (*no pl.*) humor

humorvoll humorous

der **Hunger** (*no pl.*) hunger; **Hunger haben** to be hungry

husten to cough

der/das **Hustenbonbon** (–s) cough drop

der **Hustensaft** (⸚e) cough syrup

hüten: Ich muß das Bett hüten. I have to stay in bed.

I

sich identifizieren mit jemandem/etwas to identify with someone/something

idyllisch idyllic

illegal illegal

der **Imbiß** (–sse) snack

sich immatrikulieren lassen (ä, ie, a) to register

das **Immunsystem** (–e) immune system

der **Individualsport** (–arten) individual sport

die **Industrie** (–n) industry

der/die **Industrielle** (*adj. noun*) industrialist

die **Informatik** (*no pl.*) computer science

informativ informative

sich informieren über (+ *acc.*) to become infomed about

der **Ingenieur** (–e)/die **Ingenieurin** (–nen) engineer

intelligent intelligent

die **Intelligenz** (*no pl.*) intelligence

interessant interesting

sich interessieren für (+ *acc.*) to be interested in

international international

J

die **Jacht** (–en) yacht

der **Job** (–s) job

joggen to jog

das **Jogging** (*no pl.*) jogging

der/das **Joghurt** (–s) yoghurt

das **Judo** (*no pl.*) judo

die **Jugendherberge** (–n) youth hostel

der/die **Jugendliche** (*adj. noun*) teenager

Jura (*pl.*) law (*subject*)

K

der **Kaffee** (–s) coffee

der **Kakao** (*no pl.*) cocoa, hot chocolate

die **Kalorie** (–n) calorie

kalorienarm low in calories

kalorienreich high in calories

die **Kamera** (–s) movie camera

das **Kapitel** (–) chapter

das **Karate** (*no pl.*) karate

karitativ charitable

die **Kartoffel** (–n) potato

karzinogen carcinogenic

der **Käse** (–) cheese

der **Kaufmann** (Kaufleute) / die **Kauffrau** (–en) merchant

der **Kellner** (–)/die **Kellnerin** (–nen) waiter/waitress

kennen•lernen to meet, become acquainted with

der **Kerl** (–e) guy

die **Kette** (–n) chain

das **Kilo** (–s) kilo (2.2 *pounds*)

die **Kinderfrau** (–en) nanny

kinderreich: die kinderreiche Familie large family

das **Kino** (–s) movie theater

kippen to dump

der **Klassiker** (–)/die **Klassikerin** (–nen) classsical author

klassisch classic(al)

der **Klatsch** (–e) (*colloq.*) gossip

das **Klima** (–s) climate

klug smart, clever

die **Klugheit** (*no pl.*) cleverness

der **Knast** (–e) prison; **im Knast sitzen** to be in prison

kriegen (*colloq.*) to get, receive

kochen to cook

der **Koffer** (–) suitcase

das **Kohlendioxid** (*no pl.*) carbon dioxide

das **Kokain** (*no pl.*) cocaine

die **Kokette** (–n) flirt

der **Kommilitone** (–en, –en)/die **Kommilitonin** (–nen) student

das **Kondom** (**–e**) condom
der **Konflikt** (**–e**) conflict
die **Konkurrenz** (*no pl.*) competition
konkurrenzfähig competitive
das **Konservierungsmittel** (**–**) preservative
das **Konsulat** (**–e**) consulate
die **Kopfschmerzen** (*pl.*) a headache
köstlich delicious
Krach: mit jemandem Krach haben to argue
    with someone
das **Krankenhaus** (**–er**) hospital
der **Krankenpfleger** (**–**)/die **Krankenpflegerin**
    (**–nen**) nurse
der **Krebs** (**–e**) cancer
die **Kreuzfahrt** (**–en**) cruise
der **Krieg** (**–e**) war
der **Kriminalfilm** (**–e**) thriller
die **Kriminalität** (*no pl.*) crime
der **Kriminalroman** (**–e**)/der **Krimi** (**–s**)
    detective story
kriminell criminal
die **Kritik** (**–en**) criticism, review
kritisch critical
kritisieren to critique; to criticize
der **Kuchen** (**–**) cake
die **Kultur** (**–en**) culture
der **Kunde** (**–n, –n**)/die **Kundin** (**–nen**) customer
kündigen to give one's notice
die **Kündigung** (**–en**) dismissal
die **Kunst** (**–e**) art
künstlich artificial
der **Kurs** (**–e**) class, course
die **Kurzgeschichte** (**–n**) short story
der **Kuß** (**Küsse**) kiss
küssen to kiss
die **Küste** (**–n**) coast

L

lagern to store
die **Lagerung** (*no pl.*) storage
das **Land** (**–er**) country; **aufs Land fahren** to
    go to the countryside
langsam slow
sich langweilen to be bored
langweilig boring

Latein Latin
laufen (**ä, ie [ist] au**) to run; to be on, be
    showing (*TV program, film*)
laut loud; **lauter stellen** to turn up (*volume*)
lebendig lively
die **Lebensgemeinschaft** (**–en**) commune; **eine
    Lebensgemeinschaft haben** to live together
der **Lebenslauf** (*no pl.*) résumé
ledig single
lehrreich instructive
leicht simple, easy; not serious
leiden (**litt, gelitten**) (**an** + *dat.*) to suffer
    (from); **Ich kann sie/ihn nicht leiden!** I
    can't stand her/him!
leise quiet, soft; **leiser stellen** to turn down
    (*volume*)
die **Leistung** (**–en**) performance
leistungsfähig efficient
leiten to run (*an enterprise*)
das **Lesen** (*no pl.*) reading (*action*)
die **Liebe** (*no pl.*) love
die **Liebesgeschichte** (**–n**) love story
der **Liebesroman** (**–e**) love story (*book*)
das **Liebesverhältnis** (**–se**) love affair
der **Liebhaber** (**–**)/die **Liebhaberin** (**–nen**) lover
der **Likör** (**–e**) liqueur
der/das **Liter** (**–**) liter
literarisch literary
die **Literatur** (**–en**) literature
der **Lohn** (**–e**) salary
die **Lohnerhöhung** (**–en**) raise in salary
das **Lokal** (**–e**) restaurant
lösen to solve
lustig funny

M

die **Mahlzeit** (**–en**) meal
das **Malen** (*no pl.*) painting (*action*)
malerisch picturesque
der **Manager** (**–**) manager
die **Mannschaft** (**–en**) team
der **Mannschaftssport** (**–arten**) team sport
das **Märchen** (**–**) fairy tale
märchenhaft fabulous, legendary
die **Margarine** (**–n**) margarine

das **Marihuana** (*no pl.*) marijuana
die **Marmelade** (**–n**) marmelade
die **Maschine** (**–n**) machine
die **Massenmedien** (*pl.*) mass media
der **Massentourismus** (*no pl.*) mass tourism
die **Maßnahme** (**–n**) measure
die **Mathematik** mathematics; **Mathe** math
das **Medikament** (**–e**) medicine
das **Medium** (**–ien**) medium
das **Meer** (**–e**) sea
meinen to mean
die **Meinung** (**–en**) opinion
die **Meinungsverschiedenheit** (**–en**) difference
  of opinion
meistern to master
die **Mensa** (**–en**) university cafeteria
die **Menschheit** (*no pl.*) mankind
das **Menü** (**–s**) menu
die **Mikrobe** (**–n**) microbe
die **Milch** (*no pl.*) milk
der/die **Minderjährige** (*adj. noun*) minor
  (*person under legal age*)
das **Mitglied** (**–er**) member
mit•nehmen (**nimmt mit, nahm mit,
  mitgenommen**) to take along
das **Mittagessen** (*no pl.*) lunch, midday meal
mittelmäßig mediocre
modern modern
der **Mörder** (**–**)/die **Mörderin** (**–nen**) murderer
motiviert motivated
der **Müll** (*no pl.*) garbage, trash
mündlich oral
die **Musik** (**–en**) music
der **Mut** (*no pl.*) courage
mutig courageous
mütterlicherseits maternal

N

die **Nachfrage** (**–n**) inquiry; demand
nach•holen to catch up
der **Nachname** (**–ns, –n**) last name
die **Nachrichten** (*pl.*) news
der **Nachrichtensprecher** (**–**)/die
  Nachrichtensprecherin (**–nen**) anchorman/
  anchorwoman
nachsichtig indulgent

nach•stellen: jemandem nachstellen to chase,
  pester someone
der **Nachtisch** (**–e**) dessert
nahe close
die **Nahrung** (**–en**) food
natürlich natural; naturally, of course
das **Naturreservat** (**–e**) national park
das **Naturschutzgebiet** (**–e**) national park
die **Naturwissenschaften** (*pl.*) natural sciences
das **Nebenfach** (**–er**) minor (*subject*)
die **Nebenfigur** (**–en**) secondary character
der **Neffe** (**–n, –n**) nephew
neidisch envious
die **Nerven** (*pl.*) nerves; **Du gehst mir auf die
  Nerven!** You are getting on my nerves!
nervös nervous
neugierig curious
die **Nichte** (**–n**) niece
die **Niederlage** (**–n**) defeat
niesen to sneeze
das **Nitrat** (**–e**) nitrate
nordisch northern
die **Note** (**–n**) note; grade
die **Novelle** (**–n**) short novel
die **Nudeln** (*pl.*) noodles

O

der **Ober** (**–**) waiter
das **Obst** (*no pl.*) fruit
die **Ökologie** (*no pl.*) ecology
ökologisch ecological, environment
das **Öl** (**–e**) oil
die **Ölpest** (*no pl.*) oil spill
die **Olympiade** (**–n**) Olympics
die **Olympischen Spiele** (*pl.*) Olympic Games
der **Onkel** (**–**) uncle
organisieren to organize
orientalisch oriental
die **Originalfassung** (**–en**) original version
das **Ozon** (*no pl.*) ozone
die **Ozonschicht** (**–en**) ozone layer

P

der **Palast** (**–e**) palace
der **Partner** (**–**)/die **Partnerin** (**–nen**) partner

der **Paß (Pässe)** passport

passiv passive

der **Patient (–en, –en)**/die **Patientin (–nen)** patient

pauken (*colloq.*) to cram

die **Pauschalreise (–n)** package tour

der **Personalausweis (–e)** personal ID

der **Personalchef (–s)** personnel manager

die **Persönlichkeit** (*no pl.*) personality

der **Pfeffer** (*no pl.*) pepper

das **Pflichtfach (¨er)** required course

die **Philosophie (–n)** philosophy

die **Physik** (*no pl.*) physics

die **Pille (–n)** pill

die **Piste (–n)** ski run

die **Pizza (–s)** pizza

die **Pizzeria (Pizzerien)** pizzeria

die **Plage (–n)** scourge, plague, calamity

der **Planet (–en, –en)** planet

der **Platz (¨e)** place

poetisch poetic

der **Pokal (–e)** (*victory*) cup

die **Politik (–en)** politics

der **Politiker (–)**/die **Politikerin (–nen)** politician

die **Polizei** (*no pl.*) police

die **Portion (–en)** portion, serving

die **Position (–en)** position, job

prächtig magnificent

das **Praktikum (Praktika)** internship

praktisch practical

das **Produkt (–e)** product

der **Produzent (–en, –en)** producer

der **Professor (–en)**/die **Professorin (–nen)** professor

der **Profi (–s)** professional (pro)

das **Programm (–e)** channel; program

die **Prosa** (*no pl.*) prose

das **Protein (–e)** protein

der **Protestmarsch (¨e)** protest demonstration

die **Prüfung (–en)** examination, test

der **Psychiater (–)**/die **Psychiaterin (–nen)** psychiatrist

der **Psychologe (–n, –n)**/die **Psychologin (–nen)** psychologist

die **Psychologie** psychology

psychologisch psychological

das **Publikum** (*no pl.*) audience

Q

das **Quiz (–)** quiz

R

radioaktiv radioactive

der **Rand (¨er)** edge; **am Rande der Gesellschaft leben** to live on the fringe of society

das **Rauschgift (–e)** drug, narcotic; **Rauschgift nehmen** to be on drugs

rauschgiftsüchtig addicted to drugs

realistisch realistic

die **Rechnung (–en)** check, bill

rechtfertigen to justify

die **Rechtfertigung (–en)** justification

das **Recycling** (*no pl.*) recycling

die **Rede: Es ist die Rede von . . .** It is about . . .

der **Regen (–)** rain; **der saure Regen** acid rain

der **Regenwald (¨er)** tropical rain forest

die **Regierung (–en)** government

der **Regisseur (–e)**/die **Regisseurin (–nen)** director (film)

reich rich

reif mature

die **Reihenuntersuchung (–en)** random screening

der **Reim (–e)** rhyme

sich reimen to rhyme

rein pure

der **Reis** (*no pl.*) rice

die **Reise (–n)** travel, trip

das **Reisebüro (–s)** travel agency

der **Reiseführer (–)** guide book

der **Reiseleiter (–)**/die **Reiseleiterin (–nen)** tour guide

reisen (ist) to travel

das **Reiten** (*no pl.*) horseback riding

der **Rekord (–e)** record

die **Religion (–en)** religion

das **Restaurant (–s)** restaurant

retten to save

das **Rezept** (**–e**) prescription

die **Rolle** (**–n**) part

der **Roman** (**–e**) novel

romanhaft fictitious

der **Romantiker** (**–**)/die **Romantikerin** (**–nen**)
romantic author

romantisch romantic

Rotkäppchen Little Red Riding Hood

die **Rückenschmerzen** (*pl.*) a backache

der **Rucksack** (**⸚e**) rucksack, backpack

ruhig calm

S

saftig (*colloq.*) (*pl.*) difficult

der **Salat** (**–e**) salad

das **Salz** (**–e**) salt

salzig salty

der **Sand** (**–e**) sand

die **Satire** (**–n**) satire

satirisch satirical

satt full, satiated

sauber clean

sauer: der saure Regen acid rain

der **Säugling** (**–e**) baby, infant

schade: Wie schade! That's too bad!

schädlich harmful

der **Schadstoff** (**–e**) harmful substance

der **Schauspieler** (**–**)/die **Schauspielerin** (**–nen**)
actor/actress

die **Scheibe** (**–n**) slice; pane (*window*)

sich scheiden lassen (**ä, ie, a**) (**von jemandem**)
to divorce (someone)

die **Scheidung** (**–en**) divorce

der **Schi** (**–er**) ski; **Schi fahren/laufen** to ski

schießen (**o, o**) to shoot; to score (*a goal*)

das **Schilaufen** (*no pl.*) skiing

der **Schinken** (**–**) ham

das **Schlafmittel** (**–**) sleeping pill

der **Schläger** (**–**) racket; stick (*hockey*); club
(*golf*); brawler

schlank slender

der **Schlittschuh** (**–e**) skate

schmecken to taste (good)

die **Schmerztablette** (**–n**) pain killer

schmuggeln to smuggle

schmutzig dirty

Schneewittchen Snow White

schneiden (**schnitt, geschnitten**) to cut

schnell fast

der **Schnellimbiß** (**–sse**) fast food place, snack
bar

der **Schnupfen** (**–**) cold

die **Schokolade** (**–n**) chocolate

Schreibmaschine schreiben (**ie, ie**) to type

schriftlich written

der **Schriftsteller** (**–**)/die **Schriftstellerin** (**–nen**)
writer

schützen to protect

der **Schwager** (**⸚**)/die **Schwägerin** (**–nen**)
brother-in-law/sister-in-law

schwanger pregnant

schwänzen to skip, cut (*a class*)

schwer difficult; serious (*disease*)

die **Schwester** (**–n**) sister

die **Schwiegermutter** (**⸚**) mother-in-law

der **Schwiegervater** (**⸚**) father-in-law

das **Schwimmbad** (**⸚er**) swimming pool

das **Schwimmen** (*no pl.*) swimming

der **See** (**–n**) lake; **an einen See fahren** to go to
a lake

die **See** (**–n**) sea

das **Segelboot** (**–e**) sailboat

das **Segeln** (*no pl.*) sailing

die **Sehenswürdigkeiten** (*pl.*) sights

die **Seifenoper** (**–n**) soap opera

der **Sekretär** (**–e**)/die **Sekretärin** (**–nen**)
secretary

selbstständig self-reliant; self-employed; **sich
selbstständig machen** to become self-
employed

die **Selbstsucht** (*no pl.*) selfishness

selbstsüchtig selfish

seltsam curious, strange

das **Semester** (**–**) semester

die **Sendung** (**–en**) program

sentimental sentimental

die **Serie** (**–n**) series

die **Seuche** (**–n**) epidemic

die **Sexualität** (*no pl.*) sexuality

der **Sieg** (**–e**) victory

siegen to win
der **Sieger** (–)/die **Siegerin** (**–nen**) winner
die **Silbermedaille** (**–n**) silver medal
der **Sinn** (**–e**) meaning
der **Ski** (**–er**) ski (*see* **Schi**)
der **Sohn** (**¨–e**) son
das **Sommersemester** (–) summer semester
die **Sonne** (**–en**) sun
sich sonnen to sun oneself
die **sozialen Unruhen** (*pl.*) social unrest
die **Sozialleistung** (**–en**) benefit
die **Soziologie** (*no pl.*) sociology
spannend exciting
die **Speisekarte** (**–n**) menu
die **Spezialisierung** (**–en**) specialization
die **Spezialität** (**–en**) specialty
sponsern to sponsor
der **Sponsor** (**–s**) sponsor
der **Sport** (**Sportarten**) sport; **Sport treiben** to play sports
der **Sportclub** (**–s**) sports club
der **Sportler** (–)/die **Sportlerin** (**–nen**) athlete
sportlich athletic
die **Spritze** (**–n**) shot
das **Stadion** (**Stadien**) stadium
der **Stammbaum** (**¨–e**) family tree
das **Standesamt** (**¨–er**) registrar's office
der **Standpunkt** (**–e**) point of view
das **Steak** (**–s**) steak
stehlen (**ie, a, o**) to steal
die **Stelle** (**–n**) position, job
das **Stellenangebot** (**–e**) job opportunity, help-wanted ad
das **Stellengesuch** (**–e**) application for a job or position
die **Stellenvermittlung** (**–en**) employment agency
sterben (**i, a, [ist] o**) to die
Stich: jemanden im Stich lassen (**ä, ie, a**) to jilt someone, leave someone in the lurch
der **Stiefbruder** (**¨–**) step brother
die **Stiefmutter** (**¨–**) step mother
der **Stiefschwester** (**–n**) step sister
der **Stiefvater** (**¨–**) step father
der **Stil** (**–e**) style
stilistisch stylistic
das **Stipendium** (**–ien**) scholarship
der **Stock** (**¨–e**) stick
die **Straftat** (**–en**) criminal act
der **Straftäter** (–)/die **Straftäterin** (**–nen**) delinquent
der **Strand** (**¨–e**) beach
der **Streik** (**–s**) strike
streiken to strike
streiten (**stritt, gestritten**) (**mit jemandem**) to fight, argue (with someone)
streng strict
der **Streß** (*no pl.*) stress
das **Stricken** (*no pl.*) knitting
die **Strophe** (**–n**) stanza
der **Student** (**–en, –en**)/die **Studentin** (**–nen**) student
der **Studentenausweis** (**–e**) student ID
die **Studentenbude** (**–n**) student's room
das **Studentenheim** (**–e**) dormitory
das **Studentenrestaurant** (**–s**) student restaurant
der **Studiengang** (**¨–e**) course of study
die **Studiengebühren** (*pl.*) university fees
studieren to study (*a subject;* or *on the university level*)
das **Studium** (**–ien**) study
der **Stuntman** (**–men**) stuntman
die **Suppe** (**–n**) soup
das **Surfbrett** (**–er**) surf board
das **Surfen** (*no pl.*) surfing
surfen to surf
das **Symbol** (**–e**) symbol
symbolisch symbolic
das **Symptom** (**–e**) symptom
die **Szene** (**–n**) scene

T

die **Tablette** (**–n**) scene
das **Tabu** (**–s**) taboo
tabu taboo
die **Tafel** (**–n**) blackboard; bar (*chocolate*)
die **Tagesschau** (**–en**) news program (*on TV*)
talentiert talented
die **Talkshow** (**–s**) talk show
die **Tante** (**–n**) aunt
das **Tanzen** (*no pl.*) dancing

die **Tasse** (**–n**) cup

der **Tee** (**–s**) tea

die **Teigwaren** (*pl.*) pasta

der **Teilnehmer** (**–**)/die **Teilnehmerin** (**–nen**) participant

temperamentvoll lively

das **Tennis** (*no pl.*) tennis

der **Tennisplatz** (**¨e**) tennis court

der **Termin** (**–e**) appointment

der **Terrorismus** (*no pl.*) terrorism

der **Terrorist** (**–en, –en**)/die **Terroristin** (**–nen**) terrorist

der **Text** (**–e**) reading, text

theoretisch theoretical

tiefgekühlt frozen

der **Titel** (**–**) title

die **Tochter** (**¨**) daughter

tolerant tolerant

das **Tor** (**–e**) goal

die **Torte** (**–n**) tart, cake

töten to kill

der **Tourist** (**–en, –en**)/die **Touristin** (**–nen**) tourist

touristisch touristic

der **Trainer** (**–**)/die **Trainerin** (**–nen**) trainer

trainieren to train

das **Training** (*no pl.*) training

trampen to hitchhike

treiben (**ie, ie**) to drive; **Sport treiben** to play sports

der **Treibhauseffekt** (*no pl.*) the greenhouse effect

treu faithful

die **Treue** (*no pl.*) faithfulness

der **Trickfilm** (**–e**) cartoon, trick film

trinken (**a, u**) to drink

das **Trinkgeld** (**–er**) tip

tropisch tropical

Trübsal blasen (**ä, ie, a**) to have the blues

der **Truthahn** (**¨e**) turkey

der **Turnanzug** (**¨e**) gymnastics outfit

das **Turnen** (*no pl.*) gymnastics, physical education

die **Turnhalle** (**–n**) gymnasium

der **Typ** (**–en**) guy

U

überanstrengt stressed, overtired

die **Überbevölkerung** (*no pl.*) overpopulation

die **Überdosis** (**Überdosen**) overdose

übernachten to spend the night

die **Übernachtung** (**–en**) overnight accomodation

überspringen (**a, u**) to skip (a meal)

die **Überstunden** (*pl.*): **Überstunden machen** to work overtime

übertragen (**ä, u, a**) to broadcast

überwachen to watch (*one's weight*)

um•schalten to change channels

umstritten controversial

die **Umwelt** (*no pl.*) environment

umweltbewußt conscious of the environment

das **Umweltbewußtsein** (*no pl.*) consciousness of environmental issues

umweltfeindlich ecologically harmful

umweltfreundlich environmentally safe

die **Umweltpolitik** (*no pl.*) environmental politics

der **Umweltschutz** (*no pl.*) conservation of the environment

umweltverschmutzend polluting

der **Umweltverschmutzer** (**–**)/die **Umweltverschmutzerin** (**–nen**) polluter

die **Umweltverschmutzung** (*no pl.*) pollution of the environment

unausgewogen unbalanced

unbedeutend insignificant

unbekannt unknown

unehrlich dishonest

die **Unehrlichkeit** (*no pl.*) dishonesty

unerfahren inexperienced

ungesund unhealthy, sickly

unheilbar fatal, incurable

uninteressant uninteresting

die **Universität** (**–en**) university

das **Universitätsgelände** (**–**) campus

unterhaltend entertaining

das **Unternehmen** (**–**) firm

der **Unterricht** (**–e**) instruction

untersuchen to examine; **sich untersuchen lassen** to be examined

die **Untertiteln** (*pl.*) subtitles
untreu unfaithful
die **Untreue** (*no pl.*) unfaithfulness
unvergeßlich unforgettable
unzufrieden (mit) dissatisfied (with)
der **Urlaub** (**–e**) vacation; **in Urlaub fahren** to go on vacation

V

väterlicherseits paternal
der **VCR** (**–**) video recorder
der **Vegetarier** (**–**)/die **Vegetarierin** (**–nen**) vegetarian
die **Vegetation** (**–en**) vegetation
verantworlich (für) responsible (for)
der **Verbrecher** (**–**)/die **Verbrecherin** (**–nen**) criminal
verbrecherisch criminal
verbringen (verbrachte, verbracht) to spend (*time*)
verdauen to digest
verdienen to make (*money*), earn
der **Verein** (**–e**) organization, club
verhaften to arrest
sich verheiraten (mit jemandem) to marry (someone)
verheiratet married
der **Verkäufer** (**–**)/die **Verkäuferin** (**–nen**) salesperson
der **Verkaufsleiter** (**–**)/die **Verkaufsleiterin** (**–nen**) sales manager
verkehren mit (+ *dat.*) to associate with, hang around with
sich verletzen to get hurt
sich verlieben (in jemanden) to fall in love (with someone)
verlieren (o, o) to lose
der **Verlierer** (**–**)/die **Verliererin** (**–nen**) loser
verlobt engaged
verpestet polluted
der **Vers** (**–e**) verse
versäumen to miss
verschlingen (a, u) to devour (*here: a book*)
verschmutzen to pollute
verschmutzt polluted

verschreiben (ie, ie) to prescribe
versetzen to transfer; **jemanden versetzen** to stand someone up
verseuchen to contaminate
verseucht contaminated
verständnisvoll understanding
sich (den Arm) verstauchen to sprain (one's arm)
sich verstehen (verstand, verstanden) (mit jemandem) to get along (with someone)
der **Vertreter** (**–**)/die **Vertreterin** (**–nen**) representative
das **Verwandschaftsverhältnis** (**–se**) family tie
der/die **Verwandte** (*adj. noun*) relative
verwirrt confused
der **Vetter** (**–**) cousin
das **Video** (**–s**) video
der **Video-Rekorder** (**–**) video recorder
der **Virus** (**Viren**) virus
das **Vitamin** (**–e**) vitamine
der **Volleyball** (**⁺e**) volleyball
der **Vorfahr** (**–en, –en**) ancestor
vor•führen to show (a film)
die **Vorlesung** (**–en**) lecture
der **Vorname** (**–ns, –n**) first name
sich vor•stellen to introduce oneself; to go for an interview
das **Vorurteil** (**–e**) prejudice

W

das **Wahlfach** (**⁺er**) elective course
wahnsinnig mad; terrible, awful (*pain*)
die **Waise** (**–n**) orphan
das **Waisenkind** (**–er**) orphan
das **Waldsterben** (*no pl.*) loss of trees because of pollution
wandern (ist) to hike
das **Wasser** (**–**) water
Wasserski laufen (ä, ie, [ist] au) to water-ski
der **Wecker: Du gehst auf den Wecker!** You are getting on my nerves!
weg•fahren (ä, u, [ist] a) to leave
weg•werfen (i, a, o) to throw away
weh tun (a, a) to ache
der **Wein** (**–e**) wine

der **Weltmeister** (–)/die **Weltmeisterin** (–nen) world champion

die **Weltmeisterschaft** (–en) world championship

der **Werbespot** (–s) commercial

die **Werbung** (–en) advertising

das **Werk** (–e) work

der **Wert** (–e) value; **Wert legen auf** (+ *acc.*) to attach importance to

wertlos worthless

wertvoll valuable

der **Wettkampf** (⸚e) competition

der **Wettlauf** (⸚e) race

wichtig important

widersprechen (i, a, o) (+ *dat.*) to contradict

der **Widerspruch** (⸚e) contradiction

Wie schade! That's too bad!

wieder verwerten to recycle

wiederverwertbar reusable

die **Wiederverwertung** (*no pl.*) recycling

willkommen welcome

das **Wintersemester** (–) winter semester

wirken to work, have an effect

die **Wirtschaft** (*no pl.*) economics

der **Wissenschaftler** (–)/die **Wissenschaftlerin** (–nen) scientist

der **Witwer** (–)/die **Witwe** (–n) widower/widow

wohl fine, well

das **Wörterbuch** (⸚er) dictionary

wunderschön gorgeous, wonderful

die **Wurst** (⸚e) sausage

Z

der **Zahnarzt** (⸚e)/die **Zahnärztin** (–nen) dentist

die **Zahnschmerzen** (*pl.*) a toothache

zärtlich tender

die **Zärtlichkeit** (*no pl.*) tenderness

das **Zeichnen** (*no pl.*) drawing (*action*)

die **Zeile** (–n) line

das **Zelt** (–e) tent

zelten to camp

die **Zensur** (–en) grade

zerstören to destroy

die **Zerstörung** (–en) destruction

zerstreuend entertaining

der **Zimmergenosse** (–en, –en)/die **Zimmergenossin** (–nen) roommate

zu•bereiten to prepare

zuckerkrank diabetic

zufrieden (mit) satisfied (with)

der **Zukunftsroman** (–e) science-fiction novel

zusammen•fassen to summarize

zusammen•leben to live together

der **Zusatz** (⸚e) additive

der **Zuschauer** (–)/die **Zuschauerin** (–nen) spectator

||||||| ▮ Photo Credits

Chapter 1 *Opener:* Grant LeDuc/Monkmeyer Press Photo. *Page 6:* Adam Turner/Comstock, Inc. *Page 8:* Hazel Hankin/Stock, Boston. *Page 14:* Ulrike Welsch Photography.

Chapter 2 *Opener:* Sven Martson/Comstock, Inc. *Page 41:* Mike Mazzaschi/ Stock, Boston. *Page 52:* Renate Hiller/Monkmeyer Press Photo. *Page 65:* Beryl Goldberg. *Page 68:* Mike Mazzaschi/Stock, Boston.

Chapter 3 *Opener:* J. Douglas Guy. *Page 84:* Peter Menzel/Stock, Boston. *Page 96:* Ulrike Welsch Photography. *Page 98:* Beryl Goldberg.

Chapter 4 *Opener:* German Information Center. *Pages 107 and 118:* Renate Hiller/Monkmeyer Press Photo. *Page 122:* Mike Mazzaschi/Stock, Boston. *Page 126:* Renate Hiller/Monkmeyer Press Photo.

Chapter 5 *Opener:* Renate Hiller/Monkmeyer Press Photo. *Page 140:* Beryl Goldberg. *Page 146:* Ulrike Welsch Photography. *Pages 149 and 151:* Beryl Goldberg.

Chapter 6 *Opener:* Rick Stewart/Allsport. *Page 179:* Inter Nationes/dpa/ German Information Center. *Page 184:* S. A. Wylymz/Comstock, Inc. *Page 191:* Bob Martin/Allsport.

Chapter 7 *Opener:* Keystone/The Image Works. *Page 204:* Monkmeyer Press Photo. *Page 210:* Ulrike Welsch Photography. *Page 218:* Keystone/The Image Works.

Chapter 8 *Opener:* Georgia Engelhard/Monkmeyer Press Photo. *Page 234:* Ulrike Welsch Photography. *Page 237:* Owen Franken/Stock, Boston. *Page 242:* Georgia Engelhard/Monkmeyer Press Photo.

Chapter 9 *Opener:* Beryl Goldberg. *Page 255:* Peter Menzel/Stock, Boston. *Page 260:* Jerry Ohlinger's Movie Material Store. *Page 267:* Photofest. *Page 269:* Peter Menzel/Stock. Boston.

Chapter 10 *Opener (top left and bottom left):* German Information Center; *(top right):* UPI/Bettmann; *(bottom right):* Ann-Christine Jansson/G.A.F.F. *Page 288:* German Information Center. *Page 290:* Ann-Christine Jansson/G.A.F.F. *Page 302:* Horst Tappe/Ullstein Bilderdienst.

Chapter 11 *Opener:* Ann-Christine Jansson/G.A.F.F. *Page 313:* Owen Franken/ German Information Center. *Page 337:* Lee Snider/The Image Works.

Chapter 12 *Opener:* Ulrike Welsch/Photo Researchers. *Page 351:* Renate Hiller/Monkmeyer Press Photo. *Page 361:* Wolfgang Steche/Photo Researchers. *Page 367:* Christa Armstrong/Photo Researchers. *Page 368:* Janet Century.

||||||∎ Realia Credits

Page 24: PEANUTS Characters © 1952 United Feature Syndicate, Inc.; reprinted by permission.

Page 25: courtesy of Rudi Fäcke, from Waltraud Pröve, *Lach mit!*. Falken Verlag, 1986.

Page 171: from *Kinder*, Year XII, No. 6, March 1991, © ELI, Italy, 1991.

Page 239: Servus in Österreich, Österreich Werbung, Margaretenstraße 1, A-1040 Wien.

Page 274: *Das neue Blatt,* Heinrich Bauer Verlag, No. 46, November 4, 1992, page 69.

Page 283: from Friedrich Dürrenmatt, *Der Richter und sein Henker,* Reinbak: Rowohlt Verlag, 1955.

Page 322: courtesy of Bundeszentrale für gesundheitliche Aufklärung.

Page 340: courtesy of Bundeszentrale für gesundheitliche Aufklärung.

Page 368: "Ein Wald will leben" from *Scala,* October/November 1990, page 42, Frankfurter Societäts-Druckerei GmbH.

Index